民国主席档案

蒋 斌 ● 著

人民日报出版社

图书在版编目（CIP）数据

民国主席档案 / 蒋斌著.
—北京：人民日报出版社，2013.6
ISBN 978-7-5115-1753-1

Ⅰ．①民… Ⅱ．①蒋… Ⅲ．①政治人物—生平事迹—中国—民国 Ⅳ．① K827=6

中国版本图书馆 CIP 数据核字（2013）第 063367 号

书　　名	民国主席档案
作　　者	蒋　斌
出 版 人	董　伟
责任编辑	朱　岩
封面设计	董晓丹
版式设计	段　芳
出版发行	人民日报出版社
社　　址	北京金台西路 2 号
邮政编码	100733
发行热线	（010）65369527　65369512　65369509　65369510
邮购热线	（010）65369530
编辑热线	（010）65369522
网　　址	www.peopledailypress.com
经　　销	新华书店
印　　刷	北京晨旭印刷厂
开　　本	710mm×1000mm　1/16
字　　数	238 千字
印　　张	22.5
版　　次	2013 年 6 月第 1 版　2013 年 6 月第 1 次印刷
书　　号	ISBN 978-7-5115-1753-1
定　　价	46.00 元

前　言

乱世，什么是乱世？

乱世，就是我的地盘我做主，你的地盘我也做主，爱你不可能，灭你是必须的。乱世，就是提着脑袋吃饭、躲在门后哆嗦的年代。

乱世称雄，你凭的是什么？凭的是自信，还是胆识？靠的是拿来出卖的兄弟和无耻，还是凭的淡定和无为？

乱世，胜的是枭雄，败的未必便是狗熊。当家国情仇集于一身，是先家，还是先国，是先情还是先仇？

有这么一群人，他们或者乱世，或者身处乱世，但都坐过同一个位置，唱过同一首歌：民国主席。乱世已是不易，富贵至极是否更难？难，也易。难的是实力，易的是运气。不过这运气必定是绝佳的。

天空是蓝色的，主席是什么颜色的？

一树花，随风飘落，有的拂开帘幕落在茵席，有的穿越篱笆掉进粪坑。

一抔泥，或为佛身，或为魔像，或为高楼，或为屋基。

你说哪朵花洁，哪朵花污？泥是佛，是魔？或者既是佛，又是魔？

心中有佛，佛自在；心中有魔，魔自生。

主席是什么颜色的？你不必问，我亦不必答。

道破千佛万魔面，未必君心似我心。

笔　者　2013 年

目 录

汪精卫：填海精卫，冰火两重

我和未来有个赌局	5
追山的男子	8
山不过来，我过去	12
士为知己者死	13
银锭桥前传	16
曹刿说你伤不起	18
老友记	22
中山的改革	24
一笔断命心如灸	25
细节决定成败	28
廖倒不仅仅是廖倒	30
爱江山更爱红颜	32
分共还是联共	36
看我七十二变	38
鸟与石的战斗	41
抗日的汪先生	43
绝望	47
火花	49
出逃	52

东风 ·············· 55
三国杀 ·············· 57
耻辱 ·············· 62
受伤的总是我 ·············· 65
客死 ·············· 68
弃骨 ·············· 71
暖意 ·············· 72

谭延闿：药中甘草，伴食宰相

倾城 ·············· 81
老佛爷的头痛 ·············· 83
离别 ·············· 84
捆绑成督军 ·············· 88
一次督湘 ·············· 90
二次督湘 ·············· 94
自治也是一种错 ·············· 97
投敌 ·············· 101
投名狀 ·············· 103
会做梦的人 ·············· 105
后中山时代 ·············· 107
惯性向左 ·············· 108
最美 ·············· 110
走别人的路 ·············· 112
老虎出更 ·············· 115
成也湘菜，败也湘菜 ·············· 117
混也是一种本事 ·············· 121
赞的就是你 ·············· 125
宿命 ·············· 129
国葬 ·············· 132

徐　谦：上帝救国也疯狂

慈老佛爷烦的老头	139
曹营	141
共和	142
诅咒	144
护法	146
基督救国	149
刘和珍背后的男人	152
审判"反革命"	155
脱身	159
余辉	161

胡汉民：半江瑟瑟半江红

菜刀胡的愤怒	167
东渡的枪手	169
文字狱	171
沿山而行	173
老虎出山	175
大都督	178
真宰相	181
广东，又见广东	183
讨袁	185
护法	188
代理元帅	190
顶峰	192
失势	195
补牢	198

时机 ………………………… 201
清党 ………………………… 203
和谈 ………………………… 207
考察 ………………………… 208
甘露 ………………………… 210
伊斯墨 ……………………… 212
裁兵 ………………………… 215
樊哙 ………………………… 219
风暴 ………………………… 221
战斗佛 ……………………… 223
下棋而亡 …………………… 227

蒋介石：大国领袖，败走台湾

君命 ………………………… 233
小新郎 ……………………… 234
东渡行 ……………………… 236
糟糠妻 ……………………… 238
风尘女 ……………………… 239
代桃僵 ……………………… 242
十三妹 ……………………… 243
师遁 ………………………… 246
赴难 ………………………… 248
掌军 ………………………… 250
渔得利 ……………………… 252
山阻 ………………………… 255
党争 ………………………… 257
下野 ………………………… 259
中美之合 …………………… 261
横扫 ………………………… 264

约法之争	266
柳条湖	268
华清池	270
阻日	273
无助	277
孤注	281
大反攻	282
重庆会	284
溃败	287
危机	290
台湾	293

林　森：菩萨也做狮子吼

一口箱子	303
危墙	304
潜伏	307
破枪	308
融钟	311
愤世	313
绝杀	315
护法	317
一个人的战斗	319
七十二烈士	321
朝如青丝暮如雪	323
契机	325
惦记	326
避祸	328
伴军	329
神主	331

平民 ……………………………………… 337

狮吼 ……………………………………… 341

凄美 ……………………………………… 345

举国同哀 ………………………………… 348

汪精卫

填海精卫,冰火两重

　　一刺扬名,一纸遗恨,一投成奸,是精彩还是无奈?当机遇在前,当冲动于心,有多少冷静可以挥霍,又有多少事可以重来?在你,是义无反顾;在他,是委曲求全。佛也好,魔也罢,如烟,如云,偶尔溅起点点水花。

小 档 案

姓名字号：汪兆铭，字季新，笔名精卫
籍　　贯：江西婺源
生卒年月：1883年5月4日—1944年11月10日
毕业院校：日本法政大学
最高职务：民国主席

家　　世：
父亲——汪省斋，幕僚。
兄弟姐妹——9个兄弟姐妹。
妻子儿女——妻，陈璧君。长子汪孟晋、次子汪文悌、长女汪文惺、次女汪文恂、三女汪文彬。

简 历

1883年——5月4日出生于一位汪姓客商家。

1901年——应番禺县试，中秀才，任广东水师提督李准的家庭教师，组织益群学社。

1903年——考取留日法政速成科官费生。

1904年——入东京法政大学学习。

1905年——参与组建同盟会，为同盟会评议部评议长。一度主编《民报》。

1906年——拒绝两广总督岑春煊令其归国服务的要求，任南洋革命党报《中兴日报》主笔之一，与保皇党的《南洋总汇报》进行论战。

1907年——随孙中山赴南洋。

1908年——赴缅甸设同盟会仰光分会，在新加坡筹设同盟会南洋支部，并筹募革命经费。

1909年——在日本出任《民报》主编。

1910年——刺杀清摄政王载沣。

1911年——与杨度组织"国事共济会"，充当南方议和参赞。12月在天津组设同盟会京津保支部，任支部长，阻拦北方革命党人发动起义。

1912年——起草临时大总统府就职宣言，后留在孙中山身边工作。8月赴法留学，中间几度返国，皆超然于政治之外。

1919年——驻上海创办《建设》杂志。

1921年——任广东省教育会长、广东政府顾问。

1922年——任国民党本部参议。

1924年——任中央执行委员兼宣传部长，11月随孙北上入京，任秘书。

1925年——起草孙中山的遗嘱，任国民政府常务委员会主席兼军事委员会主席、宣传部长等职。

1926年——为中央执行委员会常务委员会委员。"中山舰事件"发生后，被迫辞职，出走法国。

1927年——任武汉国民政府主席，7月15日在武汉实行"分共"。

1928年——被推举为改组派首领。

1930年——联合冯玉祥、阎锡山、李宗仁共同反蒋，失败后，潜逃香港。

1931年——纠合各派反蒋势力，在广东另立国民政府。"九·一八"事变后，蒋介石、汪精卫再次合作。

1935年——被刺受重伤。

1936年——任国民党政治委员会主席。

1937年——7月抗日战争爆发，被选举为国防最高会议副主席、国民党副总裁、国民参政会议长。

1938年——发表"艳电"，公开与日本合作。

1940年——在南京成立伪国民政府，自任主席。

1944年——在日本名古屋病死。

我和未来有个赌局

1910年,又是愚人节!

愚人节,本是愚人为乐的时候,北京的街头却是寂静一片,除了小孩子的打闹声,每个人都是心头充满好奇和担忧。

"银锭桥下埋炸弹,弹指摄政!"这是北京各大报纸的头条。银锭桥连接什刹海与后海,因桥形似元宝,取名"银锭桥"。银锭桥不是普通的桥,"银锭三绝"可以说是如雷贯耳,唐伯虎赏花赏月赏秋香,"银锭三绝"则是赏山赏花尝烤肉。山是西山,引颈西望,山浮烟青翠,山水共长天一色,无限风光,只在银锭。花是荷花,红莲映碧池,醉雨偎红颜。肉是季家烤肉,一手执壶,一手执肉,随意而走,且走且吃。绝地,果是绝妙之地。

绝地,绝尘忘世之地,为什么有人要辣手摧花将绝妙之地变成绝命之地?无他,可怜之人必有可恨之处,绝妙之地必有绝命之用;绝摄政王载沣的命,银锭桥正是摄政王载沣上下朝必经之路。

摄政王载沣是当今皇上他老爹,自身又兼监国摄政王、陆海军大元帅于一身,谁敢太岁头上动土、老虎嘴里拔牙?坊间一时传说众多,权威人士推测,有两种可能:一,贝子载洵和贝勒载涛指使的。因为包炸药的报纸写有"伦敦制造"的字样,而这两个人正好刚从伦敦回来,一般人哪能有这种报纸,他们也有作案的理由。皇帝哥哥驾崩,没有儿子继承皇位,皇位当然是传给兄弟。现在传给宣统这个"夜哭郎",执掌海军大权的载洵当然不服。如果说载洵是心存不满的话,贝勒载涛则是心中充满困惑和恐惧。人常说"跟对人,上对船",可载涛这张旧船票压根儿就登不上"夜哭郎"这只新船。"夜哭郎"自从三岁被老佛爷抱进宫以后,就再也没有叫过自己"七叔"。三岁看大,七岁看老,现在小家伙就对自己不感冒,大了就更不好说了。载涛有换船的想法很正常。二,庆亲王奕劻想篡权,奕劻曾经在军机处担任军机大臣领班,不久又管理财政处、练兵处事务,集内外大权于一身,还是庆那公司的老总,公司的主要业务就是批发官帽、帮助相关友好人士调位置换椅子。可惜人无千日好，花无百日红，摄政王载沣一上台就放倒袁世凯，让他回家该喝水喝水，该喝茶喝茶，反正大清朝不陪你玩了。因为奕劻是袁世凯一伙的，所以对奕劻就大有歧视，奕劻权势从此一落千丈。庆亲王要想夺回权力，把庆那公司做大做强，让公司能够做到可持续发展，这摄政王不杀是不可能啊。

行刺摄政王，这事情非同小可，砍脑袋不说，灭九族都说不好。办案不给力，思想有问题，朝廷肯定会解决你的后顾之忧，你这辈子都不用想问题了。还好，办案警察没有让自己的脑袋亲吻朝廷的大刀。三天，银锭桥炸弹案告破，凶犯抓获归案。

一切又归于平静，有的人为案犯担心，有的人则笑了：这把赢了。

4月16日，一个小厮对一位英俊青年说："四老爷，四老爷，照相馆有人请黄复生黄老爷去！"黄老爷刚走到琉璃厂大街，突然有人将他抓住。随后，英俊青年也被送进监狱。

北京警察局内，有人笑了："他娘的，老大这把可是赌对了，还是老大厉害。"好事的人一打听，才知道是这么回事。

银锭桥有炸弹！警察局一接到报案，立即派人取了回来，随后送到外国使馆找专家鉴定。专家说炸弹做得精致，绝对不是在大清朝国内能够制造的；不过炸弹外壳很大，比较粗糙，螺丝应该是最近制作的。至于那些小道消息，当然是老大让人放的烟雾弹。一来是省得打草惊蛇，赌案犯不会就此逃走，二来是老大确实也不知道这蛇姓啥名啥，IQ、EQ、银行卡什么的也都不知道。只能拿时间换空间，等大盘企稳、个股重新启动再作打算，当时唯一能做的就是慢慢等、派警探到北京市内各个铜铁店撒网捕鱼、明察暗访。

十月怀胎抱金娃，警探们累得人仰马翻，却也收获不小。鸿太永铁铺的老板一眼认出螺丝就是守真照相馆的老板在自己的店里定做的。警探一向上头汇报，上头就命令重点监视守真照相馆，既不能放过任何可疑人物，也不能放过一草一木。警探刚刚想进去探风，机会就来了，守真照相馆要搞装修。警探是个技术活，装神得像神，装鬼得像鬼，密探这次乔装成装修工人混进了守真照相馆。不过，功夫不负有心人，搜出了革命党的机密文件，也算是有失必有得啊。后面的事情就简单了，撒网捉鱼。至于审案，这事情太大，咱们只能靠边站了。

银锭桥炸弹案告破，案犯也已经打入大牢，"咔嚓"一刀就完事了，朝廷本应该是长出一口气，但事情还是让清朝的众大臣揪心：世界不太平，如何处置犯人是个头大的事。

杀！这是从摄政王载沣牙缝中吐出的仅有的一个字。惜墨如金，惜身如玉，老王爷虽是怒到沸点，还是深知养身之道；愤怒是别人的，健康是自己的。老王爷的话短小精悍，势大力沉，只眼看人头落地，刽子手只等着拿赏钱。

凉意逼人，又渐渐淡去。原因很简单：命，大清的命。

此时的大清摇摇欲坠，已经不再是皇权可以当麦霸的时代，在外得顾及洋人大爷脸上的阴阳，在内得顾及反清的大潮。这个时候，全国各地要求立宪法的呼声越来越高。

肃亲王善耆就劝载沣："朝廷立宪就是为了缓和人心，羁縻革命党人。如果因为一时痛快而杀了犯人，势必激怒革命党人，这对立宪大局不利。"

载沣怒道："以下犯上，这样大逆不道的人，不杀怎么可以震慑后人！"

善耆说："革命党人性格粗野，脾气暴躁，难免惹王爷您生气。但这个犯人，是孙文的左右手，在革命党人中的地位不低，影响不小，如果留他一命，既能表明朝廷慈悲之心、宽大胸怀，又能缓和国人敌对情绪。若一味嗜杀，我怕革命党人只会越杀越多。"

载沣不语，此人真有这么大的震撼力？第一次，老王爷感受到拔刀的沉重、收刀的艰涩。

年少多金，年少英俊，本该开心的胡汉民却有着载沣老王爷一样的沉重。

关于澳门，人们在第一时间想到的就是赌博。赌，对于很多人来说是件愉快的事。对于汉民而言，满大厅赌客的吵闹、荷官的吆喝都有一样的功效：晕人。对的时间，遇见对的人，是一种幸福。对的时间，遇见错的人，是一种悲伤。错的时间，遇见对的人，是一声叹息。错的时间，遇见错的人，是一种无奈。不幸的是，胡汉民在错误的时间、地点面对着错误的人，赌场，赌客。

在陈璧君的眼里，胡汉民已经近于疯狂，拿牌、算牌、落泪。

五花马，千金裘，呼儿将出换美酒。击拍高歌，人已远，歌犹在，继者无。千金散去还复来终究是个传说，有千金还得有千金散去的豪迈。

载沣无语，刀无论有多沉重，总有拔出的时候；收刀的动作无论有多艰涩，刀总有收回来的那一时刻。

这一次，载沣老王爷选择了收刀，案犯改判为终身监禁。载沣老王爷收刀，为的是收获大清朝未来的安定，但在不经意间也收起了胡汉民的眼泪。

汉民收泪，为的是什么呢？

追山的男子

死士！人才！

这是老王爷善耆看完手中的绝命诗下的结论。绝命诗是这样写的：

衔石成痴绝，沧波万里愁；
孤飞终不倦，羞逐海浪浮。
姹紫嫣红色，从知渲染难；
他时好花发，认取血痕斑。
慷慨歌燕市，从容作楚囚；
引刀成一快，不负少年头。
留得心魂在，残躯付劫灰；
青磷光不灭，夜夜照燕台。

大清无福，自毁长城；中山何德，人才归附。老王爷善耆看着手中的供词，琢磨着迷一般的追山男子。

汪精卫，原名汪兆铭。

十三岁丧母。

十四岁失父。

十九岁中秀才。

二十一岁赴日本留学。

二十七岁刺杀摄政王载沣。

老王爷就一直没有整明白，家里穷，整出点什么事还可以说是环境所迫，可这小子，眼看着他中了秀才，眼看着他成了海龟，国家还能亏待你海龟，再娶个小媳妇，生个胖小子，那小日子过得还不滋润？

汪精卫

每一次流星划过，都会有无限闪亮、无限星愿。人如流星，有星的短暂，有星的闪耀，却还有流星所没有的不易和伤痛，就如同供词不能绘出精卫的人生一样。

汪精卫的祖上本是安徽省今江西省婺源人，元朝末年，因为躲避红巾军的战乱而迁到浙江山阴。汪精卫的父亲名叫汪省斋，母亲吴氏。

如果说汪精卫祖上写就的是一部战争逃亡史，汪精卫此时的人生轨迹可以简单地称为一部苦难史。

三岁，因为家贫，父亲汪省斋六十多岁仍然奔波在曲江、英德等县之间，靠着做师爷的薪水养家糊口，汪精卫跟着父亲成为南漂族，只是不知道他有没有想过逃离北上广。

十三岁丧母，十四岁失父。从此，汪精卫只得跟着同父异母的大哥汪兆镛生活。

十七岁汪精卫虽然不能为人父，为人子，但已经是为人师，一边教小朋友读着"关关雎鸠，在河之洲。窈窕淑女，君子好逑"，一边等着那十块银元买米下锅。

生活维艰构成汪精卫生活的主旋律，但也有与主旋律不和谐的小插曲，时不时地给汪精卫带来些许暖意。

八岁的精卫读的虽是私塾，却也有机会在先生的眼皮下偷偷地读一些杂七杂八的小说。回到家中，依偎在父亲身旁，读王阳明的《传习录》，诵五柳先生陶渊明和陆放翁的诗，不知有肉，无论鱼翅，黄发垂髫，怡然自乐。

父母早逝后，汪精卫曾经多次以文章表达自己对天伦之乐的思念。1897年，年仅14岁的汪精卫在重阳节游览西岩，曾经当场写诗秀了一把：笑将远响答清吟，叶在欹中酒在襟。天淡云霞自明媚，林空岩壑更深沉。茱萸怅触思亲感，碑版勾留考古心。咫尺名山时入梦，偶逢佳节得登临。

武林至尊，宝刀屠龙，号令天下，莫敢不从，倚天不出，谁与争锋？端的是威风。精卫的文才煞是惊艳，此诗一出，粉丝无数，毛泽东的老师柳亚子更是把它收入《南社丛刻》的诗集之中。广东水师提督李准以子女相托，后来请他到自己家做文教头，月薪十块银元。

说到汪精卫的文才，不得不提汪精卫考秀才的故事，因为这中间不仅有故事，也有受人青睐的欣慰。

1901年，19岁的汪精卫和哥哥兆镛到广州参加秀才选拔大赛，俗称县试。当然，考秀才不比超女，既没有短信投票，也没有大众评委，只有专家打分。打分的结果是汪精卫第一，汪兆镛第三。试卷开封以后，县令钱璞觉得不对劲：汪兆镛是兄汪精卫是弟，长者先，幼者后，弟弟不能排名在哥哥前面。想来想去，钱县令于是把汪精卫降为第三名，而把汪兆镛录为第一名。

到手的第一名眼看着就要随着不尽长江东流去，精卫同学心中是五味齐全，争吧，自己兄弟；不争吧，心有不舍。好在秀才大赛虽然说没有超女比赛短信投票的高技术含量，也有和超女相媲美的比赛机制——复活赛，府试。人治，还是不如法制啊。不过，汪同学此时还是法盲一个，不懂什么人民代表人民选，当好代表为人民。

到了府试，广州知府龚心湛很不高兴：革命不是请客吃饭，圣上选拔人才，只看才华高低，不看胡子长短。如果以胡子长短选拔人才，山羊不就有先天优势，又哪里是圣上选拔人才的本意呢？随后，龚心湛对排名作了调整：汪精卫排名第一，汪兆镛位列第二。

龚心湛的话真假不说，圣上选拔人才的标准姑且不论，清朝有一项制度虽说温暖不了汪精卫伤痛的心，却一直温暖着汪精卫的胃。那就是膏火银制度，补贴成绩优异而家境贫寒的学生。根据这项规定，汪精卫每月可以从地方政府得到膏火银的资助大约二十元。参考历史上生活必需品及日常饮食的物价计算，那时候的3两银子合2010年人民币3000元。

后来，汪精卫回忆说："父亲殁后，并无遗产，我衣食住之费，都仰仗于长兄弟。至十七岁便出去做'子曰'先生。每月将十修金，兼各书院应试，往往取得优等，每月平均得膏火银二十元左右，十八岁三兄病殁，十九岁二兄殁，和两寡嫂一孤侄，持此度日。"

山不过来，我过去

分水岭，或者破水而出，或者永当潜水艇。

如果没有1904年，汪精卫可能依然在"关关雎鸠，在河之洲"，而不是现在绝食寻死。但人生从来就没有如果，无论是生死、贵贱，就如你我相遇，我不得不写这篇文章，你逃不过我文笔的诱惑。

穷则思变，汪精卫思来想去造福民众无门。

1904年两广总督岑春煊在广州招考前往日本政法速成科的公费留学生，清政府每月资助每个公费留学生30日元，让他们生活有保障，学习有质量。思想决定出路，位置决定高度。关键时刻，还得靠政府。汪精卫义无反顾地踏上了日本的国土。

速成是个好东西，这东西不仅见效快，还省时省力省成本。中日两国一衣带水，不一会儿工夫就到了，也不用交什么"天价高速过路费"。日本虽小，什么明治还是有一壶，一个变法就能人模狗样，如果现学现卖，大清王朝也可以立马扬眉吐气，立即伟大起来。留日学生也不用过什么ABC四六级，看日语哗哗地，七分猜八分骗，语言也不再是个大问题。

物尽其用，人尽其才，速成的人才呢？

1906年，政法速成科的人才功德圆满，汪精卫同学在毕业考试中斩获第二名。书中自有黄金屋，两广总督岑春煊向汪大人才伸出了橄榄枝，邀请他回国办广州政法学堂，被拒。

拒绝是种态度，也是一种勇气。如果说拒绝的背后是对利好的放弃，勇气的背后则是对信念的坚定。

此时的汪精卫已不再是两年前的汪精卫，他不再是孤独的人，而是有信念、有组织的人了。汪精卫后来曾经回忆："留学法政，从宪法中得知国家观念及主权在民的概念。从前所谓君臣之义，撇至九霄云外，固有的民族思想勃然而兴。与新得的民权思想会合起来，便决定了革命的趋势。"

楼脆脆，这就是20世纪初大清政府的地位的真实写照。拆迁办的人很多，革大清政府命的人如潮，拆迁办主任孙中山虽然一时找不到拆掉这栋老楼的办法，但在拆迁界已经是大大有名。

1906年，惊鬼神、泣大清的孙中山来到日本。此时的汪精卫有才气、无名气，听说先生到来，不胜激动：山不过来，我过去。

1906年8月，中国同盟会在赤板区霞光阪本金弥子爵的府邸成立，孙中山当仁不让成为总理。令汪精卫意外的是，自己竟然担任了同盟会的评议长。意外惊喜，喜悦，无从说起。

士为知己者死

春天走了，明年依然会来；房子塌了，可以重修。知遇之恩呢？

知遇是一种荣幸，也是一种压力和责任。虽然不是所有有过知遇的人都有这种感觉，但至少对于知恩图报的人而言，女为悦己者容，士为悦己者勇，这是必开的花、定结的果，就像伯牙之于子期，荆轲之于燕丹。

一座楼，无论是豪宅、民房、楼脆脆，还是楼歪歪，一般都会有业主。对于大楼的状况，大清国的业主们也作出过不同的反应。

光绪皇帝看到这楼实在是破的不行，再不修的话就会发生房屋倒塌、人员伤亡的事件，就伙同康有为、梁启超等人对大楼进行一系列的维修，想通过振兴经济、发展文化、裁减办公人员等措施，争取大楼的管理体制由目前的业主自我管理向议会管理转变。

有人坐不住了。好好的铁饭碗愣是让你给整没了，慈禧太后不乐意了，这地是俺家的自留地，这楼是俺老祖宗辛辛苦苦盖的，你们想修大楼俺勉强忍了，可要夺俺的管理权，嘿嘿！

维修工程红红火火地进行了百天，在慈禧太后等业主的大力阻拦下，红火变成了冷冰；光绪皇帝变成了"关"皇帝，虽然没到上个厕所都要打报告的份上，也是不能离开中南海瀛台半步；"戊戌六君子"笑是笑了，笑过以后还得横刀。康有为、梁启超也是"大难来时各自飞"，或早早就出走北京，或避难使馆。

大清这楼越来越脆，广东香山人士孙文眼看着这楼不仅会砸坏花花草草，还会砸坏小朋友，维修又不成，急得不行，于是振臂一呼：我志愿成立拆迁队，为了祖国的花朵，为了新中国，赶走业主，拆房收地。一时间从者如云，有钱的出钱，没钱的捐自己。

拆迁是个技术活，强拆更是个老大难。孙文既没有拆迁许可证，又没有大笔拆迁费，回迁绝无可能，还要让业主们迁到遥远的内蒙古高原，其中的难度系数只能用两个字来形容：极高。

拆迁没有补偿已经够让人生气，强拆更是让业主们怒不可遏；你拆我的楼，我拆你的头。即使是温良如玉的维修派们也按捺不住自己的不快：有财大家发，有钱大家赚，你这样搞不就是断我的财路？

维修工程虽然不能继续下去，康有为依然牵挂着光绪皇帝，就如火机对香烟的渴望、热恋对齿间的唇香。人可以老，但志不可以弱。皇恩似海，无以为报，唯有保皇。为了保皇，康有为和得意弟子梁启超成立保皇会，并在日本横滨创立《新民丛报》，宣传自己的思想。

强迁大清这个楼脆脆是个老大难，前有资金短缺、无证拆迁的困难，后有康有为等人抢夺群众、控制舆论拖后腿。汪精卫知道自己伸手不提五两，武攻捍卫中山这种事自己肯定是不行，文卫倒是拿手好戏，于是积极投入到与保皇党人的争辩中。

当时，同盟会的《民报》和保皇党人创办的《新民丛报》正斗得一佛升天、一佛出世，围观的人听得是一愣一愣的，刚有暴打保皇派的冲动，转眼就有用脚给同盟会投票的激情。

争论的内容其实很简单，三个：第一，要不要拆大清这个楼脆脆？强拆会不会引起"暴乱"或者是外国的干涉？第二，要不要建立共和政体？依靠现在的业主能不能改善对大楼的管理？第三，大清的宅基地到底应该归谁？

"枪扎一条线，棍打一大片"，汪精卫的笔杆子同样也不简单。一出场，汪精卫就写了《民族的国民》、《论革命的趋势》、《驳革命瓜分论》等十四篇文章。文章在《民报》发表以后，反应很大。

胡汉民对其中的《民族的国民》一文曾有这样的赞赏："革命排满非仇杀报复之事，乃民族根本解决之事，宗旨严正，而根据历史事实，以证其所主张者，至为翔确。师出以律，不为叫嚣之语，异于邹容之《革命军》，遂受学界之欢迎。"

孙中山的评价很高，说："……（此处略去一百字），余今愿以之赠革命将遭分割论者，谅精卫许之也。"

一代"名骂"吴稚晖对汪精卫在《民报》时期的工作作了工作总结："学生无先生，不醒，先生无胡汪，不盛。"此处的先生指的就是孙中山，胡指的则是胡汉民。

吴稚晖贵为民国"脚踏莲花，口吐白沫，天上地下，唯我独尊"的"名骂"，很有"想唱就唱得响亮，想骂就骂得爽快"的精神追求，不能放过的决不轻饶，能放过的踩上一脚。上到九五至尊、文武大臣，下到三教僧尼、商贩城管，没人能逃过吴先生的"夸奖"。这位老大常常夸皇帝是"畜生"，表扬张之洞、袁世凯为"狗头名士"，称满清皇族为"长白山中野狗"，称朝廷上下全是"贼皇狗臣"，是耗子，是痨虫，是鳄鱼。这一次破天荒地没有骂汪精卫，汪精卫的骨头想必酥得都化了。

坊间则是传言四起，说梁启超十分惧怕汪精卫的驳论文章，曾"私见汪精卫，欲以分谊动之"，企图拉拢汪精卫、平息论战，但被他严词拒绝。

当事人清政府就有点不够厚道，既没有孙中山和胡汉民拍手称赞的欣赏，也没有梁启超折节相交的渴望，而是寻求重磅交易：精卫之头，赏金十万。

骨头酥了，最多是半身不遂。这脑袋要是给人换走了，游戏就不好玩了。汪精卫潜伏到新加坡，和保皇派的《南洋总汇报》往来密切，弄得南海圣人康有为很是尴尬。

银锭桥前传

"遇见"这两个字很简单，不简单的是你遇见的人和事。遇见可能是一段痛入骨髓的缠绵，或者是一场生离死别的恩怨，又或者仅仅是一声问天无语的叹息，这并不重要，重要的是你已经不再是从前的你。

荆轲遇见的是一个不简单的人，太子丹。名扬也好，流芳也罢，抵不过那一瞬间的灿烂，生为这一遇，死为这一刺。

在遇到太子丹之前，荆轲每天和高渐离喝酒吃肉、击拍醉歌。而在遇到孙中山之前，汪精卫只做两件事：演讲，收钱。演讲是为南洋的华侨而讲的，钱是替孙中山收的。

同盟会和保皇党一番舌战之后，清政府觉得不安定分子越来越多，于是怂恿日本政府向孙中山下了逐客令：先生您好，本店已经打烊，欢迎您下次光临！孙先生一是修养好，二是也没有消费者协会可以投诉，既然人家拒载，咱就越过困难，到越南去。

越南是个好地方，抬脚就到了中国境内，想来就来，想走就走。更重要的是，没有人干涉你做什么。孙中山在河内的甘必达街61号设立机关，提出"经营南洋，边陲起事"的战略计划，意思就是在南洋就地集资，在广东、广西、云南等南部各省起义。

清末以来，南洋一直是孙中山革命的后勤部和动力源。无论是精神方面的支持，还是物质方面的供应，华侨们都很给力，孙中山对此很感激地称赞他们为"革命之母"。既然决定要起事，兵马未动，粮草先行，孙中山于是决定派汪精卫到南洋集资。

如鱼得水！鱼儿得水是怎么样的感觉？庄子说鱼儿是快乐的。庄子和惠子在濠水桥上游玩的时候，看到鱼儿在水里游，庄子就说："多快乐的鱼啊！游得这么悠闲自在。"惠子和他虽然是好朋友，可是不服："你又不是鱼，怎么知道鱼是快乐的？"庄子理直气壮地说："你又不是我，怎么知道我不知道鱼儿是快乐的？"

鱼儿得水是快乐的，但这一次得水的鱼儿则有些不同。铁脚汪精卫走遍南洋各地，四处找人聊革命的事儿，聊得南洋华侨一把鼻涕一把泪，捐钱捐物，以身相许，同盟会里平添新成立的分会一百处。

华侨领袖张永福对汪精卫的演讲有过如下的评论：精卫还没开讲会场就已经座无虚席，等到开讲，先是听见大珠小珠落玉盘，随后就是如雷掌声。许多人就此改变了自己的人生轨迹和信念。

当汪精卫演讲正 high 的时候，孙中山遇到了个人威信的低潮。

屡败屡战，如果不是战神，至少也得是曾国藩。可惜，大多数的人既不是战神，也不是曾国藩。

败！败！败！败！1907 年，1908 年，同盟会起义很多次，结果只是"爱一场，伤一场"，徐锡麟、葛谦、谭馥先后牺牲，鉴湖女侠秋瑾也是轩亭口溅血，秋风秋雨愁煞人。同盟会会员的心情一时跌入冰点。

秋风秋雨愁煞人是秋瑾的绝叹，"人心散了，队伍不好带了"是孙中山的困境。加入同盟会的光复会领导人陶成章和章炳麟首先发难，批评孙中山不公开革命经费的使用情况，不少人怀疑孙中山将革命经费挪做私用，这种做法"实在有损我同盟会之威信，而使日人启其轻侮之心"。

汪精卫与蒋介石

1907年日本政府"请"孙中山出国时,日本朋友公开赠送孙中山的赠款就有20000多日元(当时普通日本工薪阶层的月薪不过二、三十日元),而孙中山只给《民报》留下2000元,其余的自己全部带走,使《民报》经常不知道明天的早餐在哪里。

陶成章和章炳麟因此要求"开除孙中山总理之名",并且提议让黄兴当总理。但是黄兴拒绝了让自己当总理的提议,并作了种种调解,但没有任何作用。

同盟会内部闹得人仰马翻,保皇党人也来添乱。梁启超特别批评革命党领袖们唆使别人在国内当炮灰、送死搞暴力革命,自己在家当"宅男"也就算了,这一宅还宅在海外,实在是让人心寒。

梁启超在《新民丛报》上不点名地批评革命党领袖们:"徒骗人于死,己则安享高楼华屋,不过'远距离革命家'而已。""远距离革命家"作风一时在海外华人中引起了很大的反响,掀起了一股批评革命党领袖的风潮。

谣言是真是假已经不重要了,重要的是谣言的杀伤力,党内党外出现了对革命灰心和怀疑的大量人士,同盟会一时间陷入失败的边缘;信念动摇,信心绝望!

稻草!给我一根稻草!溺水的人手不停地向空中寻找。稻草虽小,却给人以无穷的支撑。革命信心的稻草又在哪里呢?

赌命!用自己的命换大清朝重臣的命。在汪精卫的眼里,再没有比这更好的办法了。

艰辛不必说,危险不必讲,权臣们,准备好你们的命,我来了!

曹刿说你伤不起

信仰是个好东西!心有所忌,必有所惮。

君子畏天命,畏大人,畏圣人之言,所以君子日则三省,不敢有暗室之欺。

头上三尺有神明，所以做什么事都会有你不知，他不知，但天知，地知。

但如果一个人既不相信天命、圣人，大人更是照打无误，拼得一身剐，敢把皇帝拉下马，你有什么办法？

杀他没有意义，已死之人，补刀无益；放他，助长匪气。

老王爷善耆头痛，流氓不可怕，就怕流氓有文化。这汪精卫的命比流氓的命还不值钱，想要就拿去，这家伙在狱中也不生分，跳过井，撞过墙，绝过食，说是以死明志；文化呢，比流氓不只是多一点点，而是深过了刘三姐家门前的那条河。

曾经，老王爷善耆和汪精卫辩论过，但说服不了他。死士，你有什么办法？

有！好好待他！

老王爷让人在狱中给汪精卫特别提供了一个单间，允许他在院中自由活动，自己则亲自到狱中嘘寒问暖。

汪精卫的牢狱生活没有持续预期的那么久，武昌迫使清政府作出了自己的政策调整。1911年，武昌起义弄得清朝由"楼脆脆"变成"楼歪歪"。为了维稳，清政府一方面好说歹说、高官厚禄请袁世凯出山镇压，另一方面则释放政治犯，放出友好信息。

有人奉旨进京，有人奉旨办案，汪精卫则是奉旨出狱。11月6日，一个汪精卫新生的日子。

解放军的天是明朗的天，清政府的天则是战云笼罩的天。南方十八星飘扬，北方袁世凯权威炙天、重兵紧逼，战或不战只在一念间。

在很多革命党人的眼里，革命不是请客吃饭，革命是排满，革命是共和。所以袁世凯一说支持共和，很多人就软瘫在椅子上，终于不用打仗了。

议和是需要代表的，南方的汪精卫和北方的君宪党人杨度组织"国事共济会"，讨论双方停战、组织临时国民会议、解决君主民主问题。成立的理由很简单，如果革命到底，会遭到外国的瓜分或者引起内乱。

袁世凯对于议和是很有信心的，一切尽在掌握中。杨度赞成共和态度是坚决的，汪精卫自己则早就有了铺垫。

汪精卫

朝中有人好说话,这道理老袁已经给老大袁克定说了n次。英雄汪精卫刚出狱,袁克定就慕名而去,敬仰之情如长江之水滔滔不绝。汪精卫对袁世凯则是很来电:中国非共和不可,共和这事一定要袁公促成才行。两情相悦,而且又是门当户对,一个少年成名英雄,一个有型太原公子,欢喜之下,拜了把子。

共济是外出旅行、居家过日必备的安全良药,共济会的南北代表同心,强项就是共济,只等着到达共和的幸福海岸。可惜,代表忽略了一点:股市有风险,入市要谨慎。海岸不平静,时有大风暴。

共济会成立不久,有不赞成的革命党人站出来发表批评感言:无聊!于右任、宋教仁对汪精卫的行为既痛且恨又惋惜:汪精卫宣扬革命这么多年,是同盟会有名的鹰派,现在竟然为了满人说话,难道就为了满人政府放了他一马?

大风起兮云飞扬,威加海内兮归故乡,安得猛士兮守四方。汉高祖刘邦引颈高歌，豪情万丈：让暴风雨来得更猛烈些吧，唯有它才能发泄我满腔的豪情！共济会没有汉高祖那样的激昂，而是觉得利空太大，不宜操作，于是采取空仓，就地解散。

在共济会解散以后的日子，南北双方又打又拉，冲突仍在继续，议和仍在继续。1911年到1912年初的时候，北方的革命党人耐不住平静，几次想在通州和滦州发动起义，同盟会北方领导人汪精卫都很有耐心地派人阻止起义。

人无信则不立，如果起事，就会坏了和谈的大事，理由很充足，但解决不了北方同盟会会员的疑惑：通州和滦州地区又不在停战区，况且袁世凯可以抓我们的人，为什么我们就不能起义呢？莫非他爸是城管，或者他爸是李刚？

汪精卫的回复很绝，袁世凯有强烈的和谈的上进心，军队纪律严明，肯定不会做这种龌龊事。龌龊事袁世凯不做的，做龌龊事的是袁世凯的部下，当袁世凯很是惋惜地、诚心诚意地询问如何处置被抓同盟会的成员时，汪精卫态度明确：公事公办，依法处理。

汪精卫久盼的和谈终于达成，老袁顺利地当上了临时大总统，一朝权在手，便把令来行：刺杀宋教仁，逼反李烈钧。反与不反，钢刀都要架在脖子上，既然如此，不如反吧，革命党人又纷纷起兵讨伐袁世凯，史称"二次革命"。

汪精卫此时远在法国，一见自己提倡的"和为贵"的局面就要走神马的路子，赶紧回到上海，和袁世凯的军师吃饭谈事：临时大总统确实是委屈了袁老，咱有错就改，推举袁公当正式大总统；宋教仁一案，死者已逝，活着的人为大，大事化小，咱们追查到洪述祖、应桂馨就此打住；当然你得给我面子，李烈钧等人的都督的职位你可得让人再待上一些时间。

可能是汪精卫的面子不如袁世凯对权力的欲望大，又或者是汪精卫的心不够诚，袁世凯直接用全面的军事打击否决了汪精卫的提议：和谈就是我想和，才和你谈；面子就是面对你，我不想面对你，所以只好打击你了。

"二次革命"失败以后，汪精卫病了，得了政治厌倦症。在随后的几年里，他恋上了欧美的山也清，水也静，枝上的花又开，树也绿，成了一名专业的驴友。

花娇叶艳，如有佳人丛中笑，便有神仙也不做，可惜，笑的不是佳人，微笑的是老王爷善耆，并且慢悠悠地来了一句：汪精卫，曹刿说你伤不起。

做事就如作战，依靠的都是士气，一鼓作气，二鼓衰，三鼓竭。自杀是需要勇气的，一而再，再而三地失败，你还有多少勇气可以重来？

苦心志，劳筋骨，饿体肤，可以担当大任，不过，苦心志，劳筋骨，饿体肤有一种天敌叫做温柔，掐死你的温柔。自杀失败，勇气锐减，我再送上体贴的嘘寒问暖，你还有仇视世间的大恨吗？

老友记

欲望！

欲望每个人都有，或为人中龙凤，或为美衣锦食，或为揽香搂玉，袁世凯的欲望就是坐上皇帝的龙椅，然后子子孙孙一代一代地坐下去。

总统的地位是很高，毕竟有使用期，不像皇帝那样是终身荣誉。皇帝轮流做，这次到我家，有权不用，后悔莫及，老袁的心一狠，为了俺老袁的幸福，拼了！

1915年12月，国会、民众请愿团、筹安会和1993名各省国民代表推戴袁大总统称帝。为了不辜负大家的厚爱，迫不得已，老袁心不甘情不愿地"被皇帝"建立洪宪帝，实行君主立宪政体，同时改总统府为新华宫。

幸福是老袁的，幸福是不是建立在别人痛苦的基础上老袁还真没太关心，最近有点忙，典礼，封官，宴会，哪都离不开俺这大皇帝。

袁大皇帝不在意，有人关心：俺们流血流汗、千辛万苦才赶走清朝皇帝，你这老贼又想上位，这不是藐视俺们的情商和智商？袁世凯的称帝理所当然遭到当时有识之士的反对。孙中山、梁启超等人坚决反对帝制，北洋将领段祺瑞、冯国璋等也深为不满，段祺瑞致电袁世凯："恢复国会，退位自全"。帝国主义列强怕袁世凯称帝后中国会强大亦不断对他提出警告。

孙中山眼见事态严峻,赶紧致电汪精卫,要他回国助自己一臂之力,讨伐袁世凯,参与护国。

2月25日,蔡锷、唐继尧等在云南宣布起义,发动护国战争,讨伐袁世凯。贵州、广西相继响应。

有的人可能你永远都不会碰到,有的人纵然你有意躲避,一转身,又不得不面对。袁世凯对于汪精卫就是这样。

其实,汪精卫和袁世凯从前是相见甚欢的。

汪精卫奉旨出狱后,袁世凯曾经让儿子叫袁克定邀汪精卫到自己家小聚。到了袁世凯家中,汪伸出手和袁世凯握手,袁世凯开始没反应过来,随后笑着向汪深深地做了一个揖。汪精卫紧忙入乡随俗,以揖还礼。袁世凯人中龙凤,说话很是中听,称汪精卫文章名海内,英勇堪比在博浪沙刺杀秦始皇的留侯张良。汪精卫希望袁以所拥兵力推倒清廷;袁则想利用革命军的声势压清朝皇帝退位。两人利害相同,一拍即合,觉得颇为投机,只感相识恨晚。此夜汪精卫与袁世凯密谈到深夜。

第二天,袁世凯命袁克定送汪精卫回北京,并且写信给梁士诒,让他送十万元钱给汪精卫做路费。汪精卫出身清苦,还从来没人送过这么大的礼,虽然大吃一惊,但是认为无功不受禄,坚决不肯收。梁士诒劝道:"这是袁先生的一点心意,再说先生是做大事的人,身边怎能没有钱?就是到天津、上海商讨国事,也不能走路去啊。"汪精卫却不过面子,最后虽然只留下一千元,对袁世凯已经是倍生好感。

汪精卫在法国期间,袁世凯曾经托蔡元培拜访汪精卫,请汪精卫回国做总统府的高级顾问,被汪精卫拒绝了。看到汪精卫经济比较拮据,袁世凯就命袁克定给汪精卫汇来三千元。汪精卫收到以后,"既不愿用,亦不便却",最后决定用这些钱办《学风》杂志。

初见时欢,再见呢?

再见已经是隔军相望,你要称帝,我要护国,相见不如不见。

在起义各省强大的军事威逼下,袁世凯忧愤成疾,最后因为尿毒症不治而亡。

中山的改革

有的人活着,他却死了;有的人死了,他却活着。

袁世凯死了,影响还在。袁世凯死后,政权依然掌握在他的老部下以段祺瑞为代表的北洋军阀的手里,军阀之间为了争权夺利打得你死我活,共和依旧是个传说,《临时约法》是约而不法。

看到《临时约法》被军阀们随意践踏,孙中山在国内掀起了护法运动。1911年7月,孙中山南下广州,发起了护法斗争,随后成立广州军政府,自己担任军政府海陆军大元帅,任命汪精卫为秘书并代理大元帅府秘书长。

在广东参加护法众人当中,其实真正的革命党人并不多,主要是云南广西的地方军阀。他们参加护法,一是想借孙中山的影响扩大自己的势力,二是想混水摸鱼,从中捞好处。汪精卫这时还没有从政治厌倦综合征中恢复过来,不愿做官,因此只是帮助孙中山做些党务和政治工作。

孙中山和西南军阀的合作并不愉快,护法运动始终只是有道路而没有前途,有曲折没有光明。

久病成良医,阅历长智慧,孙中山开始意识到,棍棒底下出孝子,拳头之下有威风。军阀有枪有人,可惜枪是人家的枪,人是人家的人,军阀混乱都是私家兵制度惹的祸。国家没有统一的征兵制度,士兵都由各路将军个人征召,吃人家的饭,肯定是跟人家干。

孙中山在为如何实现共和发愁的时候,苏联的社会主义事业正进行得红红火火,不由得让孙中山心中一动:他山之石,可以攻玉;优秀经验,可以跟风。

孙中山对国民党的状况很是不满:堕落,病危。

对于病危的人而言,最好的治疗办法就是换血,添加新血液。

对于弱势的人来讲,强大的最好办法就是手中有枪,护主有人。

孙中山的心目中最合适的血液就是成立不久的中国共产党,对于中国共产党反帝反封建的思想也觉得可以接受,于是制定了联俄、联共、扶助农工的三大政策,接受共产党员和青年团员以个人身份加入国民党,实现两党合作。

对于孙中山提出的两党合作,特别是共产党员以个人身份加入国民党的提议,汪精卫开始接受不了,认为这会危及国民党的存在,并拿孙悟空和铁扇公主说事,孙悟空只要在铁扇公主肚子里面翻跟头,铁扇公主再能,也得"小兔子乖乖,芭蕉扇拿来"。

到了后来,汪精卫还是理解了孙中山的思想,正如每一个成功的男人背后都有一个优秀的女人,每一个中国军阀背后都站着一个强大的列强,只有俄罗斯革命军才是友军。

国民党第一次全国代表大会在广州召开的时候,有人反对跨党合作,汪精卫在大会上以章程审查委员会主席身份对跨党问题作了发言:"吴稚晖、李石曾、张溥泉这些无政府无组织的人都可以接受他们参加国民党,为什么就不允许共产党员加入国民党呢?

作为一大主席团的成员,汪精卫是一大的御写手,所有的文件几乎都由他操刀,就连由鲍罗廷起草、瞿秋白翻译的一大宣言最后都是汪精卫润色才成稿。

对于汪精卫的贴心和才华,孙中山很是赞赏:真正跟着我革命的人不过二十人,精卫就是其中之一。

有此评价,汪精卫的形象在国民党挺拔了很多,不过这还不是他威望高大的巅峰。他威望高大的巅峰又在哪里呢?

一笔断命心如灸

巅峰!

巅峰有多远?

一将功成之际?一剑封喉之间?还是一笔断命之时?

一将功成，又是谁的功成，谁的骨枯？

一剑封喉，又是谁的剑动，谁的喉断？

一笔断命，谁的笔动，谁的命绝？

世事难以预料，就如你不知道你未来的老公是骑着白马姗姗而来，还是骑着黑马闪电而至？

退位的宣统皇帝溥仪同样不能预料自己在紫禁城还能住多久，可是他已经知道，因为已经有人告诉过他。

来人骑的既不是白马，也不是黑马，而是二马，二马冯玉祥。冯玉祥在给溥仪发通知之前，已经带着手下造访了总统府，让总统曹锟在总统府洗洗涮涮，该睡就睡，睡觉之前顺便撤了吴佩孚的职，其他的事都有自家弟兄看着。

不能预料的还有孙中山，他正在策划北伐，打到北京城，用武力一统中国，却不知道北京城已经发生了天翻地覆的变化：总统曹锟正式歇菜，皖系军阀段祺瑞担任中华民国临时政府执政，北京政府已经成了冯玉祥、奉系军阀张作霖和段祺瑞合伙开的三家店。

一生二，二生三，三生万物，三是个奇妙的东西。三家店既然是三家，自然会生出很多事情，三家虽然用心不一，却差不多想到了一个人，唯有他，可以商量三家店的事。

孙中山接到了一封邀请信，地址是北京，落款人是冯玉祥，在信中，冯玉祥邀请孙中山北上，顺便商量国是。

统一有望，孙中山很是高兴，毅然决定应邀北上，并指派汪精卫、陈璧君夫妇随行。

奉孙中山之命，汪精卫先是草拟《北上宣言》，随后又发表时评《一封努力革命的电报》，称赞冯玉祥是真革命党人，这次驱逐曹锟、吴佩孚，完全是为了扫除进行革命的障碍物。

1925年2月，北京的天是寒冷的，北飞的大雁还在北飞的路上，北上的孙中山就已经到了北京城，只是不久就进了医院。孙中山虽然还在病榻上坚持处理公务，但更多的则是由汪精卫代为办理外事，接待宾客，发表谈话，汪精卫实际上成了孙中山的代言人。

大雁依旧是昔日的那只大雁,北来,南归。人呢?

孙中山得的是肝癌,2月的时候病情加剧,于是急忙电请孙科、宋子文、孔祥熙等人赶赴北京。

雁过留影,人过留名,孙中山纵有千万心事要交待,却已经是心有余而力不足。

遗嘱就意味着断命,一笔判生死,一纸隔阴阳。

国民党人开始商议预备遗嘱,待病危时再请孙中山签字。

经孙中山同意,遗嘱由汪精卫执笔,一篇国事,一篇家事。孙中山听完汪精卫写的遗嘱,没有作一字添改,后来这篇汪精卫写的"总理遗嘱"就当做孙中山的政治遗嘱公开发表。

一将功成万骨枯,一剑封喉泯恩仇,一笔断命心如灸。

据何香凝回忆说:1925年,3月11日早晨8点钟,我到先生的房间去看他,一见他的情形,我心里就很难过,先生的眼睛已开始散光了。我就赶紧出来,对汪精卫说:"先生的眼睛已开始散光了,你赶紧去拿遗嘱来签。"

陈璧君听见了,十分不满,抱怨说:"还说签字?就是因为精卫写了遗嘱,人人都骂他。现在又叫精卫请孙先生签遗嘱,将来不是别人更骂精卫吗?"

没有办法,只得通知宋子文、宋蔼龄他们。他们赶忙到先生面前,也都觉得应该签了。于是大家一起走到孙先生床前,请孙先生在遗嘱上签字。孙先生签字的时候,夫人泪如雨下,我们也是痛哭流涕,孙先生勉励我们说:"革命尚未成功,同志仍须努力!"

至于孙中山为什么没有主动提出自己的遗言、不指定接班人,仍然是一个不解之谜。因为孙中山没有指定接班人,国民党内部为了争权抢位,内部斗争长期不断,这也是孙中山所没有想到的。

细节决定成败

革命尚未成功,同志仍须努力!先生已经远走,社团还得运作。

问题是谁当龙头,如何运作?

孙中山逝世后,为了争夺国民党的最高领导权,内部展开了明争暗斗。当时,有可能继承孙中山地位的主要有三个人,也就是他麾下的"三杰"。

汪精卫,行刺摄政王,舌战梁启超,执笔写遗嘱,孙中山曾经这样赞赏他:真正跟着我革命的人不过二十人,精卫就是其中之一。

胡汉民,党的理论权威,策应过黄岗起义,平定过陈炯明叛变,代理过大元帅,但他反对孙中山的联俄、联共、扶助农工的政策。孙中山曾经称赞他"即位以总统,亦绰绰有余"。

廖仲恺,"三杰之首",陪先生亡命日本,积极协助孙中山改组国民党,推动国共合作很给力。

三雄相争,要想成为党的最高领导人很是不容易:一要党内人脉好;二要背后火力足,手中无枪,心中惊慌;三要党外有人顶。国共两党合作后,许多共产党以个人的身份参加国民党,得到苏俄代表和中国共产党人的投票很是关键。

竞争有了结果,汪精卫胜出,理由很简单:利害决定决策,细节决定成败。

廖仲恺因为联俄联共,遭到国民党右翼的抵制。胡汉民为人尖酸刻薄,好骂人,因此在党内产生距离美,又对叛乱的杨希闵、刘震寰妥协,建国粤军总司令许崇智顶是顶了,顶的地方不对,顶的是他的肺。

汪精卫平日见人三分笑,长袖善舞,吐气如兰,吐字如花,见者爽目,闻者悦耳。孙中山逝世后,汪精卫沉浸在失去领袖的悲痛中,在沪期间,汪精卫曾就国民党内左右派问题发表谈话。谓:"关于本党主义,有总理遗著在,吾人当本总理之遗著,以为玉尺,而裁是党员之言论。悠悠之口,动辄以倾向共产目吾侪,而吾侪不任受者,即以此故,此则自命为左派中人者亦当深省也。至于党员之行动，则视其能否于现在努力国民革命，而不必问其所蓄理想为何如。盖国民革命，乃卑之无高论的一件事，无论将来中国社会经济组织如何，此一件事皆不能不做，若并此一件事亦不做，则所谓左派，皆成空谈，而所谓右派，不特忘了民生主义，并民族主义亦已忘矣。"

谈话很简单，有三个意思：一，本党以后的一切行动必须以总理的遗言为标准。二，只要是努力为国民革命，不管白猫还是黑猫，抓到老鼠就是好猫，英雄不问出处。三，先谈革命，后谈主义；先创业，再分红。

1925年6月15日，国民党中央召开全体会议，为了表示对先生的尊敬，国民党决定让总理这一称呼永远退役，领导体制开始采用集体领导的委员会制，中央执行委员会为最高领导机关，将大元帅府改组为国民政府。

同年7月1日，广东国民政府成立，汪精卫先后当上了国民政府主席、军事委员会主席和中央执行委员会主席，成为党政军最高领导人。

看到党内同志如此的厚爱，汪精卫诚惶诚恐，再三辞谢，说自己难当重任。

关于汪精卫当选的事，中山大学校长发出了不同的声音，他在《回忆录》中写道："那时政治会议的秘书是伍朝枢先生，因为事情重大，他特别郑重，对于发出的选举票，收回的选举票，每次都高声报告。在选举票朗读完毕后，他立起来说：发出选举票十一张，收回选举票十一张，选举汪精卫的十一票。他迟疑了一下，显然觉得有些奇怪，便故意又高声报告了一次：发出选举票十一张，收回选举票十一张，选举汪精卫的十一票。这样揭穿了汪精卫自己选举自己的伎俩，而汪也满面通红。"

汪精卫的老婆陈璧君曾经对人说"我不赞成我们家精卫当主席，担子太重了"。

至于你信不信，反正我是信了，不仅人会被雷劈，火车也会被雷击。

廖倒不仅仅是廖倒

雷劈是天灾，枪击则是人祸！

廖仲恺这一阵子手气太背，刚刚竞选主席失败，现在又遭枪击，而且连再试手气的机会也没有了。

情劫？仇杀？还是谋财？一切都已经不重要，重要的是人已死，而且死的是财政部长、"三杰"之首。

国民政府主席汪精卫的好心情一下子就没有了。

当主席的感觉真好！台上振臂一呼：挥师北伐，统一中国；台下万民响应：打倒军阀，拥护汪主席。千斤顶，顶得热情，顶得开心，就是千金顶也不换。

组织部长谭平山、宣传部长毛泽东、秘书长林伯渠这些人虽然是共产党员，却丝毫没把自己当外人，做起事来虎虎的，北伐革命倒是个好帮手。

不过汪精卫还是有点庆幸：幸好老廖不是死在选举主席之前，要不然我和汉民都脱不了干系，就算不死，也得脱层皮。

汪主席的反应还是很快，立即成立了以自己为首、国民革命军第一军长蒋介石、粤军总司令许崇智为组员的特别委员会，全权领导和处置一切。时常时期，非常手段，手中有枪，心中不慌。

水落石出，一切都是国民党右翼做的好事。

看着共产党在国民政府干得风生水起，和廖仲恺为首的左派走得很近，国民党右派集团极为不满：这样下去，党将不党，国将不国，偌大的一份家业就要毁在这些"败家子"手里。攘外必先安内，安内必除"家贼"。在右翼的眼中，廖仲恺无疑是一等一的"头号家贼"。

朱卓文、梁鸿楷、魏邦平等人都打了鸡血，刺杀活动竟然有外商赞助，香港英国政府答应赞助活动资金二百万元，事成之后，梁鸿楷可以出任总司令，魏邦平可以担任广东省长。这样利党利己的事情，师出有名，师入有利，不干白不干，干了还想干。

1925年8月20日，廖仲恺在国民党中央党部门前被枪手暗杀，同时遇难的还有中央监察委员陈秋霖。

案情已经明朗，接下来的事情就很是简单，缉凶。汪精卫下令逮捕廖仲恺一案的嫌疑犯林勉、张国桢、梁士锋、胡毅生、林树巍、梁鸿楷、招桂章、杨锦龙等人。

缉凶很不顺利，胡汉民也很不开心。

这两天向汪主席汪精卫打听办案情况，汪主席的太极拳打得是行云流水，不漏半点风声。蒋介石直接派人搜查房子，大哥青瑞也被带走。追兵自称是黄埔来的人，有的人则说是汪精卫派的人。要不是脑子灵活、脚板擦油，躲到隔壁亲戚家，胡汉民这会儿已经在吃牢饭了。

胡毅生啊胡毅生，你可把堂哥我给坑苦了。有家不能归，有路不能走，既然无路可走，那就走绝路。

汪精卫不在家，陈璧君在家，胡汉民于是就请陈璧君打电话给蒋介石询问事情的真相。蒋介石派侍卫长王世和带来一信，要陈璧君转交胡汉民，信中说："这件事目前和先生没有什么瓜葛，只是因为毅生有嫌疑，所以派人搜捕。"考虑到现在社会不安，蒋介石希望胡汉民到黄埔军校小住一段时间。

陈公博在《苦笑录》一书中回忆说："胡先生因为兄弟被捕，那天仓皇避到亲戚的家中。后来汪先生怕胡先生不安全，就让夫人陈璧君陪他到黄埔军官学校暂住。汪先生后来告诉我，许汝为还想借这个机会杀胡先生，汪先生不赞成这个提议，说胡先生只负政治上的责任，不负法律上的责任。但是这件事对胡先生的威信很有损伤，在广州已经很难立足，中政会（即国民党中央政治委员会）因此派他到莫斯科考察政治，暂离中国，而胡先生则认为这是一种放逐，引为终身之恨。"

一星期后，蒋介石来看胡汉民，说鲍罗廷建议希望他去俄国休息休息，并且会亲自来看先生，胡汉民心想，与其做笼中鸟，不如做云中鹤，出去走走，总比在黄埔做阶下囚好。同时，也可乘此机会对苏联进行一番考察。

9月22日，胡汉民带着朱和中、李文范、杜松及女儿木兰等五人，乘轮船去了苏联。

在胡汉民踏上去往苏联的轮船的时候，有一个人也黯然神伤地离开了广州，因为部下参与了廖仲恺一案的密谋，粤军总司令许崇智不得不辞职离开广州去上海。

胡许二人的离开是不是应该已经并不重要，重要的是对手少了，压力轻了，晚上睡觉可以睡得安稳一些。

胡汉民和汪精卫是莫逆之交，情似兄弟，二人既是同乡，又一起赴日留学，同时加入同盟会，成为孙中山的左右手。汪精卫在北京刺杀摄政王被捕入狱以后，胡汉民为营救他东奔西走，出力不小。

粤军总司令许崇智结拜过兄弟，只愿有福同享，有难同当。

往事不必再提，一国不可二君，一山不容二虎。当时，蒋介石以广州卫戍司令的名义全权处置广东事务，在处理廖仲恺一案中，他又获得了广东政府的军政实权，敢说敢做的元老胡汉民已经成了再往上走的"绊脚石"。

汪精卫的心情则不得而知，党内从此只有自己的个人独唱，寂寞是寂寞了点，孤独的人是可耻的，但寂寞也未尝不是一种享受。

只是寂寞终究会打破，可耻最终会无耻。

爱江山更爱红颜

打破寂寞的人事有两起，一是陈炯明；二是西山会议派。

1925年10月，陈炯明军余部大约3.5万人，乘国民党党军和粤军由潮汕地区回师广州平定滇、桂军阀杨希闵、刘震寰叛乱的时候，重新占据东江地区，并勾结川军熊克武部（驻连山）和南路八属联军（邓本殷部驻高州），妄图进占广州。

对于敌人，只能以血还血，以暴制暴。1925年10月，汪精卫以国民政府主席的名义，发布了东征陈炯明的命令，并亲自任命蒋介石为东征军总指挥。

同年11月，在北京段祺瑞政权的保护下，国民党老右派谢持、邹鲁等，策动国民党中央执行委员和中央监察委员中的一部分人在北京西山的碧云寺召开了所谓的"国民党一届四中全会"，反对中国共产党，破坏两党合作。会议对汪精卫也作出处分：开除党籍六个月；开除其中央执行委员职务，并不得在国民党地方政府机关服务等。

对于指责，汪精卫打出了两张牌：一张王牌，一张是悔牌。

王牌就是做总理的信徒。真的信徒会听总理的话，继承总理的遗志，实实在在做唤起民众反抗帝国主义的工作；假的信徒心中只有共产与非共产的分别，坚决分散国民革命的力量。汪精卫说："西山会议派打出反对联俄联共的旗帜，就是打出反对孙中山先生的旗帜，所以成为总理的叛徒，革命的蟊贼。"

抨击是强悍的，态度是认真的，反击也是迅速的。1926年1月1日，汪精卫主持召开了国民党第二次代表大会，宣布：接受"一大"宣言和总理遗嘱，接受联俄、联共、扶助农工三大政策，并以纪律制裁西山会议派。

剑不轻出，出必见血，见血必死。铁拳既出，佛挡杀佛，魔挡杀魔。

西山会议派的人却长出了一口气，会议只开除了邹鲁、谢持的党籍，抨击了一通汪精卫，又退让了。

汪精卫与陈璧君

会议选举汪精卫为中央执行委员会常务委员兼宣传部长、中央政治会议主席团委员、中央军事委员会常务委员、国民政府主席兼常务委员，为党政军最高负责人。

分享是种好品德，特别是在有好心情的时候。

有好心情的不仅仅是汪精卫一个，蒋介石也有，自己当选为国民党中央执行委员，并兼任国民革命军总司令。

蒋介石有的不仅是好心情，还有几分忧虑：汪主席如日中天，共产党发展太快。

1926年3月18日，黄埔军校交通股长兼驻省办事处主任欧阳格到海军局传达命令：蒋介石总司令调中山舰开赴黄埔候用。

3月19日，中山舰开抵黄埔，蒋介石声称并没有下达调遣该舰的命令。舰长李之龙请示蒋介石应该怎么做，随后就将中山舰开回了广州。

3月20日，蒋介石以防止中山舰"有变乱政局之举"之借口，宣布广州全城戒严，逮捕了李之龙，占领中山舰；并派兵包围苏联顾问团住宅和省港罢工委员会；拘留第1军第2师中的左派党代表和政工人员四十人。史称"中山舰事件"。

对这次事件，毛泽东、周恩来等人主张依靠工农群众，坚决进行反击，打击蒋介石的反动气焰。

汪精卫当时正在养病，直到陈公博慌张地跑来，才知道出了大事。

欺上瞒下，目无上级，明摆着是造反！汪精卫翻身下床，就要找蒋介石问罪。陈璧君赶紧一把扯住他，人借枪的势，枪壮人的胆，无势无胆，用嘴去问候人家的枪，纯粹找死。

谭延闿、朱培德也来了，并捎来蒋介石的一封信，大意是：共产党意图暴动，事出有因，不得不便宜从事，请主席原谅。

不杀此贼，不能消我心头之恨。第二天，汪精卫以军事委员会主席的身份，召集国民革命军其他几个军的军长，要求他们扣留蒋介石。

沉默，无语，几个军长的态度表现一致，你要枪没枪，要人没人，决心稳，得罪人的事让我们去做，没门儿。

气闷，心急，眼红，汪精卫却无可奈何，党国主席又如何，军委主席又怎样？汪主席病了，卧床不起。

3月21日晚，蒋介石来家中探视病况。

22日，中央政治委员会在汪精卫的病榻前召集临时特别会议，讨论"中山舰事件"。汪精卫对事件作了结论性的总结：军事当局没有党的领袖的命令就擅自行动，属于非法行动。

汪精卫很是痛悔："作为国民政府和党的代表，我没有做好自己的本职工作。一切都是因为我不能尽职而造成，所以我将引咎辞职。以后的一切善后工作，均由蒋介石同志去处理。"

听话听音，锣鼓听声，蒋介石心里清楚：这是汪精卫想要以退为进。于是自我检查：这事太过仓促，非常时期用了非常手段，专权、无组织无纪律的罪名确实不能推卸。

检查是做了，蒋介石挽留的话却没有一句，老大既然铁心要走，属下又怎么敢违背老大的意思，影响龙体的康复，属下是万死难辞。

临时特别会议的讨论有了结果：联俄联共的政策不变，被扣押的共产党人马上释放。汪主席重病在身，身体是革命的本钱，暂时休假。

天下事不能尽如人意，不如归去。汪精卫与陈璧君商议后：匿居养病，不理世事。

31日的时候，汪精卫给蒋介石写了一封信，表示：现在老弟既然讨厌我，不愿和我共事，我自然应该离去。不过我是自愿离开，不是受人强迫。

4月1日，陈璧君致函蒋介石，称汪精卫隐居之目的一是为了疗病，一是为了使蒋介石能够好好反省一切。

既做离别志，为何又做妇人状：去函，明志？

1926年5月11日，汪精卫离开广州前往法国马赛。

此时的蒋介石已经是千般恩宠于一身，北伐军总司令，中央军委主席，还是国民党中央常委主席，独揽党政军大权于一身。

开弓没有回头箭，不知道汪精卫会不会回头？能不能回头？

回头，只是因为怀念。

分共还是联共

怀念！

怀念的或者是一件事，或者是一段情，或者是生命中曾经走过的一个人，无论是远是近，有意无意，都已经在心里留痕。在合适的时间地点，从脑海中走了出来。

国民党内已经有人开始怀念汪主席了。

汪主席走后，蒋介石已攫取了国民党的党政军一切大权，代理国民政府主席谭延闿是一个"伴食宰相"，一切唯蒋是从。

步子太大，容易跌倒；乌云太密，易下暴雨，蒋介石的专权太猛，也太独。1926年下半年至1927年4月间，各省、市党部掀起了"迎汪复职"的浪潮，坚持联俄、联共政策的武汉政府为了反对蒋介石的军事独裁，也热切盼望汪精卫早日回到武汉，共商国是。

中国共产党也支持汪精卫回国，认为国民党左派核心回归，就能抑制蒋介石的独裁倾向。陈独秀认为汪精卫回归，对于党、国和革命都有好处：第一，汪精卫可以增强国民政府的力量；第二，最近归降的小军阀和蒋介石有冲突，汪精卫可以起到润滑剂的作用；第三，汪精卫不爱钱财，可以整治广东的腐败现象。

人在江湖，身不由己。大势如此，蒋介石也只好致电汪精卫："如兄不来，则弟唯辞去一切职务，以谢党国。"

在国民党二届三中全会上，汪精卫被选为中央常务委员、中央政治委员并主席团主席、中央党部组织部长、军委会委员并主席团主席和国民政府常务委员等。

众望所归，水到渠成，回国，已是时候。

回国容易，不容易的是要处理的事情。1927年4月3日，在上海莫里哀路孙中山故居，蒋介石、汪精卫、吴稚晖、李宗仁、蔡元培、李济深、李石曾、钮永建、宋子文、邓泽如、古应芬、张静江等人召开会谈，提议召开中央全体会议解决。

对于党内纠纷,众人一致认为"自己同志,和为贵,忍为先",对于中国共产党,众人则认为是国民党的心腹大患,应该"防火防盗防中共",能打击决不姑息,能消灭决不手软,做到该斩草就斩草,该除根就除根。

汪精卫则表示:一来联俄容共是总理遗训,二来此事事关重大,必须召开四中全会作出决定。党的民主制度、组织原则是必须遵守的。

看到汪精卫推三阻四,李宗仁、李石曾等人纷纷发言,反对汪精卫的意见,要求汪精卫不要偏袒中共,而是制裁共产党的越轨行动。

一代名骂吴稚晖情到深处,跪在汪精卫面前,请求他留在上海领导大家反共。汪精卫被弄得手足无措,边躲边退,口中连说:"稚老,您这是折我的寿。"

男儿膝下有黄金,吴稚晖以为"送人玫瑰,手有余香;送人黄金,都好商量",但他错了,有心商量,何用黄金?无心商量,千金何用?

汪精卫有心商量的人是陈独秀,经过商量,发表了《告两党同志书》,强调国共两党应该"立即抛弃相互间的怀疑","如同兄弟般密切"。《联合宣言》一出,革命群众是拍手叫好,国民党右派人士则是一片哗然。

面对怀疑和指责,汪精卫连连解释:我的意思是说国共两党以后发不发生误会,并没有说两党共同治理中国。

解释是苍白的,群情很激昂。吴敬恒尤为气愤,当众问汪精卫:"陈独秀是共产党的党魁,一家之长,众望所归,咱们国民党是不是有这样的一个党魁或'家长'呢?"说得汪精卫十分难堪,大家不欢而散。

众望所归是陈独秀的,国民党的大权是蒋介石的,中山舰的尴尬是自己的,与其尴尬,不如远走。

看我七十二变

武汉人称四大火炉,热死人没商量,但这一次,却热不过武汉政府对汪精卫的情深意浓、执著热盼。

谭延闿、孙科、徐谦、顾孟余、陈友仁、宋庆龄等23人电请汪精卫,请求他迅速赶到武汉,称武汉众人盼望先生就如"稚子之望父母,久旱之盼甘露",只等先生来处理时局。

武汉的群众是革命的,也是热诚的,10万民众夹道欢迎汪精卫到达武汉。众人拾柴火焰高,汪精卫也是火焰中烧:"中国的革命已经到了一个严重的时期,革命的往左边来,不革命的快走开去!"

蒋介石没有走开去,也没有到左边来,他走的是最短的距离。

中投、远射,仅仅是动作飘逸,只有扣篮,才是距离篮框最近的地方,不扣则已,一击致命。

蒋介石不会扣篮,但知道生与死之间最短的距离其实就在一指之间:扣动扳机,松开食指。

生与死,谁生?谁死?

在"四·一二"事变后的3天中,上海共产党员和革命群众被杀者300多人,被捕者500多人,失踪者5000多人,优秀共产党员汪寿华、陈延年、赵世炎等光荣牺牲。4月15日,广州的国民党反动派也发动反革命政变。当日捕去共产党员和革命群众2000多人,共产党员萧楚女、熊雄、李启汉等被害。江苏、浙江、安徽、福建、广西等省也以"清党"名义,对共产党员和革命群众进行大屠杀。4月28日,李大钊和其他19名革命者在北京从容就义。

食指轻扣,杀人无数,羞煞了金兵手中的狼牙棒。

狼牙棒分量沉重,如果不是臂力强悍,运用自如很是不容易。只有金兵将官却特别喜欢使用。金人因为生长在辽东苦寒之地,身强力大,兵器沉重,上阵则占便宜。当年金兵入侵宋朝,就用狼牙棒砸击大宋军民。众百姓气愤之余，忽然说起笑话来。某甲道："金兵有什么可怕，他们有一物，咱们自有一物抵挡。"某乙不相信，就说："金兵有金兀术。"甲说："咱们有韩少保。"乙说："金兵有拐子马。"甲说："咱们有麻札刀。"乙说道："金兵有狼牙棒。"甲笑道："咱们有天灵盖。"那天灵盖是头顶的脑门，金兵狼牙棒打来，大宋百姓只好用天灵盖去抵挡。

对于狼牙棒，大宋百姓有的是天灵盖；对于食指，汪精卫有的是谴责。

"四·一二"政变发生后，汪通电痛斥蒋介石破坏三大政策，完全是反革命，并要求国民党中政会第七次常委扩大会议开除蒋介石的党籍，免去所有职务，由全体将士、各级党部及革命民众团体拿解中央依法惩治。

看到共产党人倒下，汪精卫心情沉重："每日得着各地屠杀的消息，真使我们流泪。"

如果目光可以杀人，如果谴责可以绝命，蒋介石已经死了无数次，但正如莫斯科不相信眼泪一样，蒋介石既不相信目光，也不相信谴责，他相信自己。

走自己的路，让别人去哭吧！

路是自己走出来的，政府是自己摆弄出来的。

建都南京，主席胡汉民，国民革命军总司令蒋介石。

在南京国民政府成立典礼上，胡汉民发表演说，表示要"一致拥护蒋总司令，以巩固革命阵营"。南京国民政府发表的宣言更是明确宣布要把军事全权托付给蒋介石总司令。

谴责不如动手，武汉国民政府决定东征，讨伐叛逆。冯玉祥为国民革命军总司令，唐生智为副总司令，汉方军人唐生智、张发奎、程潜、朱培德等人也是甲在身、刀出鞘，只等顺流东下。

等，有时候等的是生机，有时候等的是绝望。

武汉国民政府等到的东西很多：列强的军舰，蒋介石对武汉的封锁，工商业主的停业，流氓地痞的造谣，武汉政府面临着越来越大的困难。夏斗寅、许克祥公开发动政变，原本打算东征的朱培德反水。

此时共产国际也感到武汉的国民党靠不住，于是密令武汉的中共中央改组国民党武汉政府，没收地主的土地实行公有制。共产国际派印度人鲁易将此密令，即所谓《五月指示》转交武汉。

印度是佛教之国，人人念得一口好经，执行力强则未必。

1927年6月1日，鲁易到达武汉以后，首先就把《五月指示》交给汪精卫，因为相信汪精卫同志一定会铁着心肠一起革命。

汪精卫拿到《五月指示》后大吃一惊，看了以后更是汗如泉涌。密令总共五条，其中这二条是这样写道：一、无视国民党的禁令，实行自下而上的土地革命。二、改组国民党中央执行委员会，有旧思想的一律驱逐，由各界工农代表取而代之。

合作不是合并，这是汪精卫的底线。合作是两党搭配，干活不累；合并则是两党合体。

爱国民革命，但更爱国民党，6日，汪精卫偕谭延闿、徐谦、孙科、顾孟余、邓演达等人离开武汉到达郑州。

到达郑州以后，汪精卫对革命的态度有了转变：一，想办法和共产党分离；二，召集国民党军事将领，要求他们防范共产党，听候中央决议；三，提防工人的行动，取消对土豪劣绅的审判为政府职权。

对于汪精卫的逃离，中国共产党在1927年7月13日作出反应，公开发表《宣言》说："目前，革命已处于危急存亡之时刻，武汉国民党中央和国民党政府最近已公开准备政变……因此，中国共产党决定撤回参加国民政府的共产党员。"

看到中共发表的宣言以后，汪精卫召开确定了"分共"的秘密会议。在会上，汪精卫拿出《五月指示》，要求参加会议的代表作出生与死的抉择。

宋庆龄的代表陈友仁竭力反对"分共"，但是单兵作业拼不过人家的集团作战。在到会的国民党军政要人孙科、唐生智等人的支持下，会议通过《统一本党政策案》，要求在国民政府和军队中任职的共产党员从即日起声明脱离共产党，否则一律停止职务。

对于分共的力度，汪精卫表示："我们不像蒋介石那样搞武力清党，而是采用和平的'分共'，这是最稳妥的步骤。"

和平是人人向往的，即使是分手也会有稍许欣慰。

南昌起义后，汪精卫召开国民党中央紧急扩大会议，通过"武力分共"

决议案,在武汉屠杀共产党人,凶残程度较之蒋介石毫无逊色。

从合作到合并,从"和平"到"武力",汪精卫把自己的变脸归咎于共产党,认为正是因为他们放弃了孙中山的三大政策,自己才不得不如此。

世上的事原本就不是无缘无故的,既没有无缘无故的爱,也没有无缘无故的恨。爱过也好,恨过也罢,走出来的不过是一条路。

有的路去往天堂,有的路通向地狱。

汪精卫的路又通向哪里?天堂?地狱?或者都是?

鸟与石的战斗

路的尽头或许是天堂,或许是地狱,或者都是。但只要不到尽路,便依旧是路。

武汉国民政府武力"清共"以后,武汉政府和南京政府走的就是同一条路,再没有什么羊肠小道、十字路口。为了行人安全,协调管理、统一规则很有必要。很多国民党人纷纷要求宁汉合流,重新统一。1927年8月初,冯玉祥就分别致电宁汉政府,请求双方重归于好,合二为一。

蒋介石这个时候有点背,部队刚刚在徐州打了败仗,冯玉祥、李宗仁这些有势力的也不待见他。汪精卫对蒋介石始终是心有恨意,提出宁汉政府合流可以,蒋介石必须下野。

石头走了,汪精卫长长地出了一口气:此人既走,我再无忧。话对了一半,对的是石头已走。

李宗仁、白崇禧桂系军人兵权在手,又结交西山会议派的国民党元老们,根本不把汪精卫放在眼里。西山会议派的元老们和汪精卫有撤职之恨、攻击之仇,每次相见,都要红眼。

宁汉合流,成立特别委员会。桂系军人和西山会议派人多势众,在14名中央特别委员会代表中占了大半江山,汪精卫孤掌难鸣。

辛苦一场，却是为他人做嫁衣，汪精卫心中郁闷，怒恨不已：拿了我的给我送回来，吃了我的给我吐出来。

与李桂系军人冷眼相比，广东的张发奎、李济深等人对汪精卫倒是很有感情，他们在广东召开迎汪大会，联名邀请汪精卫到广东指导革命。

见同志们如此热情，汪精卫前往广州，并在10月30日召集在粤的中央常委会成员开会，然后通电全国，否认南京的特别委员会的合法性。面对汪精卫的咄咄逼人，南京的孙科等人也发出通电，声称特别委员会合理合法，并邀请各地的中央常委会成员到南京参加四中全会。两地各不相让，形成宁粤对峙的局面。

三国的时候，每每有对峙的局面，都会有打破平衡的石头，或者是赤壁的火，或者是关二爷的头。打破宁粤僵局的则是一口锅。

"事情要怪就怪叶剑英，光天化日就敢带人在广州城搞暴动，还死缠烂打地在城里待了三四天。"汪精卫满肚子的苦水不知往哪倒。

中央监委邓泽如太可笑，竟然说广州暴动是我汪精卫主谋。李济深家的石头好像不要本钱，随便乱砸，不仅和李宗仁拒绝我参加四中全会预备会，还要求讨伐张发奎。昨天还是鼓掌欢迎，今天就是落石欢送，人心不古，唯有痛哭。

窦娥，以前我不懂你的心，现在，我懂了，现在我比你窦娥还窦娥。你一场大哭，换得六月飞雪。我拿屠杀做投名状，又换得什么？蒋介石劝我暂离上海，以保安全。南京国民政府的军警对我查岗查哨，怕我出轨。

满腔报国血，换得白眼归，不如身退！汪精卫再一次奔赴欧洲。

有的事必须自己做，比如奔赴欧洲；有的事则可以借助他人，比如改组。

陈公博是个好助手，也是把政治的好手，在他的领导下，改组国民党的运动进行得有声有色，《革命评论》、《前进》等刊物上不断发出改组的声音，各路反蒋力量也聚集在改组的大旗下。大旗已举，只等帅归。

客来，要迎宾；帅归，当请帅。

1929年9月17日，张发奎在湖北打出"护党救国军"的大旗，发表《拥汪讨蒋宣言》，电请汪精卫回国："主席回国方可对国内军事发挥号召力，对官兵之影响尤为重大。即使返国不能深入军中，亦可居香港以指导军事，策励士气。"在这种情况下,汪精卫决定回国抗蒋。临行前他与陈公博等人联名发表一篇《中国国民党第二届中央执监委员会最近对时局宣言》,历数蒋介石的十大罪状:"习于专制,私利是图,首内启本党之纠纷,复外援帝国主义及国内反动派以自固;啸聚群小,把持政权,摧残民众,排除异己……"汪精卫在这篇《宣言》中提出五项主张:改组国民政府,筹备召开真正的"三大",否认蒋介石包办的"三大"以及会上通过的一切决议案,否认蒋介石出卖国家经济权利的一切秘密文件。汪精卫说反蒋运动是"一常厚主势力与封建势力的大决战,广大党员应奉献自身于民主势力,将血作水,以溉民主势力之根,将身作肥料,以沃民主势力之果"。

桂系、冯玉祥系、阎锡山系将领李明瑞、宋哲元、商政等人通电呼应张发奎,欢迎"革命领袖汪精卫维护政权党权"。

打假需要勇气,维权需要资本。

桂系、冯玉祥系、阎锡山系等反蒋力量先是邀请汪精卫到北京主持大计,组织国民政府,随后就和蒋介石进行了中原大战。

战场如球场,球场有不定因素,战场也有。

张学良挥师入关,反蒋派梦断中原。

梦可以断,也可以续,续梦的地方在广州,反蒋力量在广州成立中央非常委员会和广州国民政府。

汪精卫又一次当上国民主席,蒋介石,你是我的!

宁粤对峙,蒋汪怒视,一面旗插了进来。

眼光柔和!

旗又是怎样的一面旗?

抗日的汪先生

太阳是每个人心中的 super star,是光,是电,也是唯一的神话。

膏药旗的太阳却只属于日本人。膏药旗本来应该在日本，为什么插在东三省？

有人称"九·一八"事变并不是日本政府策划的，而是日本关东军的少壮派独自策划的。一些日军少壮派怀疑日本政府的高层被中国行贿买买，才不愿对中国采用强硬政策，因此私自策划了"九·一八"事变。

有光有电，纵然是 super star，也极易刺了眼，伤了神，更何况是外来的 super star。

东三省成为日本帝国主义的殖民地，政治被压迫、经济被掠夺、文化被奴役，3000多万同胞惨遭涂炭，陷于水深火热之中。

冲动是魔鬼，也是希望，满腔热血、易于冲动的青年学生当仁不让地成为某些人的"魔鬼"、救国的希望。

9月，上海、北平、天津、广州等地的学生举行大规模的示威活动，抗议日军入侵和蒋介石政府的不抵抗政策。

12月，各地学生到南京请愿，抗议蒋介石政府的畏缩政策，指责蒋介石患有"恐日病"，要求蒋介石亲自率领中央军北上抗日。

在此期间，因为认定外交部长王正廷应当对不抵抗方针负责，南京中央大学的学生冲击外交部、痛打王正廷，迫使王正廷辞职。

对于希望和热血，蒋介石政府主张热血可以冷血，希望可以变成绝望。

12月5日，政府派军警逮捕学生185人，即所谓"一二·五"事件。

12月17日，军警武力镇压学生游行，在珍珠桥附近打死、打伤学生30余人，逮捕数百人，制造了"珍珠桥事件"。

面对蒋介石对学生的镇压，汪精卫极力批评蒋介石的暴行，同时发表了自己的政治主张。汪精卫在接见学生代表的时候曾经这么说："应付目前局势的方法，兄弟认为有八个字，就是一面抵抗，一面交涉。军事上抵抗，外交上交涉，亦不失领土，不丧主权。在最低限度下，我们决不让步；在最低限度以上，亦不故作强硬。这是我们共赴国难的方法。"

反对专制独裁，主张民主，积极抗日，汪精卫成为爱国学生眼中最值得信赖的人。学生们欢迎汪精卫到南京主持党国大计，并且打出口号："欢迎护党救国的汪先生"、"欢迎主张实现民主政治的汪先生"、"欢迎反对不

1940年,汪精卫兼任伪海军部长

抵抗主义的汪先生"。

抵抗,交涉,可能成功,也可能失败,但共赴国难已经成为不可扭转的潮流。全国各地的工人、学生以及其他各阶层人士都要求抗日,宁粤双方举行会谈,商量政府重组,一致抗日。

"珍珠桥事件"遇难的学生走了,镇压学生的蒋介石迫于压力辞职,抵御外侵的活动依然还得继续。

重组后的国民政府由林森当国府主席,但不负实际责任。行政院院长由孙科担任,负责政府的实际领导,陆海空军总司令则暂时空缺。蒋介石虽然下野,手中却掌握着一只忠于他的私家军,眼中只有老蒋,没有老天,军事部、财政部、教育部的实权也牢牢地握在蒋介石一系的手中。

新政府态度很强硬,主张死磕日本人。1931年12月28日,日军向在锦州的张学良东北军发起进攻,新国民政府就下令张学良死守锦州。日军兵力占有优势，死守是件很艰难的事情，张学良提出自己的兵力太少，武器不足，请求中央政府派兵增援。

接到张学良的申请后，孙科就召开军事会议，讨论增援的事情，可是没有一个将领吱声。看到没有援兵，东北军不放一枪一炮，把锦州安安全全地送到了日本人手里，自己退入山海关以内。张学良满肚子的抱怨：要军饷没有，要枪炮不给，要援兵不来，要死守必须，这不是"坑爹"吗？

孙科无语，抗日这事动嘴说说容易，动手操作就难了。就在此时，上海又出事了。刚开始的时候，日本人声称上海三友实业社的工人打死了日本和尚，要求中国交出凶手。到了1月23日，日本的大批军舰开到上海，说是为了保护侨民，并要求中国政府道歉、赔偿、惩罚作案者和取缔解散上海的民间反日团体。

由于南京政府对日本节节退让，日本以中国没有接受"限期要求"为由，于1932年1月28日派兵强行进入中国管辖区。在日军的不断挑衅下，驻守闸北地区的十九路军在军长蔡廷锴的带领下顽强抵抗，打得日军三次更换主帅，死伤过万。

"一二·八事变"发生后，孙科感到自己是有心杀贼，无力回天，于是请求辞职，由汪精卫出任行政院长。

汪精卫上台后，一方面代表国民党中央慰勉上海十九路军将士"忠义之气，照耀天日"，犒劳十九路军5万元，另一方面下令其他部队增援十九路军，但没有人肯给面子，县官不如现管，主席不如土地。

蒋介石私下指示自己的嫡系部队不支持十九路军抗战，使十九路军的抗战陷于孤掌难鸣的困境。汪精卫又下令张学良在北方起兵，以牵制日军，并派陈公博到北平说服张学良起兵。但张学良根本没有出兵的意思，只是好酒好菜招待陈公博等人，但一谈到出兵，伶牙俐嘴立马变得结结巴巴。

3月6日，独木难支的十九路军发表停战布告，从上海全线撤退。

想抗战的人手里没有枪，手里有枪的人不抗战。各路诸侯只顾保存自己实力、不愿挺身而出抗战，极大地伤了汪精卫的心。

既然党和政府指挥不了枪，只能让可以指挥枪的出来指挥。1932年3月6日，蒋介石复出任军事委员会委员长。此后，国民政府由汪精卫主政，蒋介石主军。

能够指挥枪的人出来了,但涛声依旧是那涛声,枪依旧是那支不愿意抗日的枪。

1932年6月,汪精卫到达北平,想找当时任北平绥靖公署主任的张学良商谈东北问题和对日方针,张学良不肯见他,称有病在身,实在不宜相见。身体要紧,汪精卫也不好强求,只是替他担心,重病在身还要陪宋子文一起去北海游船,实在是人在江湖身不由己。

7月17日,日军对热河发起军事进攻,汪精卫以行政院长的名义命令张学良立即出兵热河,收复失地。张学良不肯出兵,政府无权过问军事,即使出兵,也得有军事委员长蒋介石的命令。

汪精卫大怒,指责他张学良弃沈阳、失锦州,导致三千万东北人民、数千里土地落入日本人的手里,不派一兵,不放一枪,却借抗日的名义不断向中央索要军款,并要求张学良引咎辞职,以谢四万万国人,免得热河平津走了沈阳的老路。

张学良没有听见他的指责,蒋介石也不肯让把兄弟张学良受半点委屈。无人退场,只好自己退场,汪精卫宣布辞职,前往欧洲养病。

退场的还有激情和热血!

绝望

热血退、激情消,留下的还有什么?

绝望、低调!

日本全面侵华以后,汪精卫已经没有勇气再战,认为中国无论在经济、军事还是武器方面都与日本相差太远,再战已没有意义。1937年10月,李宗仁去拜访汪精卫时,汪精卫曾一再问他:"你看这个仗,能够打下去吗?"据当时在其身边的工作人员回忆,汪精卫每当谈及抗战之事,总是"摇头叹息"说："茫茫前途，不知要变成什么样子！"

在汪精卫的身边，一批与他持相似观点的人渐渐组成了一个小团体，他们包括周佛海、陶希圣、高宗武、梅思平等人，他们认为所谓争取抗战最后胜利，只是"唱高调"。胡适一度也是该组织成员之一，为这个主张"抗战低调"的团体取了一个名字"低调俱乐部"。

座落于南京西流湾八号的花园洋房，周围是一片翠竹垂杨，映着青水绿波，真像一座世外桃源。这里，便是周佛海的住宅。这幢别具一格的洋房，是周佛海在1932年建造的，房子动工的时候，正是"一二·八"淞沪抗战之后，日机常来空袭。为此，他特地在花坛下造了一个地下室。全面抗战爆发后，这里便成了周佛海社交活动的一个重要场所。许多人听说周宅有一个地下室，便纷纷前来躲警报，有的干脆搬到这里来住。

周佛海本来是蒋介石的亲信，因为这层关系，周佛海和汪精卫是一个大海、一个烈火。直到1937年周佛海代表国民党去迎接回国的汪精卫，才发现在对待中共及日本问题上很有默契，于是两个人的关系慢慢密切起来。

汪精卫虽然没有直接参加"低调俱乐部"的活动，却是这个组织的灵魂，无形中形成了以汪精卫为中心的"和平运动"。

两国交战，历来就有主战派、有主和派，提出议和并不一定就是卖国，关键还得看议和的内容是对国家和民族有利还是无利。汪精卫这个时候提出"谈和"，并不等于他投降、做汉奸，也不等于说汪精卫那时已离开抗战阵营。

当时的中国各界抗日气氛高昂，国民政府内也以主战派为主流。如果汪精卫是一个崇拜趋势为王的股民，相信他会作出正确的选择：喊几句口号，引无数粉丝竞折腰。如果形势不好，人人都上战场，也轮不到一人之下、万人之上的他扛着小米加步枪顶上去，再不济，拿个美国绿卡也还是可以的。

可惜汪精卫不是崇拜趋势为王的股民，所以他还是走出了这一步。向前一小步，文明一大步，人和人之间的差距不是一般的大，汪精卫这一步走得确实是不咋地，不仅尴尬，而且艰险。

用梅思平的话说："这件事也实在犯难，搞好了呢，当然对国家有益；

搞不好呢，汪先生三十多年来的光荣历史只怕让人一笔勾销。"汪精卫自己也明白，他迈出这一步的代价有多大，如果搞得不好，三十多年来的光荣历史打了水漂不说，躺在棺材里面都要被人揪出来骂，遗臭万年不敢说，百年千年那是绝对的。陈公博也从成都发来电报，劝汪精卫说："先生如果离开重庆，一定会遭到全国民众的反对和唾弃。"

汪精卫陷入了纠结：抗战没有信心，议和成本太高。再说就是议和，也得人家日本人点头同意。罗马不是一天修成的，大火是由干柴火花搞定的，没有火花，干柴再多也是干柴。

星星可以点灯，希望创造奇迹，面包会有的，黄油也会有，火花会不会有呢？

火花

火花是碰撞出来的，日本人和谈的念头是撞到南墙撞出来的。

日本侵华以后，日本国内对中日战局的形势有三种看法：一、快餐论：东亚病夫不堪一击，三个月内可以轻松搞定支那人；二、持久战论：盘子太大，食物太多，饭只能一口一口地吃，中国政府如果打死也不认输，中日战争将成为旷日持久的持久战；三、外国干涉论：认为道路不平有人铲，吃独食有人抢，日本会在外国的政治军事压力下被迫退出中国。

战争在进行，虽然没有第三者的逼宫抢夫，日本人想要的快餐也是迟迟没有到位，上海一战就打破了快餐爱好者的梦想，细嚼慢咽成了现实。日本非常不愿意细嚼慢咽，吃东西不仅要牙齿好，还得肠胃好，只是日本人的肠胃实在不怎么样：到1938年底，日本用在中国战场的兵力还只有24个师团，占了半个中国的地盘，日本人就已经消化不良，财政困难，兵员不足，国内危机日渐严重，中国人的地盘，日本内部出现了尽快解决战争的呼声。

1938年11月3日，近卫首相发表了第二次对华声明，一改过去的"不以国民政府为对手"方针，表示："帝国所期求者即建设确保东亚永久和平的新秩序。只要国民政府抛弃以前的一贯政策，更换人事组织，取得新生的成果，参加新秩序的建设，我方并不予以拒绝。"

南墙撞出日本人求和的火花，汪精卫心动不已，有机会不要放过，大盘见底，正好建仓，从1938年8月29日至9月4日，汪精卫的代表梅思平和近卫首相的私人代表松本重治在香港进行了五次谈判，初步确定了日本政府以"不要领土，不要赔款，两年内撤军"为条件，支持汪精卫搞和平运动。

汪精卫的"和平运动"分五个阶段：一、汪精卫离开重庆，在外地宣布下野，脱离国民政府。然后日本政府立即发表声明，提出不要领土，不要赔款，两年内撤军的条件，倡议与中国进行和谈；二、汪精卫以个人身份发出响应日本政府的和平倡议，建议国民政府接受日本的条件和平停战；三、云南等地的地方实力派通电响应汪精卫的和平号召，在云南等日军未占领地区建立新的独立政府；四、日本承认新政府并与新政府进行和平谈判，日军撤回长城以北，将日军占领区转交新政府；五、新政府统一全国，实现中日两国间的真正和平。

按照汪精卫当初的和平计划，就是在日军未占领的地区建立新政府，然后接收日军撤军后的占领地，不割让领土、不赔款，实现两国和平。从内容看，如果计划能够实现，应该在中国人的承受范围。

1938年11月2日，梅思平带着汪精卫的和平方案在上海虹口花园附近的重光堂和日本方面的代表今井武夫、伊藤举行了谈判，随后签订了《日华秘密协议》。

《协议》规定：中日缔结防共协定，中国承认日军防共驻扎，内蒙古地区作为防共特殊区。中国承认"满洲国"。日本侨民有在中国居住、营业的自由，日本允许废除在华治外法权，并考虑归还在华租界。中日经济合作，特别是利用、开发华北资源，承认日本有优先权。赔偿日侨损失。协议以外的日军，于两国和平恢复后，开始撤退，两年内撤完。

重光堂会谈一结束，梅思平把"密约"缝在西装的马甲里面，从香港飞回了重庆，然向汪精卫汇报。《日华秘密协议》到手，陈璧君又喜又惊，一旦成功，第一夫人的宝座就到手了，一旦露了半点风声，神马也成浮云。

"协议"开始藏在汪精卫公馆里，陈璧君总觉得家里放了一颗定时炸弹不安全，于是把它锁进小皮箱，由堂侄陈春圃护送，送到妹妹陈淑君在重庆郊外南渝中学的教师单身宿舍，让她代为保管，也不敢告诉她里面是什么东西。南渝中学地方偏远，学校成员结构也比较简单，应该是个藏东西的好地方，尽管如此，陈璧君还是烙了一夜的煎饼，第二天又把皮箱取了回来，把协议烧掉。

汪精卫等人对于协议的内容一致认可，但对要不要离开重庆汪精卫一时拿不定主意。陈璧君急于要当"第一夫人"，所以极力主张出走，说在蒋介石眼皮底下搞和平运动纯粹是自己找死，即使成功，汪精卫还是千年老二。

1938年4月，汪精卫出席了国民党临时代表大会。在这次大会上，蒋介石被推选为国民党总裁，汪副之。"汪于接受推举之即席演说中，即有不自然之情态见于词色"。陈璧君牢骚满腹，她露骨地说："难道当汉奸也坐第二把交椅吗？"宁愿当儿皇帝，也不肯继续寄蒋介石之篱下。

陈璧君虚荣心极强，随着地位的升高，政治上的欲望也逐渐膨胀。她不仅想要依靠着汪精卫爬上中国政坛的顶峰，而且还想左右汪精卫。对汪、陈夫妇有较深了解的陈公博，曾在背后发表议论说，汪精卫没有陈璧君，办不成大事；没有陈璧君，亦不致于败事。"惧内"成了汪精卫在国民党内的公开秘密。

抗日战争爆发后，陈璧君也是一个民族失败主义的典型代表。每当言及战事，她总是愁容满面，摇头叹息，对抗战时常采取讥嘲讽刺的态度。例如前方战事失利，报纸上不说败退而说转进，这就成了陈璧君取笑的资料。在陈璧君看来，中国之亡，就在于抗战到底，内心充满了悲观失望的情绪。因此，当梅思平携重光堂密约向汪精卫集团汇报时，陈璧君就竭力主张脱离重庆，妄想到日本帝国主义那里去寻找"新的"出路。对于陈璧君的主张，汪精卫、周佛海都表示赞同。

汪精卫见陈璧君说得有理，一向又是出名的二十四孝老公，不等红太狼的铁锅扬起，赶紧举白旗，同意逃离重庆。最后决定接受"密约"，派梅思平到上海向日本人作了答复，决定出逃。

在梅思平准备到上海向日方答复的头天晚上，汪精卫在家里请梅思平吃饭，为他钱行。当汪精卫送梅思平到客厅门口的时候，陈璧君厉声对汪说："梅先生明天要走了，这次你要打定主意，不可反悔！"汪精卫连连点头说："决定了，决定了！"

12月1日，梅思平到达香港，先后在香港和上海两地对日本作了答复：一、汪精卫承认上海重光堂会谈的日华协议记录。二、在近卫声明中，日本有明白表示不进行经济垄断和干涉内政之必要。三、汪预定十二月八日从重庆出发，经成都于十日到达昆明。此事由于有特别保密的必要，中国方面希望在十二月十二日左右发表近卫声明。四、汪去昆明、河内或香港中之任何一地表示下野。

逃是一种本事，既要逃得及时，也要瞒天过海，真要做好，难度系数很高。如果是神仙，选择就多了，孙悟空可以翻筋头，土行孙可以钻地而走，猪八戒有时候借撒尿的空子一走了之。

汪精卫不会翻跟头，也不会钻地走，尿遁师傅也没教过，只好抓头皮、挠耳朵，倒也想出了一着棋来。

想法有了，操作才是行动；棋只有走出来，才知好坏，汪精卫的棋又如何呢？

出逃

汪精卫的棋路其实只有两条：一，从重庆直飞香港，方便快捷，但高收入有高险，汪精卫身份显赫，不可能无缘无故就公开乘机去香港；另一条是经昆明赴河内，虽然要事先征得云南省主席龙云的同意，才能借道而过，不过这倒不是问题。蒋介石退到西南以后积极向云南渗透势力，龙云一直在担心蒋介石会吞掉自己的地盘，防火防盗防蒋介石的工作就没有松邂过，同是天涯伤心人，凭汪精卫的口才，打通关太小儿科了。

要去云南，首先得逃出重庆。为了不引人注意，汪精卫决定搞单兵作战，计划也很顺利，周佛海以视察宣传的名义光明正大地到了昆明，陶希圣以讲学为名也顺风顺水到了昆明，陈公博不急不慢地从成都晃到了昆明，陈璧君的远房侄子辈陈春圃带着汪精卫的两个孩子在昆明街头已经嚼上了有名的过桥米线。

该来的都来了，众人心中欢喜，革命已经成功了一半，一点人头，气泄了一半，正主子没来。

汪精卫一肚子的着急和怒火，蒋光头这是中邪了还是怎么回事，早不回，晚不回，偏偏在12月7日从桂林回到了重庆，莫非他听到什么风吹草动。汪精卫不敢按原计划在12月8日飞往昆明，打起十二分的小心，低调做人，高调做事。进攻是最好的防守，高调是最棒的掩饰，汪精卫深知个中精髓。

12月8日，《新蜀报》发表《汪副总裁接见记》，汪精卫接受采访，大谈"政治机构的调整和地方政治的改进"。12月12日，汪精卫出席蒋介石在重庆行营纪念周的讲演会。与此同时，汪精卫还分别接见了孔祥熙、戴笠、陈布雷等蒋介石的亲信人物，听取他们的"汇报"。

牛股是守出来的，机会是等出来的。12月18日，机会来了，蒋介石要发表训话，汪精卫可以不参加。汪精卫喜出望外，赶紧让内侄陈国琦托交通部次长彭学沛买飞机票。彭学沛也是汪精卫的人，因此汪精卫的眼神一递过去，彭学沛马上就心领神会。

为了行得万年船，汪精卫决定让陈璧君和女婿何文杰、亲信曾仲鸣等四人提前到重庆珊瑚坝机场望风，自己则在飞机起飞前几分钟赶到。

18日上午9点，陈璧君等人刚到机场，就看见蒋介石的亲信、国民党空军司令周至柔也在等开往昆明的飞机。陈璧君见没有办法避开他，就硬着头皮让曾仲鸣和他周旋，含糊其辞地说"汪夫人"有事要到昆明。周至柔一见有机会亲近汪夫人，有事没事找机会套近乎。陈璧君以为他是来盯梢儿的，心中着急，却也不敢怠慢了他。

陈璧君正在着急，汪精卫由一名侍卫陪同匆匆赶到。周至柔看到汪精卫来了，心中兴奋，缘分啊，一个人往上能走多远，关键要看他和上面走得多近，于是急忙上前谒见。陈璧君这时才告诉他，汪精卫是去昆明作演讲。

飞机起飞后不久，周至柔突然有了开飞机的冲动，于是替下驾驶员，亲自上场。陈璧君以为周至柔看出了什么破绽，现在要驾机返航，就和曾仲鸣商量，要不要做了周至柔，让他至柔变成至刚。汪精卫、陈璧君等人正在疑神疑鬼，周至柔已经笑眯眯地从驾驶室里走了出来，回到自己的座位上睡着了。汪精卫这才松了一口气。

据说汪精卫在离开重庆前，给蒋介石留下一封长信，信中最后写道："君为其易，我任其难。"从当时的情况看，"主和"的道路要比"主战"困难更多；主战只要顺应民心、奋勇杀敌，胜了万人欢呼，败了大家一起扛责任；议和就不一样，还没走出第一步就得自己挨众人的唾沫、祖宗听众人的问候。

12月19日，汪精卫夫妇、周佛海、陶希圣、曾仲鸣等一行十余人乘龙云代为包租的专机离开昆明，飞抵越南的河内，迈出了和平运动的第一步。为了赢得时间，汪精卫离开昆明前特意拍了一个电报给蒋介石，说是因为飞行过高，身体有些不舒服，且脉搏时有间歇现象，决定在昆明多待一天，再行返渝。

为了便于今后对日"和平"工作的开展，汪精卫一到河内，就成立了由汪精卫、陈公博、周佛海、梅思平、陶希圣、高宗武、曾仲鸣、林柏生等组成的"最高委员会"。随后，又成立政治、军事和财务三个委员会。政委、军委均由汪精卫自任主任委员，财委主任委员由周佛海充任。陈公博、周佛海、梅思平、陶希圣、高宗武等为政务委员，周、陈同时又是军事委员。周佛海还分别兼任政务委员会和军事委员会的秘书长，因此，周的权力最大。

"三个委员会"是汪精卫集团的最高领导核心。为了保密起见，汪精卫还拟订了他们在电报上所用的代号：汪精卫的代号为"昭"（后改为"明"）；陈璧君为"兰"（后改为"菊"）；陈公博为"群"，周佛海为"典"；陶希圣为"学"；梅思平为"福"；高宗武为"深"；林柏生为"琇"；打前站的陈春圃代号为"农"。

万事俱备,只欠东风。三国周瑜让诸葛亮借了一场东风,烧得孟德哥哥人仰马翻。东风吹,万鼓擂,和平战士怕过谁,只是汪精卫的东风又在哪里呢。

东风

东风,当然是从东边吹来的风,日本在中国的东边。东风吹来,本应该是如沐春风,只是这次的东风有一丝的凉意。

日本首相近卫在得知汪精卫已经在12月19日到达河内,于是在1938年12月22日发表了第三次对华声明。

按照《日华秘密协议》的约定,第三次对华声明应该向世界公布协议的内容。近卫准时地公布了协议,但删去了其中最重要的一项:明确指出日本撤兵的日期。

参谋本部的要员坚决反对明确指出日本撤兵的日期,声称战胜国向战败国作出撤兵日期的承诺,不但有损国家威严,而且有伤军心。最后近卫向强硬派妥协,在声明中删去从中国撤兵这一项,而从中国撤兵是最能说服中国人接受和平的条款。

近卫第三次声明发表以后,日本国内一些和平运动发起者作出了评论。

犬养健雄表示了对汪精卫的同情:如果按照重光堂会议的内容执行,日方不要求领土,不要求赔款,并归还外国租界、撤销治外法权等,应该能够引起中国人的共鸣。可是现在对最为重要的撤兵一字不提,汪精卫的和平运动只怕会走上歧途。

西义显听了修改版的"重光堂协议"内容后,感叹说:"日本这一次把汪精卫坑了。"松本重治对近卫的声明内容也感到愕然:"和平运动的未来已经出现了暗影。"

汪精卫对有凉意的东风感到很不爽，但他亲身体会到"主和派"的艰难，近卫发表这样主和口气浓厚的声明，也一定有他的难处。虽然近卫声明删去了最为重要的撤兵内容，但在不要求领土、不要求赔款、归还外国租界、撤销治外法权等方面基本上符合"重光堂协议"，所以汪精卫决定仍然按计划行事，发表声明响应近卫的和平倡议。

12月29日，汪精卫又发表了所谓的"艳电"。之所以称"艳电"，是因为12月29日的电报代号为"艳"字。为了节省字数，发电报时常常用一个字代替日期。

"艳电"的主要内容如下：第一点，善邻友好。第二点，共同防共。第三点，经济提携。日本政府11月3日之声明称，如国民政府根据以上三点，为和平之谈判，则交涉之途径已开。谨引提议，伏祈采纳！

从内容来看，汪精卫的"艳电"并不是宣布与日本"合作"，而是以公开的形式向国民党中央党部、国民党总裁蒋介石、国民党中央执监委员会提出建议。

对于汪精卫的出走，蒋介石在12月26日发表演说，声称汪精卫的出走"纯系个人行动，毫无政治意味"，与军政当局毫无关系，还说汪精卫如果对于国策有所主张，凭两个人的关系，没有什么话不可以直说，也没有什么事情不能够商量，想冲谈汪精卫出走造成的政治影响。

汪精卫的"艳电"一出笼，立刻受到全国上下的一致谴责。海外华侨也纷纷来电，责斥汪精卫甘冒天下之大不韪，公然赞同日本提出的亡国条件，"不仅为总理之叛徒，抑且为中华民族之国贼！""此而不诛，何以励众，更何以根绝效尤！"坚决主张"宣布其罪，通缉归案，以定国法，而定人心。"华侨领袖陈嘉庚更是致电中央：日寇未退出我国土之前，凡公务员对任何人谈和平条件，概以汉奸国贼论。

在这种情况下，1939年元旦，国民党在蒋介石的主持下召开临时中常会，讨论对汪精卫的处置。蒋介石开始主张对汪精卫晓以大义，允许他浪子回头，并且嘱咐陈布雷拟好电稿，"将晓以大义，为留悛悔余地"。

扬言杀人，只是扬言，毕竟还不是杀人犯，所以蒋介石想劝汪精卫回头，给他一个机会。但群众的愤怒已经超出了蒋介石的控制，无奈之下，通过决议,永远开除汪兆铭党籍,撤消其一切职务。

大会本来决定发表对汪精卫的通缉令,但蒋介石拒绝发表通缉令。蒋还一再表示对汪"惋惜",希望他"翻然悔恨,重返抗战队伍"。蒋知道,汪在国民党内的历史深长,有较大的影响,何况留在重庆的与汪接近的人就有不少。因此,蒋虽不希望汪能马上就回重庆,但最好能赴欧休养,不要有进一步的行动。对留渝的原汪派的人蒋也进行安抚,说:"这一次对汪先生的处分,实在是迫不得已,平日和汪先生接近的朋友应安心工作,不要灰心,不要猜疑。"出于上述考虑,蒋介石在汪精卫出逃后相当一段时间内,采取软的一手,对汪进行"劝阻"。

1939年2月中旬,在开除了汪党籍后一个半月,蒋介石又秘密地派汪精卫的心腹、国民党中央委员谷正鼎专程到河内游说汪精卫,希望他一颗红心向着党,吃党的米饭,写党的文章,拿党的枪,听党的话,跟党走。

汪精卫对蒋介石逼宫的事情念念不忘,所以断然拒绝。蒋介石又派中央通讯社社长萧同兹到香港劝周佛海返回重庆,周佛海托词拒绝。

蒋介石很生气。老板很生气,后果很严重,老蒋很生气,后果又会怎么样呢?

三国杀

老板很生气,要么扣工资,要么炒鱿鱼。

老蒋一生气,戴笠很兴奋。山中砍柴,雨中戴笠,原本是很平常的一句话,但到了民国时代,没有人敢提戴笠两个字。话音未落,魂魄可能已经在奈何桥上喝孟婆汤。

《南华日报》负责排版和印刷的工人纷纷辞职,虽然报社关于和平论的文章不是他们写的。

1月17日,汪精卫最高委员会成员林柏生在香港亚历山大厦遇袭,两名男子用铁棒猛击林柏生的脑袋。抢救脱险以后,林柏生改名换姓,从此不再过问江湖恩怨。

林柏生遇到袭击,汪精卫知道是戴笠的手笔,也依然我行我素。见汪精卫不肯回头,老大怒气难消,戴笠又布置新的行动。

有的人天生是个厨子,有的人天生就会演戏,而有的人天生就是为了杀人而生,或者杀别人,或者杀自己。陈恭澍除了天生会杀人,也很会组织刺杀,所以他到了河内。

陈恭澍对河内很陌生,但对离河内闹市区不远的高朗街却很熟悉,对高朗街二十七号则更是熟悉。高朗街是高级住宅区,街道宽阔,两旁一共栽了87棵棕榈树,第8棵和第9棵中间有3棵高大挺拔的大王椰子树。夜里行人不多,从3月1日到3月15日有87个人经过,过了凌晨三点,就只有汪精卫的亲信曾仲鸣偷偷摸摸地爬围墙进去。

这家伙色是色了一点,倒也是个人才,把汪精卫对外交往的事情打理得清清楚楚,哪些人该见,哪些人不见,这家伙精得很。高朗街二十七号楼高三层,三米高的围墙在平常对人都是一种挑战,何况还得担心吵醒一直失眠的汪精卫夫妇。被吵醒的人脾气一般很大,在一幢楼里像蝙蝠那样猫了十多天的人火气也不小,很不幸的是,汪精卫夫妇这两样都占份。

汪精卫与蒋介石

明月装饰了高朗街二十七号窗子，陈恭澍既无心赏月，也无心观窗，明月当空，万事都可，杀人不宜。杀人不是拼命，既要敌人死，又要自己生，明月当空，但只要杀手高明，全身而退不是没有可能。余乐醒法语流利、熟悉河内情况，善于用毒药。张逢义能武善武，唐英杰经验丰富。郑邦国和陈步云当兵出身，用得一手好枪。这中间哪一个人都不是好惹的主、省油的灯。考虑再三，觉得天时不行，陈恭澍还是发出了撤退的手势。1939年3月19日凌晨2时许，戴笠从重庆发来密电："即对汪精卫予以严厉制裁！"老板发了狠话，陈恭澍赶紧召集全体特务人员，宣布命令。

军统杀人向来有两种手段，一种是"软性行动"，一种是"硬性行动"，根据对手的防卫情况和当时的环境选择方案。"软性行动"一般指刀斧等冷兵器和毒药，"硬性行动"指的是用枪械轰击。

暴力杀人弄得不好，可能就是杀敌一千，自伤八百，所以陈恭澍一开始就想用毒药。毒药向来是军统居家旅行、杀人越货必备之良药，再说放着余乐醒这样的施毒高手不用实在是暴殄天物。余乐醒化妆是一流高手，而且和汪精卫等人没有打过照面，他的良药确实不错，无色无嗅，也没有沉淀物质，功效也可以，一滴就能放倒一头大水牛。

面包是汪精卫早晨必备的，阮阿福家的黄油牛奶味的面包更是他的最爱，每天都会要店里给他送过去。

3月19日对平头阿三来说是个好日子，给二十七号大院的那些中国人送了大半个月的面包就没见他们笑过，今天居然在半道上就迎住自己，还给了一块大洋。

陈恭澍在屋子里走来走去，这该死的牙痛，牙痛不是病，痛起来真要命，如果真是要了汪精卫的命就好了，可偏偏要汪精卫一天不吃东西。时不待我，谁知道这家伙什么时候开始吃东西，得换个新花样。

太阳慵懒地照在河内的大街小巷，汪精卫、陈璧君带着侍卫等分乘两辆黑色轿车离开二十七，素食吃久了嘴里会淡出鸟，人在屋子里憋久了会闷出病，河内有名的三桃山倒是个散心的好地方。

陈恭澍从来就是有准备的人，手一挥，王鲁翘、余鉴声、唐英杰、陈邦国、陈步云、张逢义六人很有默契地上了福特牌。

小车刚过红河大桥，陈恭澍就看见两辆黑色轿车停在前面八九百米的空地上。陈恭澍害怕车上有越南警察，又担心汪精卫不在车上，所以就放慢速度，慢慢地靠近去，想看个究竟。

一百公尺，五十公尺，汪精卫居然就在车上。陈恭澍大喜，正要打他个措手不及，汪精卫坐的车子突然开动，沿着原路狂奔而去。陈恭澍再想加速，已经失了先机，只好郁闷地回了自己住的地方。

下毒失败，追杀不行，陈恭澍失了耐心，两军相遇，勇者胜，当天时和运气都不站在自己这边，就只有靠拼命。

风高好放火，夜黑好杀人。3月21日是个杀人的好天，风高无月，不到晚上12点，高朗街上一盏灯都没有亮。

陈恭澍命令张逢义、陈步云留在外面望风，王鲁翘、余鉴声、唐英杰、陈邦国四人翻墙而入。

直上三楼，利斧破门，亮手电。

床上无人，床下有人。男的趴在床底下，露出腰背和双腿。女的双手抱头，缩成一团。

开枪射击，跑路闪人。一切原本做得很是完美，只是撤退有些失败，余鉴声、张逢义、陈邦国被闻讯赶到的越南军警抓个正着。

花有花开花谢，月有阴晴圆缺，何况缺的是张逢义他们的月亮，陈恭澍、王鲁翘、唐英杰等人一回到住所，立即喜滋滋地给重庆的戴笠发电报："任务执行完毕。"

戴笠急忙向蒋介石报告，蒋介石听了大喜，深深地松了口气：人又少了一个，尤其是一个对自己颇具威胁的人。

3月22日，河内电台播出新闻：高朗街二十七号发生一枪杀案，死者是中国人曾仲鸣夫妻。曾仲鸣身中数十枪，当场毙命。曾的妻子前天到达河内，身中三枪，在送往医院的途中身亡。据警方分析，这是一起仇杀案。

曾仲鸣一死，汪精卫既是惋惜，又是庆幸和自责。惋惜的是自己断了一只臂膀，庆幸的是自己把卧室让给曾仲鸣夫妻逃过一劫，自责是自己害曾仲鸣夫妻当了替死鬼。

物伤其类，汪精卫感到万分悲痛，为了表达自己的心情，他写下了《曾仲鸣先生行状》，哀叹："呜呼！余（汪精卫自称）诚不意今日乃执笔为仲鸣作行状也！当二十四年十一月一日，余在南京中央党部为凶徒所狙击，坐血泊中，君（指汪对曾尊称）来视余，戚甚，余以语慰之，此状今犹在目前，乃今则君卧血泊中，而以语慰我也。余当日虽濒于死，而卒不死，乃今则君一瞑弗视也。国亭至此，死者已矣，生者当以死继之，其有济于国与否，未可知也！即幸而济，茫茫后死之感，何时已乎！"

出于愤怒，汪精卫又写了《举一个例子》的文章发表在香港《南华日报》上，说蒋介石和国民党高级军政人员都没有拒绝过日方的"和平条件"，这同他的主张是一致的。

蒋介石看到文章暴跳如雷，骂道："见过奸诈的，没见过这么奸诈的；见过这么奸诈的，却没见过像汪精卫这样奸诈的。"他一边让陈布雷写文章辟谣，一边命戴笠重新组织3个暗杀组，日夜兼程赶往河内，务必拿下汪精卫。

曾仲鸣的死，给汪精卫的打击很大，生怕军统再次来要他的人头。他整天躲在地下室里，身着越南老百姓常穿的土布衣服，不敢与外界接触。偶尔到楼顶透透气，只要看到有人在街道下面徘徊，抬头向楼上张望，立即躲回到地下室。后来，汪精卫曾经悲叹道："在河内之孤独，在我一生，是不能忘却的。"

人头，简简单单的两个字，却有很多复杂的故事，或者是取别人的人头，或者是等别人来取自己的人头。

汪精卫就曾经想方设法取别人的人头，虽然没有成功，"引刀成一快，不负少年头"倒也成就了他的名头。

取别人的人头是愉快的，既有见血的兴奋，也有成名的昂扬。

等别人来取自己的人头，那又是怎样的感觉？是走，还是留？

汪精卫选择了走。4月25日夜晚，汪精卫收拾细软，在越南警察一路严密的保护下，登上了日本人的"北光丸"号。

5月6日，日轮"北光丸"号进入上海虹江码头。5月8日，今井武夫上船邀请汪精卫上岸，汪精卫一伙在日本宪兵的森严保护下，下船住进重光堂。

1910年，汪精卫走向北平，也走出了他一生中的辉煌。这一次他会走向哪里呢？

耻辱

牛市之后是熊市，巅峰之后是低谷。

1940年3月30日，汪精卫的伪国民政府以"国民政府还都"的名义，在南京粉墨登场。为了促成宁渝间合流，诱惑重庆国民党也实行"和平"，汪精卫尊远在重庆的林森为伪国民政府主席，自己当代理主席。

伪国民政府成立当天，即正式公布《国民政府政纲》和《还都宣言》，阐述其内外方针。对外强调"与日本共同努力，本着善邻友好、共同防共、经济提携之原则，以扫除过去之纠纷，确立将来之亲善关系"；对内则强调以反共为其主要任务，并宣布重庆方面对内发布的法令、对外缔结的条约协定没有法定效力。

为了庆祝"国民政府还都"，在武装警察叔叔的热心帮助下，南京市大街小巷挂起了国民政府的"青天白日满地红"旗，这旗和国民党的旗帜很是相似，只是上方系了条黄色飘带的"辫子"，上面写着"和平反共建国"。

"国民政府还都"本来是件很喜庆的事，"大民会"那些人却是好心办坏事，邀请的"民众"啦啦队一点职业道德也没有，队伍稀稀拉拉不说，喊口号也是有气无力。

南京市民做事也是丢三落四，挂面"国旗"也挂不好，平常的系鞋带系得贼漂亮，在"国旗"上系根黄色飘带都不会。不会系黄色飘带也就算了，还惹皇军生气，打人要伸手，骂人要张嘴，这不是难为皇军？要不是梅思平工作做得好，对皇军好言好语招待，这事绝对不是轻易就能解决的。

群众素质低可以慢慢教育，以后有的是时间。有的事过了今天，就是一生遗憾。"国民政府"还都，各国驻华使节不懂中文当然不能及时赶来祝贺，日本派遣军司令西尾寿造在南京军务缠身缺席也很正常，而且人家态度端正，第二天上午就专程到汪精卫府上拜访。让汪精卫感到遗憾的是，日本作为国民政府的互帮互助的好朋友却没有马上承认"国民政府"还都。虽然自己和周佛海、陈公博等人通过各种渠道邀请常驻大使出席大会，也没有任何反应。

汪精卫感到遗憾很正常，日本人没有反应也有难处：日本人以前虽然和汪精卫有过秘密条款，但汪精卫是个人行为，没有法律效力。只有国民政府把那些秘密条款以政府的形式签订，日本国民上下才能吃饭吃得香、睡觉睡得甜。汪精卫虽然有诚意，但并不是最杰出的合作者。日本兴亚院政务部长铃木很坦率地对一个美国记者说：蒋介石"是中国唯一杰出的人物，我们必须通过他去做工作"，还说，"我们也注意到汪精卫在历史上总是抛弃同他合作的人，不过在目前形势下，日本也只能找到像他这样的人"。

考虑到中日友好的未来，帮助汪精卫政府进步，日本特意为汪精卫的国民政府内设了"最高军事顾问部"和"最高经济顾问部"，指导他们拿主意、定调子。汪精卫政府的大小官员都尊敬最高顾问，大小官员都很注意自己的一举一动。

汪精卫见国际友人如此关心国民政府，于是投桃报李，立即决定和日本签订《中日基本关系条约》，其主要内容有以下几点：

一、"防火防盗防共党"。为实行两国共同防共起见，在必要期间内，日本国驻扎必要的军队于蒙疆及华北的一定地区。

二、两国携手开发资源。北边的华北及蒙疆、南方厦门和海南岛以及附近岛屿的特定资源，特别是国防上必需的资源，由中日两国同心开发。

三、对驻扎于中华民国领域的日本国军队所驻扎地区和有关地区的铁路、航空、通讯、主要港湾和水路等等，按照两国间另外的协议决定，答允日本国有关军事上必要事项的要求，提供军队驻扎所必要的各种便利。

四、中华民国政府应补偿日本国臣民自事变发生以来，在中华民国因事变所受的权利、利益的损害。

汪精卫伸出友好的手，可日方并不接招，一旦和重庆实现"全面和平"，强强合作想起来都让人激动。

人善被人欺，马善被人骑。汪精卫的南京政府不仅在日本人面前清纯无比，而且奇弱无比；江苏省主席陈则民、浙江省主席汪瑞闿、安徽省主席倪道烺、南京市长高冠吾、上海市长傅筱庵这些人高兴就听汪精卫摆和几句，不高兴了只顾自己挖耳朵；湖北省主席杨揆一、汉口市长石星川是铁杆的哈日族，大有割据的意思；只有广东，因为汪精卫的坚持，才由伪政府命汪的亲信陈耀祖担任代理伪省主席，但伪广州市长却仍由原维持会头目彭东原担任。有官员就笑称汪精卫的政府是闭月羞花、政令不出南京城门的小朝廷。

不听话没关系，感情是慢慢培养出来的。华北政务委员会和蒙疆联合自治政府就有点过，华北高挂五色旗作为国旗，蒙疆则喜欢四色七条旗。

1940年11月，日蒋"和谈"又一次失败，日本政府终于不忍心辜负清纯无比的汪精卫，决定正式承认汪伪政权，签订日汪条约。

11月28日，汪伪中央政治委员会第二十八次会议推举汪精卫为伪国民政府主席，去掉了"代理"两字，同时，修改了《国民政府组织法》，删去主席"不负实际责任"和"不得兼任其他官职"的规定。29日，汪精卫发表通电，就任伪府主席。30日，汪日双方举行条约签订仪式，汪精卫和阿部信行在条约上签字。同一天，汪精卫又和阿部信行、伪满代表臧式毅签署了《汪日满共同宣言》，声明三国间互相承认。以汪精卫为首的伪政权自"还都"起，经历了八个月之久，终于得到了日本政府的正式承认。

相思有了回应，汪精卫积极配合日本政府"以战养战"、"以华制华"的政策，从政治、经济、思想、军事上推行了一系列的反动政策。

1941年春，汪精卫为了改变其政令不出城门的状况，同时配合日本发动太平洋战争的需要，在华中沦陷区实行了残酷的"清乡"运动。"清乡"运动分为四个步骤：第一步是"军事清乡"，讨伐新四军和具有敌对意识的刁民；第二步，"政治清乡"，通过编组保甲等手段强化治安；然后是"经济清乡"、"思想清乡"，进行军事清剿、政治忽悠、经济掠夺、思想奴化。

日伪军"清乡"时所到之处，实行残酷的"三光政策"，抓丁抢粮，洗劫民财，奸污妇女，焚毁房屋，残杀人民，无恶不作。老百姓都称"鬼子和汉奸，好比活阎王！""清乡，清乡，就是清箱！"常熟县的东塘镇本来是个富庶的地方，日军和伪军"清乡"过了一次，二里长的街道上看不到半个人影，店铺门窗被砸坏，店铺里货物被洗劫一空，不少房屋被烧毁，到处是断壁残垣。

为了和"清乡"运动相配合，汪精卫的"国民政府"又开展了所谓"新国民运动"，妄图在思想领域内毒化沦陷区人民，进一步从精神上强化其反动统治。"新国民运动"的主要做法是：把群众召集在一起，强迫背诵"反共誓约"。其誓词有六条："一、皇军及中国军警到达村落时，村民决不逃避；二、皇军和中国军警问话时决无虚伪之陈述；三、今后绝对拒绝八路军及其军政机关所要求的一切破坏行为；四、绝对迅速提供所得的确实情报；五、严守回心条例及布告等，决不违犯；六、以上各条如有违犯，任何处罚情愿甘受其苦。"日寇要求每个人都要背熟这个"誓约"，发誓效忠"皇军"，甘当"反共"的新国民，并要求立即照办，检举共产党、八路军及抗日分子。凡是背不过的、不检举的和表示不满的，就不是"东亚解放的新国民"，就要立即处罚。汪伪"新国民运动"的重点主要放在青少年身上，他们先后成立了"青年团"、"童子军"，举办了"中央青年干部学校"。汪伪对这些青年"骨干"，大搞对汪的偶像崇拜，每日晨操都得高呼"汪主席万岁"，甚至规定凡听到"汪精卫"的名字就立刻"肃立"，并把这种做法逐步推向整个沦陷区。

受伤的总是我

前方吃紧，后方紧吃，汪精卫就很是纳闷：人和人的差别为什么这样大？国民党前线吃紧，后方还是吃个不停；自己不仅没有紧吃的机会，脖子上倒是多了根绳子。

天凉好个秋，1943年秋对日本人来说秋意是特别的凉，在华北、华中的大量日军被反日的中国军民死死缠住，美国人在中太平洋对日本人发动了进攻。前方打仗，强征壮丁、供应军粮是汪精卫做习惯的事，只是这一次日本驻中国派遣军总参谋长松井久太郎有点狠：一个月之内在中国"和平区"强征20万壮丁，3个月之内调集100万石大米。小鬼不当家，不知油米贵，次次清乡，次次满载而归，鸡鸭鱼肉不算，老百姓还有口水、白眼相送，就算是白送的口水，那也是不可再生资源？面对不可能完成的任务，汪精卫只有一个办法：拖。

汪精卫能拖，松井久太郎受不了：又想马儿跑，又想马儿不吃草，不带这样玩的。皇军就算是吃草长大的，也没有半个月不吃草的皇军。松井久太郎被草憋得欢，带着武官犬养健雄就往汪精卫的家里赶。

汪精卫正在楼上和陈璧君为征兵征粮的事发愁，听到总参谋长松井久太郎驾到，手忙脚乱地下楼去迎接。因为手中无粮、心中贼慌，两腿一软，汪精卫直接从楼梯上往下滚，脊椎骨不偏不倚地撞在楼梯的棱角上。撞到脊椎骨，可真是屋漏偏遭连夜雨，霉运只爱伤心人。汪精卫的脊椎骨不是一般的骨头，而是有一段伤心泪的骨头。

日本鬼子刚刚闹中原的时候，国民政府采取妥协的政策，汪精卫也奉行"一面抵抗，一边交涉"的方针。东三省被人吞了，华北被人占了，老百姓的家没了，学生们的课桌没地方摆了，政府不关心，有人怒了。

1935年11月1日，国民党六中全会举行开幕仪式，委员会站在第一会议厅的门前照相留念。蒋介石看到会场秩序很乱、空气混浊不好，就借口身体不舒服提前进了礼堂。蒋介石一走，汪精卫威望最高，本人又长得玉树临风，于是站在正中的位置。镁光灯闪动，茄子声响起，委员们满脸阳光。

冬天的阳光一向不会长久，不是被乌云遮盖，就是被大雨冲走，委员们的阳光没有持续多久就被尖叫带走。一个青年从记者群中突然冲了出来，拔出手枪就向汪精卫不断射击。一旁的卫兵见了，举枪就射，把青年打成血人。

蒋介石和陈璧君听到枪声停了，急忙从礼堂里跑了出来，只见汪精卫躺在血泊中。蒋介石一把扶起汪精卫,招呼人叫医生。陈璧君知道照相的时候蒋介石不在场,就疑心这事是蒋介石指使的,抱着汪精卫大哭:"先生,你想不叫兆铭做主席说句话就是了,又何必下这种毒手?"蒋介石解释不是,不解释也不是,想解释不知道从哪说起,不解释是心中有鬼无话可说,尴尬得那是相当。

后来一查,才知道刺杀是由广东的李济深、陈铭枢掏钱赞助、暗杀大王王亚樵精心策划、青年孙凤鸣执行。刺杀的第一目标是蒋介石,第二方案是汪精卫,目的是警告他们对日本侵华的不作为。

汪精卫也是倒霉催的,蒋介石在场很少有做主角的机会,好不容易有了做主演的快感,却是枪击案的主角。汪精卫是在南京中央医院做的手术,德国医生把他左颊的子弹取出来了,背后的子弹因为技术问题只好留在了背上。

汪精卫这下子旧伤未好又添新疼,站都站不起来,只好卧在沙发上。松井久太郎和犬养健雄没拿到粮草已经是满腔怒火,再看到汪精卫在沙发上呲牙咧嘴,心中极是不爽,也不和他客气,直接要他交粮交人。

汪精卫痛得厉害,心中又慌,说话难得地结巴了一次:"兵……兵粮之事,请阁下宽……容几天,本人再想……办法。"武官犬养健雄大怒,你就装吧,"噌"地一下拔出指挥刀,左手把小指往桌上一摆,右手挥刀就向自己的小指斩了下去,嘴里喊道:"粮草的没有,指头的干活!"

汪精卫本来就是强打着精神,现在又闻到血腥味,心中又急又怕,两眼一翻,竟昏了过去。醒来睁眼,已经躺在日本驻南京的陆军医院里面了。

大难不死,必有后福,汪精卫虽然晕了一回,却也有失有得,日本驻南京陆军医院的后藤部队长、中将医生铃木小荣亲自给他操刀,帮他把留在背上的子弹取了出来。丢了子弹,陈璧君却是笑逐颜开,在南京的大小头目纷纷到医院表示祝贺,汪精卫也是很兴奋:我和你吻别,在铃木中将的刀前。

爱得真,痛得深,吻别过后是伤痛,汪精卫背部的剧痛非但没有缓和,反而扩散到腰部和颈间,并且大小便失禁,弄得十步之内必有腥臭。陈璧君见日本人只管斩草不管除根,只好四处寻找断根的方子,几经周折,从无锡请来了治骨伤疮毒的名医刘一帖。

名医就是名医,两剂退火药,一张膏药帖,汪精卫的痛楚第二天就大大减轻。汪精卫夫妇很是高兴,立即派侄子陈春圃给刘一帖送了一份厚礼,请他再来复诊。

刘一帖高高兴兴收下礼物,看了看汪精卫的伤口,从小医箱内取出一张膏药交给陈璧君,说:"汪先生的创毒不重,只要照原方服上两剂,再贴这张败毒散膏药就可以一劳永逸了。"

一劳永逸,名医的话说得很对,败毒散贴了不到3个时辰,陈璧君就不想给汪精卫贴了。不贴败毒散,汪精卫还只是背部疼痛,一贴这败毒散,汪精卫是四肢抽筋,浑身上下痛得像是有人用鞭子抽他,全身上下都是汗。

陈璧君见病情恶化,一面派人请铃木大夫过来检查,一面叫陈春圃去请刘一帖到医院会诊。不久,陈春圃气急败坏地来报告说刘一帖当晚并没有回他的住处,现在已不知道他的去向。

三天后,有人给汪精卫寄来一封信。陈璧君拆开一看,只见白纸上写着四行黑字:厚礼不该收,既收亦不愁。平生药一帖,宜人不宜狗。

汪精卫的病还在恶化,中医已不敢再用,陈璧君一脸绝望:人生自古谁无死,最悲惨的莫过于坐着等死。

等死是一种悲哀,也是一种绝境。汪精卫最绝望的那次是刺杀摄政王失败,幸运的是他走出了困境,高涨的革命浪潮化解了他的凶险,只是不知道这次有没有那样的幸运?

客死

等死是汪精卫的悲哀,也是日本人的,精卫都是如此,别的人可想而知。人心散了,队伍就不好带了,东条英机发出电文:让汪精卫去日本就医。1944年3月3日,近乎全瘫痪的汪精卫被送进帝国大学医院的一间特设的病房里。院里内外科大夫一致认为汪精卫因为所中的子弹留在体内过长，胸骨自第四至第七节间因肿胀而自背部向前胸发展，压迫脊髓神经，成为多发性的骨髓肿症。只有割除向前压迫的肿胀骨殖，才能减轻压力。

只要做个削骨去毒的手术就行。

手术并不复杂，由年轻的龟田良宏大夫操刀。这龟田年纪不大，经历复杂：出生于中国，在仙台读医学，曾推崇和平，现效忠天皇。龟田一直想为天皇效力，只是没有机会，这回医院命他为汪精卫进行手术，兴奋得连夜拟订手术方案。

经1小时左右的手术，汪精卫感觉轻松了许多。在接下来的三四天里，情况良好，汪精卫的腿甚至已经能轻微活动。陈璧君及其子女都替他高兴，认为危险已经解除，很快就会痊愈。但好景不长，几天后，汪精卫腰部以下又开始逐渐麻痹。

龟田很是沮丧，重新制订新的手术方案。正忙得焦头烂额的时候，在院当护士的未婚妻小笠顺子突然进了他的卧室，递给他一封信。龟田将信拆开，只见上面用端正的汉字写道：

仙台一别，匆匆又是半载，谅安居无恙。顷悉兄将为汪精卫做削骨手术，殊觉惊讶。盖汪某系我中华国贼，弟恨不得食其肉，饮其血。对此辈恶人，毋有人道可言。兄若念当日同窗之情，宜于方便之际，促其速死。如蒙阴助，没齿难忘。阅后付炉，切记切记。

弟夏小柏拜托

龟田读了这信，吃惊不小，夏小柏要他找机会结果了汪精卫的性命。夏小柏者既是他当年在天津的邻居，又是他后来仙台医学院的同窗好友，曾双双立下誓言，要为增进东亚诸国人民的健康与友谊而献身。战争刚开始的时候，两人还常联系，但近半年来，由于时局紧张，交通不便，联系也就少了。

顺子见龟田半天不说话，就问他："夏先生想见你吗？"

龟田苦着脸说："不，他要我找机会结果了汪精卫的性命，我和他的关系没的说,可我得为天皇尽忠啊!"不看僧面就得看佛面,厚了佛面就得薄了僧面,龟田最后打定主意:医生的天职就是救人,只有这样才能不偏不倚。

虽然无形间躲过了一场人祸,汪精卫的病势却在八九月间开始加重。汪精卫政府的大小官员都先后来探望,汪精卫知道自己的时间不多了,就嘱咐他们:"我死后,文章不要留存,可留的只有诗词稿。"话没说完,眼中已满是泪水。

一天,汪精卫把陈璧君叫到床前,口述了一篇文章,题目为《最后之心情》让陈璧君记下。文章内容如下:兆铭于民国二十七年离渝,迄今六载。当时国际情形,今已大变。我由孤立无援而与英美结为同一阵地,中国前途,忽有一线曙光,此兆铭数年来所切望而虑其不能实现。……铭盖自毁其人格,置四十年为国家奋斗之历史于不顾!亦以此为历史所未有之非常时期,计非出此险局危策,不足以延国脉中一线……

汪精卫在检阅伪军

10月，汪精卫病势转危，医生认为极度贫血，先后让他的两个儿子汪孟晋、汪文悌给他输血，但不见丁点儿效果。

1944年11月9日，盟军飞机对日本名古屋不断轰炸，医院就把汪精卫移到防空洞里。因为防空洞缺乏暖气设备，汪精卫在夜间受寒并引发了肺炎，高烧不退，到了深夜已经是呼吸困难。战火纷飞，实在不方便请医生过来，即使请，人家也未必有这么高的国际精神。等到第二天轰炸停止，医生赶来急救，已经是无力回天了。11月10日下午4时20分，汪精卫停止呼吸。

名古屋的地上落了一地的叶子，无论是多美丽或者多丑陋的叶子，都会有归根的时候。叶落归根，尘归于尘，土归于土，人又会怎样？

弃骨

人生如叶，或长或短，或精彩，或无味，但终归要魂归故里。汪精卫也是如此。

11月23日，在日军和警察的严密护送下，汪精卫被埋葬在中山陵下的梅花山麓。梅山很漂亮，墓室也很坚固，由5吨碎钢块掺在混凝土里浇灌而成。汪精卫一生树敌太多，陈璧君实在放心不下。再说这墓室不坚固，也辜负了这白云青山。

陈璧君的预感是正确的，青山依旧在，日本却已经战败，汪精卫也的确要辜负这悠悠青山，汪精卫一生最大的敌人蒋介石就要从重庆还都南京。

老大要回南京，接风酒少不了，但老大高兴才是最重要的。珍宝有点太俗，美女老大是不会收也不敢收，花言巧语自己又未必能说得出彩，扬我军威倒是不错的主意。

1946年1月10日，国民党陆军总司令何应钦在南京各大报纸发出公示：为庆祝国民政府还都南京，扬我国威，国民革命军第74军将在梅花岭举行为期三天的军事演习，时间从民国三十五年1月19日到1月21日。演习期间，严禁军民靠近，以防误伤。

1月21日晚，南京风雨突起，电闪雷鸣，不久梅花岭方向枪炮声大作，吵得南京百姓一夜没睡。

第二天，有南京市民到梅山游玩，只见梅山到处都是炮弹坑坑洼洼，往日里那个路过都要踹几脚的汪精卫墓室已经是杳无踪影，不禁又惊又喜：汪精卫这小子运气够背的，那么厚的水泥都给炸没了。不过也好，要不然也太糟蹋梅山这好地方了。那些臭大兵总算是干了件好事，歪打正着把奸贼的墓给炸了。

国民政府还都南京的那天，蒋介石笑得特别灿烂，只是他看何应钦的时候为什么有欣赏的目光？

是欣赏他名字取得好，还是他人长得帅？

同样的目光，同样的欣赏，也曾写在多年以前的陈璧君脸上。

暖意

那一刻陈璧君已死！

那一刻蓝天已不在！

那一刻大地已不在！

那一刻只有他，只有他，只有他！

陈璧君虽然相貌平平，却是才女一名，受过新式教育，会写传统诗词，书法能鉴古玩字画，只是这一次她被暖意淹没。

1906年的槟城，万人空巷，只为争睹汪精卫的风采，汪精卫到南洋来是宣传反清思想的，顺便掏空一下华侨们的钱包。从兰亭到新街新舞台，才女陈璧君一下子由擅长诗词变成擅长赶场，革命并不重要，重要的是想革命的人。

如果喜欢一个人，那么送他进同盟会；如果恨一个人，那么送他进同盟会。陈璧君无人可恨，喜欢的人又在同盟会，只好把自己送进了同盟会。

朝中有人好当官，会中有人好做事，槟城同盟会会长吴世荣告诉陈璧君，汪精卫汪先生又来到了槟城，就在他家莎兰园。

相见甚欢，相处甚悦，陈璧君决定退婚。

陈璧君和表哥从小青梅竹马，由父母做主订了娃娃亲。表哥梁宇皋长得一表人才，也是同盟会会员。一听陈璧君要退婚，父亲陈耕基大怒：表哥对你情深意重，哪一回亏待过你？再说男怕入错行，女怕嫁错郎，汪精卫入了同盟会就是提着脑袋吃饭的主，你还打算跟着守活寡？

陈璧君接连几天不吃不喝不说话，行动更有说服性：你懂的。三军一怒为红颜，梁宇皋无军可怒，只好怒退同盟会。

陈璧君因情退婚，汪精卫因爱退婚。

汪精卫少年的时候父母就死了，一直跟着大哥汪兆镛生活。在他15岁时，汪兆镛让汪精卫和自己的一个同事的女儿刘氏订了婚。

汪精卫参加同盟会以后，汪兆镛经常来信训斥汪精卫忘恩负义，朝廷好心好意供他吃喝、出国上学，他却恩将仇报挖朝廷的城墙，动圣上的奶酪。汪兆镛要汪精卫立即悬崖勒马，放弃革命回国为朝廷尽忠。其实汪兆镛也并非坚决反对汪精卫搞革命，只是怕汪精卫成为朝廷的罪犯后连累他们整个家族。汪精卫也明白长兄的用心，在清政府发出对他的通缉令后，汪精卫写信给汪兆镛，表示断绝与家庭的关系，解除婚约。汪精卫在信中说："罪人兆铭在日本从事革命之事，已被朝廷发觉，谨自绝于家庭，以免相累……吾为革命流血，志矢不渝，谨请谅鉴。罪人与刘氏由家庭做主，曾有婚约，但既与家庭断绝，则此关系亦当随之断绝。请自今日始，解除婚约。"汪兆镛接到汪精卫的断绝信后，退还了刘家的订婚聘礼，为汪精卫解除了婚约。

陈耕基虽然恨陈璧君退婚，却也怕她因为同盟会吃了枪子、丢了性命，就把她的英国护照交给她，作为关键时候的救命符。同盟会有知道这件事的同志就逗陈璧君："璧君，做英国人的感觉是不是特别好？上不怕阎王追魂，下不怕朝廷勾命，法宝一亮，阎王逃，朝廷跑。"旁边的众人边笑边凑热闹:"是啊,是啊!"

陈璧君脸涨得通红,加入同盟会,她还真没想过生死的事,只知道有汪精卫在,就已足够。众人看她一言不发,起哄得更是厉害。陈璧君冲进房里,很快又出来,将手中的护照一亮,撕了个粉碎。

陈璧君倾心于汪精卫,不仅因为窈窕君子、淑女好逑,还因为他洁身自好和对革命的忠贞。汪精卫曾经对陈璧君说:革命家生活无著落,生命无保证,革命家结婚必然陷妻子于不幸之中,让自己所爱之人一生不幸是最大的罪过。而在当时,不少人都是内功了得,五毒不侵,都已经是酒坛子、麻将牌,还怕什么黄赌害了洒家。

汪精卫开始对陈璧君只有同志之情,但知道这事以后,不禁对陈璧君有了几分欣赏。

1946年4月16日江苏高等法院开庭审讯陈璧君,陈璧君在法庭上说:"日寇侵略,国土沦丧,人民遭殃,这是蒋介石的责任,还是汪先生的责任?说汪先生卖国?重庆统治下的地区,由不得汪先生去卖。南京统治下的地区,是日本人的占领区,并无寸土是汪先生断送的,相反只有从敌人手中夺回权利,还有什么国可卖?汪先生创导和平运动,赤手收回沦陷区,如今完璧归还国家,不但无罪而且有功。"虽万人,我往矣。汪精卫错了半生,却没有错过如此坚挺,便纵有千般不是,心中亦自有暖意流过。陈璧君错了一生,错了做人,却不曾错过爱情,有此一点,爱情也是完美。

法庭最后判处陈璧君无期徒刑,陈璧君接到判决书时却说:"本人有受死的勇气,而无坐牢的耐性,所以希望法庭改判死刑。"

陈璧君个性十分刚烈,汪精卫在日本治病时,陈璧君一直伴随汪身旁,但从来没有对日本人说过一句感谢的话,日本人对她也很发怵。1949年共产党夺取大陆后,蒋介石并没有把陈璧君移往台湾,而是把陈留给共产党。1952年,和陈璧君私交很深的孙中山夫人宋庆龄和廖仲恺夫人何香凝,去监狱探望陈璧君。

1912年汪精卫和陈璧君结婚时,何香凝还曾做过陈璧君的伴娘。宋庆龄和何香凝告诉陈璧君,中央已经决定,只要陈璧君承认汪精卫有罪,写一篇悔过书就可以释放出狱。陈璧君却立即拒绝：汪精卫无罪。她宁可坐牢，也不承认汪精卫有罪。

1959年6月17日，68岁的陈璧君死于监狱中。

民国主席

谭延闿
药中甘草，伴食宰相

谭祖庵出身科第，而无科第骄人之习；身为贵公子，而无裘马轻肥之狂；是名士而无白眼看人之习；是六朝人而无嵇元之疏放；有谢安救世之怀，而不狎东山之妓；有曾左匡济之心，而不学其硬干。然则祖庵果为何等人乎？则答之曰：祖庵为一个诗书涵养之雅人，为一个审时度势之政治家。总而言之，可以称之为一个绝顶聪明人。

小 档 案

姓名字号：谭延闿（祖庵），号畏三、无畏，别号慈卫、非庵、切斋，字祖安，室名有瓶斋、慈卫室等

籍　　贯：湖南省长沙府茶陵县石床乡，生于浙江省杭州市

生卒年月：1880年1月25日—1930年9月22日

毕业院校：翰林院

最高职务：民国主席

家　　世：

祖父——谭之恒，国子监生，"能文有懿行，教授湘潭，学者称九淘先生"。

父亲——谭钟麟，官至总督。

母亲——李氏，丫鬟出身。

兄弟姐妹——兄惯吾、宝符，弟恩闿、泽闿。

妻子儿女——妻方榕卿，长子翊，次子粥，大女淑，二女静，三女祥，四女韶。

简 历

1880年——1月25日出生于杭州。

1887年——入私塾启蒙。

1891年——学制义文学。

1892年——入府学。

1895年——在南昌与方榕卿成亲。

1896年——到湖南参加科考,列一等。

1897年——6月再回湘应优贡试,正取第二名。

1902年——参加乡试,中湖南第九十九名举人。

1903年——与胡元、龙璋、龙绂瑞创办了明德学堂。

1904年——参加会试,中会元,填补了湖南在清代二百余年无会元的空白。参加殿试,赐进士出身,任翰林院庶吉士。

1905年——父亲谭钟麟病逝,谭延闿回湘守制,与龙绂瑞等倡建湖南图书馆,任明德学堂总理、长沙中路师范学堂监督、湖南教育会会长。

1906年——捐款创办了简易师范学堂,从事立宪活动。

1907年——组织湖南宪政公会。

1908年——筹办立咨议局处。

1909年——为湖南咨议局局长。

1910年——4月,参加全国立宪派第三次请愿活动。

1911年——当选为各省咨议局联合会主席,任宪友会湖南支部干事,任湖南省参议院院长兼民政部长,任湖南都督,第一次主湘。

1912年——为湖南都督,任国民党湖南支部长。

1913年——宣布湖南独立,入京待罪。

1914年——寓居上海。

1916年——为湖南省长兼署督军。

1917年——集湖南督军、省长、总司令于一身。

1920年——被军政府授陆军上将,加入国民党。

1923年——任内政部长,任大本营建设部长兼大本营秘书长。

1924年——为中国国民党中央执行委员会委员,任建国湘军总司令,国民党中央军事委员会九委员之一。

1925年——任国民政府委员及常务委员,3日任国民政府军事委员会委员。

1926年——为中国国民党第二次代表大会成员,为军事委员会常务委员,中央执行委员会常委,代理国民政府主席。

1927年——为中央常务委员、中央政治委员会主席团成员、中央军事委员会主席团成员、国民政府委员,为中华全国农民临时执行委员会临时执行委员和常务委员。

1928年——为国民党中央执行委员会常委、国民政府常委、军事委员会常委,并任国民政府主席,任首任国民政府行政院长。

1929年——为编遣会议常务委员、财政委员会委员长、国防会议委员。2月1日特任国民政府委员。

1930年——发"告军人书",连续致电阎锡山,劝其放弃反蒋,9月22日上午9时在南京病逝。

倾城

北方有佳人，绝世而独立，一顾倾人城，再顾倾人国。

倾城，或是回眸，或是蝶舞，或是宇春的天籁之音，或是芙蓉姐姐的出水，引尖叫无数，跟帖黑屏。

清末的湖南人民大众是无奈的，倾城年年有，年年别人家，宇春不来开唱，芙蓉不来出水，即使是考试也不尽如意。

湖南的考生不中会元已经好多年，二百多年，不过是老天打个盹，大圣醉一回。湖南文风一向强悍，可是在大清二百六十八年间，一百一十二科中，三鼎甲，亦即状元、榜眼、探花，湖南人都一中再中过了，唯独少了一位会元。会元不是任务，问题是咱也不能一睡几百年，看人家年年热闹唱大戏。

沉默在湖南人的脸上写了几百年，却始终写不出倾城两个字，考生从乡下考到省里，从省里考进北京，又从京城考进皇宫，过五关斩六将，也是"只见考生去，不见会元归"。

1904年的会试是个例外，不在京城，而是放在开封。这一年的会试本来是正科，但因为正好是老佛爷慈禧太后的七十大寿，所以称为"万寿节"，普天下都是喜刷刷，于是，这一年的科也就称为"恩正并科"了。

北京的贡院被八国联军这些洋鬼子破坏了，所以只能放在别的地方。开封？打开尘封？湖南的会元已经尘封了很多年，这次是不是能开封？也许，还是可能？

开封是一种沉淀后的突破，有厚积的执著，有薄发的闪耀，也有幸运来敲门。

谭延闿虽然是官二代，却没有官二代的荣光，既不能骑宝马在书院狂飙，也没机会对天空大喊"我爸是总督"，有的是孤灯夜读，奋笔疾书。前二年才中举人，又被人逼着考会试。感觉就是一个字：爽，逼人做事的感觉真爽，自己什么时候也能操纵别人呢？

谭延闿还在为会试的事发愁的时候，河南巡抚陈夔龙知道幸福已经敲上了谭延闿的脑门。

在《梦蕉亭杂记》中，陈夔龙讲了一段甲辰科会元的片花故事。作为甲辰年会试的考官之一，陈夔龙正忙着升座、拆卷、填榜，会试大主考陆润庠兴冲冲地拿着一本卷子走了过来，边走还边嚷："这文章不错，整个考场都没有写得比他更好的了，殿试时肯定能得圣人欢。"

等到拆开封条，才知道是刘春霖的试卷。考官阎志廉是刘春霖的同乡，就向大家介绍说："刘春霖的字也写得好，在我们那是出了名的。"大家正在欣赏称好，大主考管学大臣张百熙拿来一份卷子走过来给我看："老陈，来看看会元的试卷。"

我当时很惊讶："会元，这结果就出来了？"张百熙见我惊讶，笑了笑，说："大清朝二百六十年来，湖南状元、榜眼、探花三鼎甲齐全，解元也中了不少，就只少一位会元。湖南这个举子的文章、书法都是上上之选，中个会元可以说是实至名归。可是按照'正大光明'的次序而论，就只能取个会魁。眼看这科举就要停止，要是错过这次，会元就可以成为千古绝唱了，所以我特地跟裕相（指协办大学士裕德）讨了个人情，请他将这本卷子点为会元。"

张百熙把卷子上的封条拆开，卷子上的姓名恰好是湖南人谭延闿。

谭延闿高中会元的消息一传出去，整个湖南是欢呼一片。当地巨儒王闿运特意写文章叙述了这件事，"看京报，文卿儿得会元，补湘人二百年缺憾，龚榜眼流辈也。"文卿是谭延闿老爸谭钟麟的字。

五百年必有王者兴，其间必有名世者。谭延闿填补了湖南人二百年缺憾，倒也可以称得上倾国倾城，风头十足。湖南人欣喜若狂的时候，谭延闿已经顾不上高兴，他还得继续。

老佛爷的头痛

无上光荣，天子门生。可惜光荣是贡生们的，头痛是老娘的。

点名、散卷、赞律、行礼，再殿试，1904 年 7 月 4 日，谭延闿和其他的二百七十三名贡士参加了皇帝主考的殿试。

看卷，定名次，很快，也很顺利，一切都只等老佛爷下旨定夺。老佛爷不高兴，人才本来就稀缺，对脾气、合口胃的人才更是凤毛麟角，难找得紧。

朱汝珍的文词倒是畅顺艳丽，但却万万不能重用，洪秀全、康有为、梁启超、孙中山哪一个不是无事生非的主、造反有理的爷，深海有珍宝，广东出刁民。如果重用，说不定又会搞出什么事端来。朱汝珍？老佛爷念着就觉得有些窝心：朱汝珍不就是"汝诛珍"、你杀了珍妃吗？朱汝珍姓名中有"珍"字，"朱"与"诛"同音。珍妃这个小贱人支持光绪变法造反，要不是老娘动手早，还不知道哪天死在他们手里。朱汝珍这家伙说不定还真和珍妃有什么七大姑八大姨的渊源，小心行得万年船，这状元还是给别人吧。

对于贡士金梁，老佛爷很是欣赏，字写得如行云流水，名字更不错：金子闪闪发光，誓为国家栋梁，既有才能，又有忠心。人生七十古来稀，自己刚要举行七十大寿庆典，就有忠心的人才投靠，实在是好兆头。老佛爷心中一喜，朱笔一抬，刚要点金梁为状元，却又停住：这几个字怎么这样刺眼呢？国家危亡、痛哭流涕，现在全天下人都在欢庆我七十大寿，这家伙竟然在哀叹"国将不国"。不会看大势，没有大局，不懂得关心领导，这样的人做状元也太委屈状元这个名头了。千军易得，一将难求啊。

接下来的一份卷子老佛爷也很满意，文章极好，字写得贼漂亮，看后有让人吃饭倍香的感觉。中状元有点勉强，来个探花榜眼的吧。老佛爷手中的笔停了下来，谭延闿，湖南人。"乱臣贼子"谭嗣同不就是湖南人，他临死前还说"我自横刀向天笑，去留肝胆两昆仑！"人都要死了，他笑什么呢，留的又是什么？莫非是说造反有理、后继有人？这谭延闿说不定就是这反贼的子侄、弟子辈，宁可杀错，不可放过，宁可委屈，不可放纵。想到这，老佛爷朱笔一挥，把谭延闿点为二甲第三十五名，赐"进士出身"，并选任翰林院庶吉士。真的猛士敢于直面惨淡的人生，真的忠臣定能明白哀家的一片苦心，谭延闿，你会吗？

老佛爷揉了揉有些酸痛的手，做女人难，做女强人更难。感叹归感叹，牢骚归牢骚，这强人还得强行到底。除非是娘要嫁人，天要下雨。

老佛爷正在胡思乱想，忽然就眼前一亮：这小楷写得疏淡清新，文章也很合自己心意。一看名字，刘春霖，直隶肃宁人。老佛爷心中不禁一动：春霖就是春风化雨、甘霖普降，肃宁象征肃静安宁、国家风调雨顺、社会安宁太平，这个兆头不错。春霖再添上一个"刘"字，更是应景。自己选来选去，没有顺眼的，原来只是把状元的位置留下来给春霖。

好话当面说，好花当时摘，刘春霖，状元是你的啦。老佛爷长舒了一口气，头也不怎么痛了。

春风化雨，甘霖普降，万物滋生，雨别春风，有生，也有离别。在唐玄宗眼中，杨贵妃就如雨中的铃声，只有远去，没有再一次的靠近。怀念始终依旧，离别已是永恒。在柳永的心中，骤雨初歇，有一种醉叫做离别。

又逢雨霖，只不知这一次有没有离别？如果有，离的是谁？别的又是谁？

离别

离别的是权与力，权是大清皇族的权，力是大清皇族的力。

生有何欢，死又何苦？离有何妨，别有何碍？

鱼脱于水，坐以待死，人或者不介意，但鱼儿介意。小河改流，大河干涸，小河不介意，但大河介意。

晚年，晚春，晚秋，有的是道不尽的凄惶、说不完的美好回忆。19世纪晚期的大清皇族依然迷恋于"溥天之下，莫非王土；率土之滨，莫非王臣"，但风流总被雨打风吹去，好梦易醒，好花易折，臣民都面带微笑：别再迷恋哥，莫非王臣从此只是个传说。

刀枪不入、扶清灭洋的义和拳败了，留给北京城的是一片废墟和总计4.5亿两白银的战争赔款。孙文领导的革命是屡败屡战，冤魂不散，说什么"驱除鞑虏，恢复中华"、"民族、民权、民生"。

日本在日俄战争中的胜利更是给全国上下以无数遐想的空间：君主立宪小国战胜俄国专制大国，以小胜大，以弱胜强，胜的是革新，胜的是体制。而在立宪之前，日本也是君主制。

清朝的王公大臣知道，如再不作任何"革新"的表示，必将"全局糜烂"，"溃决难收"，必须慎重选择"善后之策"，才能化危机于无形，保持自己的统治地位。

1905年10月，载泽、端方、戴鸿慈、李盛铎、尚其亨五大臣奉旨出洋考查宪政。

1906年8月，考察团回国，拟出立宪方案。载泽在《奏请宣布立宪密折》中狂赞立宪的好处，说立宪可以"轻外患"、"弥内乱"，并说立宪可以有个预备期，争取在若干年完成。

慈禧太后很赞成载泽的建议，七次召见考察团的成员，随后在9月1日颁布"预备仿行宪政"的谕旨。谕旨宣布立宪的原则是"大权统于朝廷，庶政公诸舆论"，预备实行的时间是"俟数年后规模粗具，查看情形，参用各国成法，妥议立宪实行期限，再行宣布天下，视进步之迟速，定期限之远近。"预备内容是"将各项法律详慎厘定，而又广兴教育，清理财务，整饬武备，普设巡警，使绅民悉明国政，以预备立宪基础。"

11月25日是慈禧太后的生日，往年人们都很冷淡，甚至是反对。慈禧太后六十大寿的时候，有人就建议停止颐和园工程、停办景点，移做军费，慈禧太后非常生气，发了狠话："谁要我今天不开心，我就要他一辈子不开心。"不过这一年却大不一样，上万学生齐聚京师大学堂，自发地举办庆贺立宪典礼。《京华实报》对此作了专门的报道，说"从此要实行立宪，这次圣寿就是实行立宪的纪念。这等的好日子,拍着巴掌,跳着脚儿,要欢欢喜喜地庆贺大典。"

辣味十足的湖南人响应立宪的行动也是辣味十足,他们开会演说,通电请愿,集会选举,组织政团。1907年夏,谭延闿经杨度联络,在长沙发起成立湖南"宪政公会",响应朝廷"预备立宪"的号召。谭延闿、杨度、刘人熙、龙潭等三十多人还联名递呈《湖南全体人民民选议院请愿书》,恳请朝廷迅速召开民选议院和国会。

在湖南立宪派的影响下,河南、江苏、安徽等地的立宪派也纷纷派代表到京城上书请求召开国会,立宪运动一下子就成了全民运动,一天不讲、一天不说就憋得慌。

看到臣民们热衷于立宪法,朝廷不得不在1907年9月颁布上谕,决定先在京城设立资政院,"以立议院基础",各省则设立咨议局,作为"采取舆论之所"。

1909年10月,湖南省咨议局在长沙成立,谭延闿被推举为咨议局局长。其他各省也成立了咨议局,立宪派的许多代表人物都成了咨议局的议员。但是立宪派却高兴不起来,朝廷是只见打雷,不见下雨,说是立宪,立宪还在九年后。

十鸟在林,不如一鸟在手。天花乱坠,终究是天上的花,能不能砸到自己头上还是个未知数。九年以后,九年以后自己还能不能吃这碗饭都是个问题。江苏咨议局局长张謇一想明白这个道理,立马通电全国,组织"国会请愿同志会",要求召开国会,组织责任内阁。谭延闿也是行动派,三次派专人参加立宪派代表在北京的联合行动。

会哭的孩子有奶喝,行动还是有效果。清朝廷承诺把预备立宪的期限缩短为5年,在此之前,则预先组织内阁。

1911年5月8日,内阁名单揭晓。十三名内阁成员中,皇族占了七人。要人也不带这样的,不想立宪你早说啊,害得大家兰花指翘了这么久。立宪派们被人玩弄了一把,心中不满,于是决定在京城举行咨议局联合会会议,讨论撤销"皇族内阁"的问题。

谭延闿风风火火地赶到北京,随后就被各省咨议局议长推举为大会执行主席。6月10日，谭延闿主持下的各省咨议局联合会向都察院呈递了《亲贵不宜充内阁总理，请实行内阁官制章程，另简大员组织》，该奏折指出："立宪国家，重内阁之组织，尤重总理大臣之任命。其最要之公理，在不令组织内阁之总理归于亲贵尊严之皇族"，但没有得到任何回复。

公理没有人接招，也不见婆理来回访，谭延闿等人不死心，继续率领各省咨议局联合会代表上书，仍然请都察院代奏，重申"君主不担负责任，皇族不组织内阁，为君主立宪国唯一之原则"。

这一次回复很及时，语气也很严厉：人才的进退、官吏的升降都是圣上的事情，圣上想怎么做、什么时候做是圣上的事情，《钦定宪法大纲》早就写得清清楚楚，议员不得干预。

人情留一线，日后好相见，立宪派人这一次伤得不轻，分权没分到，倒是结结实实地挨了一顿批。打人不打脸，伤人不伤心，不就是想分你的权、立你的宪，你至于这样吗？

谭延闿等人又羞又怒，立即以各省咨议局联合会名义发表一份《宣告全国书》，称责任内阁是"名为内阁，实则军机；名为立宪，实则专制"。紧接着，他们又发表《通告各团体书》，对"上谕"逐条进行辩驳，认为"不废除清王朝的皇族特权，就谈不上改良政府，更谈不上立宪"。

此时的老佛爷早已经是物是人非，点翰林时说的话却依稀在风中飘荡：真的猛士，敢于直面惨淡的人生；真的忠臣，定能明白哀家的一片苦心。谭延闿，你会吗？

老佛爷的话谭延闿没有听到，如果他一直在北京做官的话，也许他会做忠臣。

只是这世上从来就没有也许，只有既成事实：1905年那年，谭延闿的老爸谭钟麟去世，谭延闿不得不报了丁忧，回家乡湖南为父亲守丧。

1905年，谭延闿离别的是京城和老父亲。

这一次，谭延闿离别的是什么呢？

信心！立宪的信心！

信心这东西很奇怪，既不能拿来付首付，也不能用来买油盐酱醋，但你却偏偏又离不开它，提升幸福指数少它还真不行。

立宪不成功，谭延闿的幸福指数到了冰点。

幸好冰是会融化的。

捆绑成督军

万年的积雪，千里的冰封，终究挡不住烈日的炙烤。

谭延闿的冰点却是革命党的炮火融化的。

武昌的枪声一打响，湖南的革命党也耐不住对自由女神的崇拜，在10月22日发动起义，宣布湖南省光复，并成立军政府，由焦达峰、陈作新分别担任正副都督。

湖南的立宪派哪个不是顺风划船、顺手牵羊的好手，一见可以跟庄，又怕庄家第二天拉涨停，锁住了仓，封住了财富的门，赶紧在第二天成立参议院，声称"民国成立，应当民治"，并且提出要求：都督的命令必须得到参议局的同意才能签发。庄家拉涨还得散户批准，跟庄能做到如此，不是庄家无能，就是散户极品。

对于跟庄的散户，庄家焦达峰没有丝毫要洗盘的打算，不就是分点小钱小利吗？没什么了不起。再说立宪本来就是理所当然的事，只是现在时机不是太对。

跟庄无事，社会上不久又有谣言传出，说"都督贪污军饷，利用会党排挤新军"。面对谣言，焦达峰依然不放在心上，清者自清，浊者自浊。

同盟会会员谭人凤急得屁股上直冒烟，这事明摆着是有人要离间新军和会党关系、破坏都督的光辉形象，赶紧找都督焦达峰商量：老大，这样可不行，参议会这些散户都骑到您头上了，再说这些人中间鱼龙混杂，不能让他们混到我们队伍中来。

焦达峰是混江湖出身，三教九流无所不交，很有江湖豪气："英雄不问出身，只要是和狗皇帝对着干的，不管他过去是当官，还是当士绅，我都可以容他。"

看到武昌的新军闹得红红火火，清朝的王公大臣赶紧派军队镇压。眼看武汉顶不住了，湖北的革命党人赶紧请求外援：兄弟有难，焦达峰大哥你得赶紧来救火，要不然明年今日就是兄弟的祭日，到时候你就是想找兄弟唱个歌、喝个酒也不可能了。

混江湖讲的是一个"义"字，宋江没出江湖就已经是名满江湖，凭的就是"义字当先，抗旱在前"，及时雨这名号不是白叫的，雨不能抗旱还有什么用？焦达峰不敢怠慢，赶紧把手下的第四十九标、五十标派到湖北助战。

围攻武汉的袁世凯看到革命党人又添了生力军，不敢托大，开始谨慎起来。武汉的革命军有了支援，心气高了，胆子壮了，把个武汉三镇守得有模有样。

武汉三镇的革命党长舒了一口气，还好，可以看到明天的太阳了。看到明天太阳的感觉真好，不过不是所有的人都能看得到的。有的人就不能，比如瞎子、睡着的人，还有死人。

焦达峰不能看到明天的太阳，他不是瞎子，也不是睡着的人，他只是个死人。死人是不会搞政治的，活着的焦达峰也不会。

焦达峰的第四十九标、五十标刚派到湖北，新军第五十协（团）第二营管带梅馨带着人从邵阳赶到长沙，目的只有一个：大哥，现在都是民国了，是不是考虑给兄弟一个惊喜，发点钞票或者升个官什么的？

焦达峰给的既不是钞票，也不是乌纱帽，他给的是暴怒："给个屁啊！兄弟们在武汉提着脑袋吃饭、顶着子弹冲锋，他们要加爵、要加薪了吗？"

梅馨无语，倒退着出来。

路上，有人等。等是件很有技术含量的事。等的时机不对，被等的人心情不对，或者是火候不对，都可能砸了锅，坏了菜。

等候的人很有技术，也很有耐心。他想做一件事已经很久了，只是少了样东西：枪的愤怒。

长沙大乱，都督焦达峰、副都督陈作新被士兵乱枪打死。咨议局局长谭延闿见这个世界不太平，猫在家里不敢出去。

路是给人走的，这一次走进来的却是一些气势汹汹的军人，进门就喝问："谁是谭延闿？"谭延闿见势头不对，也不答应。军人也不多说，抓手的抓手，抓脚的抓脚，提起就往门外走。出了门，往轿子里一扔，抬了就走。

据史料记载：军士以强迫手段，以四人负之入轿，四人异（抬的意思）之逐去。长沙税务司的职员向上司报告，说谭延闿在轿子里哭了一路。

到了地头，谭延闿也缓过神了，这些军人不是来要他命的，杀人的方法很多，可还从来没听说谁坐轿子坐死的。

梅馨笑呵呵地从都督府里迎了出来，请求谭延闿做都督。谭延闿推辞了半天，最后提了两个条件：第一，要厚葬焦、陈二人，因为他们带领大家把清朝政府的狗腿子打跑了，没有他们，就没有我们幸福的现在，我们要懂得感恩。第二，军人要守纪律，服从军法。如果不答应，我宁死也不做这个都督。

谭延闿做了都督，全省上下都是欢呼一片。但已经有人不快乐了。

不快乐的是梅馨。都督谭延闿是他推选的，正是朝中有人好做官的时候，他为什么不快乐？

没有人关注，谭延闿也没有关注。人们关注的只是谭延闿。

谭延闿已是都督。

一次督湘

都督是件美事，也是个难事。

湖南、湖北虽然已经宣布独立，其他的省份还在袖手旁观。朝廷手里还有一大把的军队，袁世凯的武器要多精良有多精良，一旦老袁打下湖北，战火烧到湖南，到时自己这颗脑袋保不保得住还真是个问题。

一把火是放，十把火也是放，不如多放点。谭延闿把目光转向了四川、广西、福建等省，要是这些省也都反了，湖南就安全了。

谭延闿

策反是件大事,细节决定成败。

湖南紧挨着广西,现在省里兵力都调到湖北参战了,一旦策反失败,就可能遭到广西军队的重击。幸好广西巡抚沈秉堃是湖南老乡,可以打一打乡情牌,即使失败,也不会引火上身。

很快,沈巡抚也是见到大清大势已去,就同意了宣布独立的要求。然而福建巡抚孙道仁就没有这么幸运,谭延闿直接给他写了一封信:孙道仁,限你在某年某月某日加入到革命的队伍中来,如果不来,现在天气这么热,我们会请你们家老祖宗出来喝一喝君山茶,他们应该很久没有喝到家乡的茶了,想来应该会很高兴。

沈巡抚看到大清大势已去,不久宣布独立。孙道仁有心带着人马杀到湖南,福建离湖南又稍微远了点,要坐飞机没有飞机,要坐高铁没高铁。就算到了湖南,老祖宗们在外面已经喝了好长时间的君山茶。有家才有国,孙道仁一狠心,俺也"从良"吧!

谭延闿的策反工作做得还真错，先后有七个省宣布独立，弄得清政府是一个头两个大。

幸福是踩到别人尖叫自己在一边乐，安全是隔岸观火、隔山打牛。当然，幸福还得吃饭。谭延闿觉得要解决湖南人的吃饭问题，还得靠实业。于是挪用公款"振兴工业"，什么牌子的都有，有官办的，有商办的，也有官商合办的。当时的人认为振兴工业是湖南的第一要着，美国学者周锡瑞对此很是赞赏：都督主动地鼓励资产阶级工业化。

赞赏的话都愿意听，可谭延闿没有这个时间，他忙着呢。武汉起义，孙中山回国，他得致欢迎辞。同盟会变成国民党，他这个湖南支部的支部长的重担是只重不轻。老袁当了民国大总统，通电拥护不成，递红包还得抓紧。

袁世凯不爱红包爱人才，看到谭延闿工作主动积极，勇于向领导靠拢，心头一热：老谭，我代表民国政府、我们袁家上下欢迎你正式担任湖南都督。

袁大总统正是心头发热，有人泼了他一头凉水。

宋教仁到处发表演说，批评时政，反对袁世凯专权，主张成立责任内阁，并且就要出任内阁总理。

心头着凉已是无奈，绝不能让水清凉到底，袁大总统递出了橄榄枝、放出了和平鸽，派人给宋教仁送去一张50万元的银行支票，并表示如不够用还可以再加。

宋教仁的答复有点绝，此地禁止栽树，高空严禁飞行，民主立宪倒是欢迎。

袁世凯拔枪，断水，宋教仁死。

抽刀断水水更流，举杯消愁愁更愁，拔枪断水也好不了多少。

宋教仁一死，江西、安徽、福建等省纷纷宣布独立，要求讨伐袁世凯。在宋教仁的家乡湖南，革命党人发誓要以暴制暴，以血还血，并恳请谭延闿起兵反袁。

谭延闿突然读懂了九江王英布，或者升天，或者入地。

袁世凯重兵在手，不久前才从五国银行借了钱，实力强大，各省联手，恐怕都不够人家吃一口。

即使胜了，自己在国民党内也是姥姥不疼、舅舅不爱，只能是干活出汗，吃饭喝汤。

第三条路有没有？谭延闿不想做孙悟空。

南方独立的省纷纷发来电报，催促谭延闿独立。革命党人送来子弹和手枪，要么杀人，要么杀己。1913 年 7 月 25 日，谭延闿宣布湖南独立，声称"和袁贼断绝关系"。

有人造反，袁世凯自然得派大兵镇压。只是如何布局，主攻方向是江西、江苏还是湖南，内部虽然争得耳红面赤、两嘴起泡，都没有结论。段祺瑞等大多数将领都认为要想讨伐广东，首先就要搞定湖南，所以应该全力打击谭延闿。

袁世凯从前没有和谭延闿打过交道，对谭延闿的为人也不了解，所以心中很犹豫。恰好徐世昌不久前刚刚收到谭延闿的一封信，袁世凯就命他拿信来看。徐世昌慌了张："大总统，这信里没说别的，只是一些私事，军政方面的事我从来不和他说。"袁世凯笑了笑："不要紧，我只想看看他是什么东西变的。"

信里果然只谈了些私事，袁世凯看完后却当即拍板：主攻江西，湖南只要敲敲边鼓就可以了。

众将领愣住了，老大做事太离谱了，就凭一封信就敢下赌注。看到众人脸上写满问号，袁世凯指了指信上的落款：一个刻的是"生为南人，不能乘船食稻，只喜餐麦跨鞍"，另一个刻的是"马痴"。袁世凯指着印章说："这两个章子看起来很有气势，却盖不住骨子里透出的酸气。这个人做事，样子肯定是要装一下的，但不能强悍到底。这一次国民党起兵，他只是碍于情面，参加是一定会参加的，坚持也一定不敢坚持，因为他没这个胆。"

之后事实果然：谭虽起兵宣布独立，闻得江西、江苏国民党兵败，不待湖南接战，便赶紧取消独立，下野出逃了。

各地讨袁军连吃败仗，谭延闿见势不对，在 8 月 13 日宣布取消独立，然后给袁世凯的总理徐世昌发去密电，说："湖南独立，水到渠成，延闿不任其咎；取消独立，瓜熟蒂落，延闿不居其功。"这句话的意思是：造反虽然是大势所逼，我也不敢推卸责任；取消独立是理所当然的事，我没有一丁点儿的功劳。谭延闿发电报的目的很实在，我不求您像曹操那么伟大，只希望您认为我功过两抵就行。

三国的时候，陈琳一篇《为袁绍讨曹操檄》骂得曹操出了一身冷汗。后来袁绍兵败，曹操问陈琳为什么要问候自己祖宗。陈琳回答说："箭在弦上，不得不发。"曹操喜爱他的文采，命他做了从事。

可惜民国不是三国，老袁也不是老曹，虽然谭延闿又是请副总统黎元洪替自己说情，又是亲自到京城请罪，老袁还是一点不给他面子：先是派自己的亲信汤芗铭当湖南都督，接着又判谭延闿四等有期徒刑。黎元洪一见独木不成林，赶紧拉上熊希龄一起求情，袁世凯才特赦了谭延闿。

谭延闿如脱笼之鸟飞离北京，在青岛隐居。青岛是个好地方，晨看朝阳起，晚听潮水退。只是他乡虽好，不是故乡，他还能回故乡吗？

二次督湘

有的人梦回故乡，有的人魂归故乡。只要有故乡，就能回、就能归。谭延闿客居二年，终于回到故乡，而且是荣归故里。

1916年6月，袁世凯病死，黎元洪继任总统。黎元洪和谭延闿是好朋友，"外举不弃仇"做不到，"内举不失亲"倒是做得到，才当上总统就任命谭延闿为湖南省长兼督军。

说到治理，谭延闿倒是把好手，思想也很明确：发展靠教育，振兴需实业。

经过长期战乱，湖南的教育受到了严重的摧残。谭延闿认为教师的天职就是教书育人，所以下令禁止教师在社会上当什么理事、会长，禁止他们搞副业、捞外快。考虑到学校受到损坏，特意拨出专款修理学校。谭延阎本人虽然没有留过洋，却很重视对海归的培养，给予一定的奖学金。

湖南工业底子薄，矿藏却很丰富，锑、铅在全国也是数得着的。谭延闿本着特色经济的特点，靠山吃山，靠矿吃矿，因地制宜发展实业。湖南的《大公报》对此曾有报道：湖南实业迩来渐有起色，如华昌烁矿公司、光华公司投资之踊跃，实出吾人意料之外，近闻又有组织自来水公司及承顶纺纱厂者，此实吾实业前途之光也。

谭延闿正在"两耳不闻窗外事，一心只把湖南督"的时候，大总统黎元洪出事了。

黎大总统这总统当得实在是不太舒服，国务总理段祺瑞太过彪悍，独断专行，根本不给自己面子。看到这样下去不是个事，大总统黎元洪就把号称"辫帅"的长江巡阅使张勋请进北京城，想让他擦点润滑剂、涂点万花油，在中间调和调和。

张勋字少轩，江西奉新人，靠投靠袁世凯发迹，先后担任管带任副将、总兵等职。武昌起义时，张勋是江南提督，率领巡防营顽抗革命军。清朝溥仪皇帝退位以后，张勋把部队改名为武卫前军，禁止他们剪辫子，表示效忠清王朝，当时人都称他们为"辫子兵"。

张勋进了北京城，做得是不偏不倚，即不帮黎元洪，也不帮段祺瑞，直接解散国会，逼黎元洪下台，把溥仪扶上了皇帝的宝座。

谭延闿正在为好友黎大总统下台难过，张勋被段祺瑞的"讨逆军"打得逃进荷兰使馆，段祺瑞总理又回到了北京城。总理依旧是那个总理，可对谭延闿并不是件好事。

段祺瑞重掌内阁以后，就想武力统一中国，西南各省肯定是一个都不能少。谭延闿成了段祺瑞眼中的拦路石：不是北洋系，非我族类，其心必异，玩不到一块；再说这家伙和黎元洪的关系铁，说不定哪天就给自己惹出是非。

上阵父子兵，成事还得自己人。段祺瑞狠了心，任命傅良佐为湖南督军。对傅良佐，段祺瑞很是放心：做事干练，是自己的四大金刚之一，上得台面，压得住阵脚；湖南乾州出身，不会引起湖南人的反抗；最重要的是，傅良佐是自家舅佬，打断根还连着筋。

傅良佐也是不负姐夫哥的厚望,还没上任就给湖南的百姓送秋波,抛媚眼:老乡们,能回到家乡做事我傅良佐很激动,我不带北方的一兵一卒到湖南,也不会干涉地方的事务。

谭延闿不愿意接这秋天的波菜,他不好这一口,再说这个人明摆着是要夺自己口中的食、锅里的肉。谭延闿请熊希龄做段祺瑞的思想工作,希望段祺瑞能够放宽眼界,不要把目光只盯在湖南,天下这么多,哪里容不下一个傅良佐?

可惜段祺瑞不光眼界不开阔,还是蛮牛一头,只认死理:谭省长勤政爱民,这我是知道的,但谭省长不懂军中事务,做民事更能发挥谭省长的特长;现在世界各国都流行文人不领兵,民国要向国际化靠拢;湖南民风彪悍,用得好可以保国卫民,用得不好就会祸害一方。换督军是跟随潮流的事,换也得换,不换也得换。

熊希龄看到牛不回头,就说一山不容二虎、一女不事二夫,不如"督、长不同城",督军傅良佐驻岳州,省长谭延闿驻长沙。这一次,涛声还是依旧。

谭延闿看到段祺瑞使劲地要往自己心窝窝里插刀子,心里很是气愤:你会心窝里插刀,我就不会狗头上敲棒?在谭延闿心里,自己的棒子还是很大很粗的;自己手里有兵,西南军阀也是使劲地顶自己。陆荣廷说:"湖南和广西唇齿相依,搞老兄你就是搞我,你放心地搞,我全力铁你。"唐继尧想得更细,云南有个师在韶关,枪炮一响,这个师就赶过来支援。

棒子很大也很粗,打出去却没有一点风声。棒子没有问题,有问题的是使棒子的人。谭延闿的一部分手下被人收买,一部分人是要和平、不要战争。陆荣廷和唐继尧两个人唱得很好,但只想做文戏,不想演武戏。

北方兵到,谭延闿败!

败,依然有事可做。谭延闿只做两件事:拍卖和馈赠。松鼠收藏果子,只为冬眠。谭延闿拍卖会产,不是为了要离开,而是为了回来,兵强马壮才能有机会回来。回来需要人接,让人喜欢的方法有很多种,馈赠是其中比较有效的办法。

老谭也有搞特殊的地方,他特意从省教育基金里头拨出一笔专款给总务厅长林伯渠、教育司长熊知白、交涉科长陈寅恪,标准是每人路费400大洋,另每月生活费140大洋。为防止傅良佐来了后断掉这笔钱不发,还专门预付了15000块给驻美大使保管,专款专用。有些官员就不满了,我们跟了您这样久,您都没有考虑让我们出去镀镀金什么的,林伯渠、陈寅恪他们才来几天,您照顾得这样周全。老谭也不生气,说:你们跟着我只是为了做官,他们三个人不一样,都是我专门请来建设新湖南的人才。现在新湖南虽然建设不成了,但只要是人才就不能委屈他。后来,陈寅恪留学美国多年,靠的一直就是这笔钱。

人来人往,有人来,也有人往。来的是傅良佐,往的是谭延闿。傅良佐向长沙来,谭延闿往上海去,既然已败,不如归去。

谭延闿离开湖南不久,有人就开始怀念他了。只是怀念虽好,不如相见。怀念一种是寂寞,寂寞的人那么多,这一次寂寞的人又是谁呢?

自治也是一种错

寂寞的人是陆荣廷。

寂寞的人因为相思而怀念,陆荣廷则是因为失去才后悔。得不到的最美丽,失去的最遗憾。陆荣廷失去的是湘桂军阀间的和平,湘桂军阀之间的矛盾激化,自己毫无办法,湖南督军张敬尧这人又调停不了。谭延闿和湘军各路将领的关系不错,如果他出来当督军,情况就不一样了,只是不知道有没有这个机会和运气。

做事是需要运气的,摸彩票固然需要,当总理、当督军更是如此。

有原则的人成功相对容易一些,冻死不拆屋、饿死不掳掠,所以金兵称"撼山易,撼岳家军难"。段祺瑞也是有原则的人,不过这一次他失败了。

不要约法,不要国会,不要总统,段祺瑞的原则很明确,立场也很坚定,大权在握,坚挺很正常,这种情况直到北洋军在湖南吃了败仗才发生改变。

原则是段祺瑞的,孙中山并不赞成,他要维护临时约法、重立国会。于是,护法军和段祺瑞的北洋军在湖南交锋。北洋军败。大总统冯国璋为了缓和南北矛盾,提议谭延闿当湖南督军兼省长。

对于这个任命,谭延闿是认可的,不过提出一些条件:外省的军队一律退出湖南,政府不得干涉;中央政府出钱维持湖南市面。

冯国璋气得不行,给你饭吃你还讲条件,爱吃不吃,不吃拉倒。饭有人吃,督军更是有人抢着做。美女不可唐突,良机不可糟蹋,张敬尧抓住了这个好机会。

有的人性本爱丘山。张敬尧则是"金子我所欲也,杀人亦我所欲也"。杀人之多,动至数万,兵悉劫掠,地无不遍,死不能葬,生无可归。张氏兄弟在湖南称霸一方,大发横财。在霍邱马店、龙潭寺一带买田几万亩,又在桑郢大兴土木,修建极其华丽的督军府,在天津置了不少房屋和地产。当时的湖南人为此写了副对联:"堂堂手张,尧舜禹汤,一二三四,虎豹豺狼。"

虎豹吃人,豺狼横行,湖南的老百姓掀起了声势浩大的驱张运动。打野兽是需要猎枪的,谭延闿有枪,很好地做到了与民同乐。

1922年6月,谭延闿又回到长沙,身兼督军、省长和湘军总司令三职,一时风光无限好。顺民者昌,逆民者亡,谭延闿深深地感到民意的重要,因此一上台就顺从民意。

在谭延闿上台之前,湖南周围的省就流行着"民治风"、"省治风",而在湖南,老百姓也早厌倦了长年的残暴统治,希望能够翻身做主人,自己的地盘自己做主。

谭延闿决定实行湖南自治,并在7月22日向全国发出"闿电",电报中称要废止督军、民选省长、实行联省自治。此电一出,顶帖无数,人人都认为不自治不足以救湘救省救国。旅居上海的湖南人组成"湖南改造促进会",此时亦号召湘民"奋起自主",提出"以湖南地域之文明,湖南应自负其创造之责任"的自治宣言。梁启超更是拔刀相助,起草《湖南省自治大纲》和《湖南省自治根本法》。吃饭、喝水、谈自治一时成了湖南老百姓每天要做的事情。

在谭延闿眼中，自治不过是个小姑娘，想怎么打扮是上流社会的事情，老百姓审美能力还得慢慢培养，参加一下听证会就可以了。于是，他邀请在省官绅30多人，召开自治会议，决定由省政府委派委员10人，省议会派议员11人组成"湖南省制起草委员会"或"湖南省自治法起草委员会"，共同起草《湖南自治法》。

自治变成了听证，久等的船不来，这让湖南老百姓的心碎了不少。天上的陨石碎了，会砸坏花花草草。人的心碎了，则会绝望，或者是自己的希望，或者是别人的希望。10月10日，人们冒雨游行示威，要求谭延闿迅速召开湖南人民宪法会议，反对省议会和少数人包办制宪。

心碎的人刚刚示威，心怒的就动武了。

程潜是愤怒的，自己在湖南本来是要人有人，要枪有枪，小日子过得美滋滋的，谭延闿这家伙借段祺瑞要求各地裁军的名义把老子的人马裁了一干二净，还把老子赶出了湖南。

好好的就被谭延闿赶出了湖南，此仇不报非君子，只是一时找不到机会。这下机会来了。

11月13日，程潜的铁杆第6区守备司令李仲麟等又在平江策动兵变，联合于应祥和团长郭步高、张振武进兵长沙，声称"除宵小，清君侧"，并与程潜旧部第二旅旅长廖家栋里应外合，逼谭延闿下台。

赵恒惕一向对谭延闿特别恭顺，认为没有谭延闿就没有自己全家。湖南反袁失败后，赵恒惕被汤芗铭五花大绑送到北京请功。后来谭延闿走了黎元洪、熊希龄的路子，向袁世凯说情，赵恒惕才逃过一死，改判为三等有期徒刑。

在赵恒惕吃牢饭的日子里，谭延闿隔三差五地提一些油盐酱醋、米面银子到赵恒惕家，陪赵恒惕的父母聊聊天、打打牌。赵恒惕的父亲临死的时候，拉着赵恒惕的手，对他说："儿啊，谭都督对咱们赵家恩重如山，咱赵家得对得住人家。"

但这一回，恭顺的赵恒惕也怒了：谭延闿这家伙太坑人了，要你卖命时封官发财说得嘴巴涂了蜜，卖完命后就装聋作哑不理这事。要不是老子替你打江山，你谭延闿能进得了长沙城？可老子现在还只是个小师长。而此次回任湘督，赵恒惕更是功不可没。因为谭延闿毕竟是一个书生，对军事并不在行，打仗他主要依赖赵恒惕。因此，在蜗居湘南之时，谭延闿曾承诺："将来打完仗，军事交赵（恒惕）负责，民事交林（支宇）负责，本人决不贪图权位。"在进入长沙城的庆功宴上，他还信誓旦旦："那是赵总指挥躬冒矢石之功，是诸将士奋勇杀敌之功。"那些在湘南战场上出生入死的将领被他雄辩而富有感情的演说感动得痛哭流涕。

郭步高、张振武的军队开到小吴门外，身为第 1 师师长的赵恒惕对他们的行动始终"不闻不问"，让他们爱怎么折腾就怎么折腾，只要不闪了腰、折了腿就行。

谭延闿看到形势对他不利，就请赵恒惕担任湘军总司令，希望他站出来支持自己。但赵恒惕坚决不当总司令，推辞说："现在掌握军权的大佬很多人都在外省，不知道他们会怎么想？男女授受不亲，君子不欺暗室，如果我私下里接受，将来我怎么面对他们？……至于维护省城秩序，这是我的本职工作，如果有叛兵偷袭，我一定痛击他们。"

看到回天无力，谭延闿只好召开发布会，于 11 月 23 日宣布"本人即日离职，去沪养病，湖南事另举贤能继任；省城秩序重要，请赵师长维持"，并声言"还政于民"。

离职，还有复职的可能，但离世却已经不能再回来。谭延闿的夫人因为难产在上海离世，谭延闿只好派人迎灵柩回湖南安葬。谭延闿借口要料理妻子的丧事，请求赵恒惕允许他稍缓几天再动身。赵恒惕没有答应他，对敌人心软就是对自己残酷，给对手机会就是给自己挖坑。程潜一系的军人害怕中了谭延闿的缓兵之计，就扬言要把军队开到省城为畏公（即谭延闿）送行。

迫不得已，谭延闿只好在 11 月 27 日坐上开往上海的轮船。28 日，谭所坐的轮船和运送他夫人灵柩的轮船在城陵矶附近相遇，无法靠近。二船之间，隔阴阳，离生死，断愁肠。后来，谭延闿每次想到此事，都会悲从中来，叹"相逢不相见，存殁两难安"。

相逢注定会引出许多故事，或者执手相看，或者逢而不见，或者拔刀相向。谭延闿在上海遇到了一个人,他又会引出什么样的故事?

投敌

故事有很多种,生、老、病、死,富、贵、贫、贱,走不出一个情,逃不出恩怨。

谭延闿败走长沙、存殁难安,都是此人种的因、浇的油,说一切都拜此人所赐也不为过。

世上从来就没有无缘无故的恨,也没有无缘无故的爱。孙中山恨的是谭延闿宣布湖南自治的"祃电"。

孙中山一向是主张一统全国的,虽然手中要人没人,要枪也没有,但老孙有胆,人有多大胆,地有多大产,不怕做不到,就怕想不到。任何有悖一统中国的做法,老孙都不会容忍,何况是各省自治。

"祃电"宣称民国的实质关键在于实行民治,而要实行民治,关键在于各省人民组织地方政府,施行地方自治。

关起门来做皇帝,这事谁都想做。谭延闿的"祃电"一发出,就得到西南各省军阀的附和,四川、贵州等省军阀纷纷采取一致行动,地球是圆的,老子就是圆心,中央是什么,没听说过。

有人欢喜,自然有人忧郁。北京政府不乐意,大家都听我管,难道让我去管空气?孙中山本来就是靠西南军阀支持军政府的,现在西南谁都不听他的,别说一统中国,军政府能不能保住都是个问题。

解铃还需系铃人,要想让各省放弃自治,还得找带头大哥。因此,南北政府都试图争取谭延闿。

1920年9月1日,大总统徐世昌授意范源濂,希望谭延闿支持和平统一,谭延闿口头表示反对局部谋和、赞成公开议和,实际上在湖南还是实行自治。

孙中山没有徐大总统那么贵气，亲自给谭延闿写了两封信，要求谭延闿出兵广西，平定广西战乱，消除两广祸患，并先后派湖南籍的议员李执中、周震麟、李汉承、陈嘉会等人回湖南做思想工作，争取谭延闿出兵夹击陆荣廷，赞成北伐。但是，谭延闿觉得自己既不是超人，也不是耶稣，只想流自己的汗，吃自己的饭，别人的事可以一概不管。

孙中山对谭延闿很失望，对一统中国依然不放弃，他又派黄一欧到湖南协助周震麟等人做其他人参加北伐的工作。这一次，周震麟、黄一欧得到鲁涤平、陈嘉祐、驻醴陵第6区司令李仲麟等人对北伐的支持。

有人来砸饭碗，谭延闿自然不干，当即发出通电，提出"以武力勘祸乱，不如以民治固国基"，武力一统，不如自治安民。

话不投机半句多，多说无益，不如动手。动手的是程潜，策反的是周震麟、黄一欧等人。事必躬亲固然是种态度，适度放手也不失为一种谋略。

敌人并不可怕，可怕的是自己人。知己知彼，百战不殆，捅得最厉害的刀子通常是背叛。赵恒惕就是那把刀子。

刀子是自己磨利的，不过这一回谭延闿控制不住脱手的刀子。再回湖南，不是没有可能，只要联手孙中山，一切皆有可能。谭延闿重新加入国民党，表示愿意追随孙中山革命，并晋见孙中山。

孙中山很是认可谭延闿，在给胡汉民的信中说："吾党缺乏政治人才，今后必须多联系国内知名人士以为我助，如北孙（洪伊）南谭（延闿），均一时人望。"

谭延闿当然不知道孙中山对他的评价，但他知道一件东西是必需的，投名状。林冲上梁山的时候，投名状是一颗人头。认识的，不认识的，只要是人头就行？

谭延闿的投名状又是什么？如果是人头，又是谁的人头？

投名状

地上没有死人。

手中没有人头。

谭延闿的投名状还是递了出去,只是一次募捐、一次拒绝。募捐的是军饷,拒绝的是总长。

1921年7月,孙中山发动了讨伐广西军阀的战争。打仗是非同小可的事,枪要子弹,马要吃草,人要吃饱。孙中山有发起讨桂战争的勇气,却没有犒赏三军的钞票。书到用时方恨少,钱到用时不够花。

谭延闿别的没有,有的是人脉,他一方面联络有关人士出来支持孙中山讨桂,另一面利用私人关系筹集到了十万军饷,救了孙中山的场。

谭延闿一门心思要入伙的时候,他的老朋友黎元洪东山再起了。直系军阀在直奉战争中胜出,黎元洪当了总统。黎元洪一出山,就想一统中原,于是想拉拢谭延闿,提出让他当内阁总长。谭延闿拒绝了,说:"宁做护法政府的草,不做北京政府的苗。"

陈炯明叛变后,孙中山落难上海。谭延闿亲自到码头迎接,找他谈心,两人相处甚欢。孙中山回广东没有路费,谭延闿就把自己在上海唐山路的住宅卖掉,并集资5万银洋。孙中山得到这笔钱,才能走自己的路,让别人去哭吧。

付出总有回报,真心换得真情。1923年,孙中山在广州建立陆海军大元帅府,任命谭延闿为大帅府大本营内政部长。

谭延闿投奔孙中山的目的就是重回湖南,但要么时机不熟,要么没有机会。一个管内政的部长,整天忙于日常工作,又哪里能创造机会呢?

机会还是来了,创造机会的不是谭延闿,而是赵恒惕。

此时的湖南已是赵恒惕的天下,老赵在湖南搞的也是联省自治,很得民心。老赵搞自治虽然有假公济私、为自己打算盘的成分,可真要算起来,还是比较照顾湖南老百姓的利益。南北统一是要花代价的,一将功成万骨枯,不如湖南自治,关起门来成一统,管他春夏和秋冬,不知北有段祺瑞,南有孙中山。

理想是美好的,理想还是要回到现实。北方政府固然不想成全赵恒惕的小算盘,孙中山一门心思要武力北伐统一全中国,更是容不得这粒沙子。赵恒惕不同意北伐军借道湖南,北伐军只好绕道江西北上。

赵恒惕在这个时候偏偏下了一着臭棋。湖南连年灾害,赵恒惕不但没有好好救济灾民,反而派士兵殴打示威的学生,引起很大民愤。

民愤是个好东西,关键看你会不会用。蔡钜猷见有机可乘,就在湘西宣布独立,通电指责赵恒惕"甘心附北,背叛西南"。孙中山也是一个搭顺风车的好手,黄金如粪土,百姓如父母,迫害父母,罪该万死,立即任命谭延闿为湖南讨贼军总司令。对于这个任命,谭延闿非常乐意接受,这不仅可以报赵恒惕往日的逼宫之耻,还可以帮助孙中山实现北伐的大业。于公有理,于私有利,谭延闿没理由不接受。

谭延闿在衡阳设立总司令部,与赵恒惕公开对垒,称讨贼。为了将赵恒惕"湘省自治"的合法招牌打碎,谭延闿除了指责赵恒惕制宪不符合法律程序,还公开称自己已经彻底放弃联省自治,联省自治只是对一个地区好,只有大家好才是真的好,而孙中山的三民主义就是造福全中国的真理。阻挡北伐,就是阻挡中国老百姓的幸福。

赵恒惕也不是吓大的,护宪是我生命的意义,没有自治,我哪能独霸湖南这片天,于是组织护宪军,并通电全国:"湖南立宪是全国民众都知道的,即使有什么小缺点,提个方案修正就是。现在有人竟然想借一张电文就废掉他,而这个人还是第一个提出立宪的湖南人,这确实是我们湖南最大的悲哀。"

谭赵二个人嘴上功夫不停,枪和炮的较量没有闲着,挖墙角的也很有看头。谭延闿凭着三寸不烂的卖拐功夫,说服赵恒惕的部下朱耀华带领一个团反水,要不是赵恒惕平常喜欢玩跑得快,差点就被人包了饺子。

赵恒惕一口气逃到株洲,看到形势逼人,也顾不得自治不自治,保命要紧,就向吴佩孚求援。不久,吴佩孚从岳阳出兵增援赵恒惕。

赵恒惕稳住了阵脚,准备和谭延闿再大战一场。谭延闿却急匆匆地撤退了,好像狐狸被人烧了尾巴一样。

谭延闿不是狐狸,自然没有尾巴,但他有后院,后院起火也不是好玩的,何况放火的人不是普通的人,这是个会做梦的人。

会做梦的人

少年时的陈炯明梦中虽然没有神仙,却也是非同一般,左手揽月,右手挽日。生有异兆非凡人,梦有怪象定乾坤,后来陈炯明每当有不如意的时候,只要一想到这个怪梦,就如打了鸡血一样。

梦果然是好梦,陈炯明虽然不是纵马天下,却也是力定两广,广东省省长、粤军总司令、内务部总长三职集于一身。陈炯明是喜欢模范起信、联省自治的,两广的地盘小是小点,毕竟是自己的一亩三分地,种什么庄稼、什么时候施肥浇水都是自己说了算。想严禁军队干涉司法,军队不敢吱声。要大力禁烟禁赌,价值四十万元的鸦片烟说烧就烧。想实行义务教育,就可以兴建免费公立学校。

联省自治遭到孙中山的反对,穷则独善其身,达则兼济天下,联省自治不过是小农意识。要兼济天下,就得出兵北伐。打仗是件麻烦事,操心不说,后方得烧钱,前方得烧人,即使打下北京城,估计也分不到一根半根骨头,于是陈炯明借口"后方不稳"、"保境息民"等,不愿出兵。

孙中山很愤怒,此山是我开,此树是我栽,皇帝打此过,留下买路财,何况你是由我一手捧上来的陈炯明。陈炯明被拿下,广东省省长、粤军总司令、内务部总长全部如明日黄花,成了穿着新衣的皇帝。

陈炯明不愿意当穿着新衣的皇帝,他想继续他的联省自治的梦想。孙文,我和你已不是私人恩怨,而是梦想之争。梦是争出来的,陈炯明起兵。

广州告急,南雄、始兴沦陷,孙中山大急,赶紧电令谭延闿回师广东。谭延闿有心和赵恒惕分个胜败,又怕孙中山有什么闪失,于是赶紧回师救急。回师很及时，陈炯明被打退，陈炯明残部退据东江，固守惠州。

广州转危为安，孙中山长出一口气。陈炯明憋了一口气，佛争一炷香，人争一口气。活着，凭的不也是一口气。直系军阀很着急，不能让孙大炮缓过神，这家伙一停下来就会想着来炮轰北京城。

直系军阀赞助，陈炯明再掀风波，意图再与孙中山一争高下。孙中山决定联合湖南、广东、云南、广西的军队东征。

1924年，谭延闿召集湘军举行誓师大会，参加讨伐陈炯明的东江战役。随后，谭延闿部、杨希闵部、刘震寰部分左、中、右三路东征讨伐陈炯明。

刘震寰曾经被孙中山任命为"建国桂军总司令"，手底下有弟兄大约一万人左右。这哥们敛财是把好手，不仅把税收据为己有，还从来不给士兵发军饷。士兵们闹饷，刘震寰就笑骂道：不说你们傻你们还不知道，手里有枪就有钱，这还要老子教你？

滇军司令杨希闵除了垄断税收，还喜欢当馆长，比如赌馆、烟馆的馆长。为维护私人利益，杨希闵还自办滇军干部学校，培养亲信，对抗黄埔。孙中山曾气愤地当面斥责杨希闵："我叫你们来，是要你们听我的话，帮我做事。现在你打着我的旗号祸害广东，我是不允许的。"

东征一开始比较顺利，但等到刘震寰和杨希闵哥俩占了一些地方，哥俩就开始掉链子了。俩人都开始玩起躲猫猫，不肯再向东江走一步，比琵琶女还琵琶女，孙中山千呼万唤都不肯出来。

刘震寰和杨希闵这边停摆，三军会师就变成湘军一个人的战斗，缺医少药、补给不足不说，还碰上总指挥谭延闿手臂中风，湘军惨败。

东征失败，境内的各路军阀又不听号令，广东一时陷入风雨飘摇当中。孙中山很有挫折感，男人不狠，地位不稳，东征失败都是直系军阀惹的祸。此祸不除，统一难成。

孙中山决定北伐。

后中山时代

爱有爱的理由,恨有恨的道理,不爱不恨有不爱不恨的说法。中国人做事,总要给一个理由先。

孙中山北伐的理由很简单,消灭曹吴,建成自由独立的国家。随后组建建国军,由谭延闿任北伐军总司令,兵分两路,向湖南、江西出发。

建国军一路向北,直奔曹锟而去,曹锟却已经下台。1924年10月22日午夜,冯玉祥率部队从城北的安定门进入北京,不费一枪一弹,包围了总统府,监禁总统曹锟,并电请孙中山入京共商国是。

孙中山觉得和平统一有希望,于是动身北上,临走前把军事交给谭延闿,说所有入赣入湘各军,均由其节制。

三月是万物生长、百花齐放的日子,孙中山的眼里已经没有春意,他在这个时节离开了人世。生离变成死别,广州政府一时群龙无首,有些混乱。

乱军中取上将首级,乱中可以说是取胜的绝好机会,混水摸鱼的事,刘震寰和杨希闵从来就不会放过,况且这两个人想造反又不是两三天了,只是顾忌孙中山。

消息传到昆明,早先拒绝副元帅职务的唐继尧也出来凑热闹,声称自己3月18日在云南昆明已经就任副元帅,企图就地转正,当上军政府的一把手。曾经有两次副元帅的机会摆在唐继尧的面前,唐继尧没有珍惜。1917年护法运动和1924年北伐战争,孙中山向唐继尧递出橄榄枝,希望他真情出演、实力加盟,被拒。对于唐继尧辞演的原因,有的认为他想保存实力、自己单飞,有的则认为唐继尧看不上区区一个副职。做老大做惯了,谁愿意低头伏小。

唐继尧这时候最想说的三个字就是我愿意,如果再给我一次机会。但广州军政府丝毫没有怜香惜玉的心情,当天就谴责唐继尧的可耻行径,并决定讨伐唐继尧。

唐继尧很淡定,自己早在4月就和刘震寰、杨希闵有了盟约,他俩负责在广州发动政变，自己负责当西南盟主。5月，唐继尧又派代表与广州的驻粤滇军总司令杨希闵、桂军总司令刘震寰等人以及香港当局代表密议，准备颠覆广州军政府。

6月初，杨希闵、刘震寰公开叛乱，占领了广州市城北的狗头山、观音山等重要阵地和电报局、车站等地方。

广州骚乱，谭延闿立即率领湘军回救广州，和许崇智的东征军、朱培德的赣军等部队会师广州。势如破竹，刘震寰、杨希闵一路狂奔，跑路到了香港。

广州局势重新稳定，国民党中央委员会召开了全体会议，决定将广州大元帅军政府更名为中华民国国民政府，由汪精卫任国民政府主席，谭延闿任国民政府委员会的常务委员和军事委员会的委员。

谭延闿的事业开始转移，虽然仍兼任第二军的军长，他却放手由副军长鲁涤平一手操办，自己从此不问军事，只讲政治。

孙中山在世的时候，国民党内部其实就有左派和右派之分。左派支持联共，右派主张分共。谭延闿既然只过问政治，他又会何去何从呢？

惯性向左

山深藏精怪，风大起事端。孙中山这一离世，人心本来就不齐，现在更是散了，队伍不好带了。

8月20日，廖仲恺遇刺身亡，有的人说是国民党右派做的，有的怀疑是胡汉民要上位找人暗杀的。立案、缉凶，谭延闿大哭一场，写诗悼念，已是于事无补。

11月，西山会议派的人出来闹事。

谢持、邹鲁、林森等人一直不赞成国共合作，更反对孙中山联俄、联共、扶助农工的三大政策，认为国共合作有利于共产党和国民党争天下。

看到国共两党之间的配合越来越有默契，心有灵犀的指数越来越高，哥几个红了眼，这事不能这么搞，当断不断，反受其乱，该出手时就出手。

1925年11月23日，叶楚伧、居正、沈定一、邵元冲、石瑛、邹鲁、林森、覃振、石青阳等人在北京西山碧云寺孙中山的灵前召开国民党一届四中全会，宣布"清党"，取消共产党员的国民党党籍，开除共产党员谭平山、李大钊、毛泽东等人的中央执行委员会委员和候补中央执行委员职务。会议还给国民党党员提了个提醒：合作有风险，牵手要谨慎。青天白日旗，一年变红色。

对于西山会议派的分裂活动，谭延闿没有丝毫放纵的念头，孙先生说过要"联俄、联共、扶助农工"，谁和先生不来电谁就是不对。谭延闿和汪精卫先后两次致电林森等人，指责他们无组织无纪律，祸国殃民。

1926年1月，在中国共产党和国民党左派的支持下，中国国民党第二次全国代表大会通过了弹劾西山会议派的决议案，处分了邹鲁、谢持等人。

谭延闿很是高兴，二大胜利闭幕，自己还当选为国民党中央常务会员，形势也是一片大好，朗朗乾坤，青天白日旗在风中飘扬，是个喝酒的好日子。

事情没有谭延闿想得那么美好，他的愉快被一件事打破了。

大权终究不是极权，天空虽然有极限，但毕竟是天空，蒋介石想感受天蓝蓝的那种感觉，想知道在别人眼中的分量，可以有很多种方法，蒋介石喜爱石头，于是采取了投石问路的办法。投石问路，可以见好就好，也可以顺手摘瓜。

1926年3月20日，蒋介石扔出了一个不大不小的石头，逮捕李之龙。扣押中山舰，包围省港罢工委员会，收缴工人武装，拘留左派党代表和工会人员，宣布广州全市戒严，还包围苏联顾问团住处。

对于扔过来的石头，不同的人有不同的反应，有的人会捡起石头扔回去，有的人会奉行和气生财，有的人则置之不理走自己的路。

共产党内部就有不同声音，毛泽东、周恩来等人主张坚决进行反击，你扣我的篮，我断你的球，礼尚往来，两不吃亏，一定要将嚣张扼杀在摇篮里。中共中央的老大陈独秀忍为先、和为贵，主张以德服人，同意让周恩来为首的全体共产党员退出第1军，蒋介石夺取了第1军的军权，三名

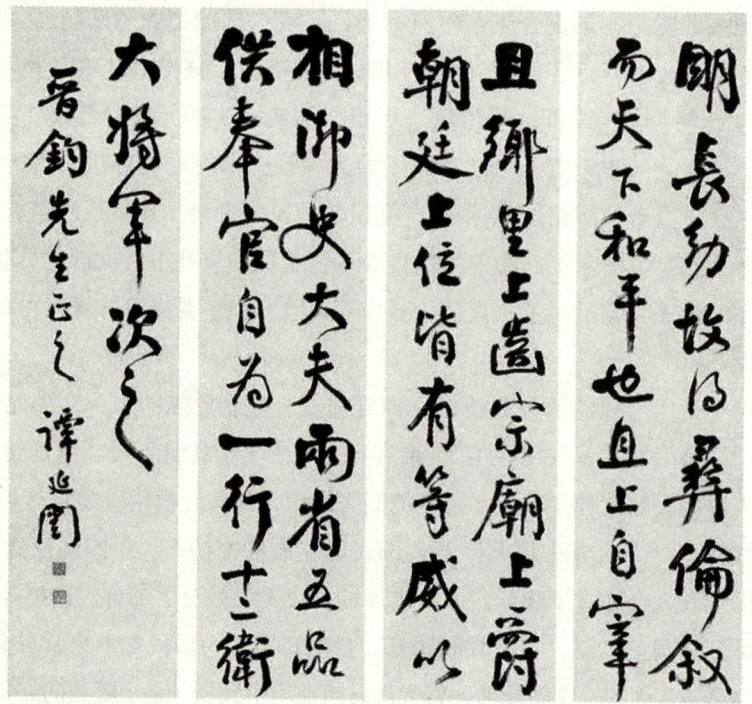

谭延闿书法作品

反对蒋介石的苏联顾问被解聘回国。

儿媳再亲,还是隔了一层,当家还得自己骨肉。国共可以真诚合作,但国民革命必须由国民党领导。谭延闿自然没有反对蒋介石,何况俩人还有一段很深的渊源。

渊源一般在很久之前,而且都会有故事的。有情人的故事或是碰出火花,或是留下遗憾,谭延闿和蒋介石之间又有什么样的故事发生呢?

最美

男人和男人之间的故事很多,相交如水,亦仇亦友,生不共天,死不同穴，或有情或无情。

男人的故事已经精彩，如果再有美眉友情出演，故事更是会high到极点。美眉的杀伤力有小米加步枪型的点射，有机关枪级别的横扫，也有炮弹轰炸的威慑。

不过事情都有例外，这个美眉竟然没有杀伤力，山河陷，天地塌，神不在，佛不在，整个世界都不在。无神可杀，无佛要杀，只有美眉在。

美眉姓宋，芳名美龄，是孙中山的小姨妹，刚从美国回来。

宝剑赠英雄，红粉送佳人。对于谭延闿，孙中山没有宝剑可赠，只有美眉可送。谭延闿一时人望，佳人配才子，般配。对于孙中山的提议，宋家人支持，宋美龄暗许。

蒋介石大急，名花无主，还只是看她老妈的白眼；一旦名花有主，想追就要挨她老妈的菜刀了。到了那个时候，纵然山河陷，天地塌，那也是别人的山陷，别人的天塌，自己是无福享受美人恩了。

孙中山满心欢喜，等着喝谭延闿和小姨妹的喜酒，宋家已向谭延闿提亲。蒋介石一头失落，喝自己的闷酒，让别人乐去吧。

谭延闿没有乐，他有的只是婉拒："我不能背了亡妻，讨第二个夫人。"除了婉拒，谭延闿还给蒋介石说项，夸蒋介石如何优秀、前途无量。

婉拒，不是山河陷、天地塌的美眉不好，只是谭延闿没有那个心没有那个情去接受第二份婚姻。不只是现在，而是从谭延闿懂得母亲的处境以来。

谭延闿的母亲李氏出身寒门，是父亲谭钟麟去陕西担任布政使时收的小老婆。湘人家风严谨，讲尊卑、论上下，谭钟麟性格又严厉，所以李氏夫人在谭家身份卑微。

每次全家吃饭，李氏只能当站长，站在桌子旁为别人添菜、添饭，自己是决不能坐下来和大家一起吃的。直到谭延闿高中会元，母因子贵，谭钟麟破格开恩，李氏才结束站长生涯，可以坐下来开餐。谭延闿的地位也不高，子以母贱，人人都叫他"小老三"。后来谭延闿小小年纪入了府学，那些人不敢再小瞧他，所以，才改称他为"三大人"了。

有感于此，谭延闿对母亲极为孝顺，想方设法提高母亲的地位和威望。资助长沙明德学校的时候，谭延闿就自称奉太夫人之命而为，每次写信给明德学校的校长胡元倓,落款都是"慈卫生"。谭延闿督湘,也是号称"奉母命出而维持秩序","以免地方糜烂"。

谭延闿还是被伤得不轻,母亲仙逝已经让谭延闿痛不欲生,族中规则更是让谭延闿想一头撞死在祠堂的正门上。在族规的眼中,匠心独运,不如浑然天成,后天富贵,不如名分纯正,既然是小老婆,谭延闿母亲的灵柩当然只能从祠堂的小门抬出去。功名在身,湖南督军,换不来母亲一个正门的待遇,谭延闿一气之下,趴在棺材上大叫:"我谭延闿已经死了,赶紧抬我出去"。

族里的人慌了手脚:左手写族规,右手写权势,紧握的双手模糊的悲哀,我的决定会有怎样的伤害。面对着族规和权势,哪一个我该放开?

放开的是左手,右手可以拿筷子吃饭、举杯子喝酒,做事离不开右手,杀人右手也更方便。放手只在一指间,绝念也只在呼吸间。誓不纳妾!就在此时此刻,谭延闿绝了纳妾的念头。

蒋介石是开心的,投石问路的效果不错。路正在向自己设计的方向延伸,自己会走,也有很多人会跟着自己走,不管他们是心甘情愿,还是被逼无奈。

走自己的路,让别人去哭吧,这是件很愉快的事。但如果走的是别人的路呢?是哭还是笑?或者无语。

走别人的路

每个人走的都是生死路,从生到死。然而路上依旧有哭笑,生不灭,死不至,笑不停,哭不止。

蒋介石正在继续自己的路,国民政府主席汪精卫已不愿意和他同路。三人行,则必有我师。二人行,则只有愤怒。蒋介石在中山舰事件的先斩后奏深深激怒了汪大主席,这么大的事竟然敢自作主张,也不提前支会一声,这明明是不把我放在眼里。

制裁没有实力,共事只有愤怒。沉默会死人,无处发泄的愤怒也会死人,于是汪精卫辞职,归隐海外。有人下,自然有人上,谭延闿代理国民政府主席。

主席换了人,国民政府一统中国的政策没有变。1926年7月9日,国民政府在广州东校场誓师北伐。谭延闿亲自为国民革命军总司令蒋介石授帅印,鼓励他只管大胆地往前走,粮草军饷不用发愁,家里的事有我罩着。

手中有粮,心中不慌,蒋介石打仗也有几把刷子,所以北伐军的步伐迈得比较大,一下子就到了湖南湖北地区。地盘扩大,重心转移,国民党中央和国民政府迁都武汉。

迁都没有问题,有问题的是这都应该往哪里迁。三国孟德兄之所以成功,在于手中有个汉献帝。天子发言未必是天子想要说的,但肯定是孟德兄想说的。至于你信不信,反正我是信了。信了你得服从,不信,打你是名正言顺。蒋介石枪杆子越多,腰杆子越直,这心也越大。历史可以重现,牛市可以重来,孟德自然可以重生。

1926年底,蒋介石提出迁都南昌,理由是两手都要抓,两手都要硬,政治军事要齐头并进,合则两利,分则两败。现在我的司令部既然在南昌,中央自然应该设在南昌。跟着枪走,生命无忧。

一路向北,谭延闿和张静江领着十多位国民党中内委会取道南昌,准备迁都武汉。看到汉献帝们自己来到,蒋介石很是热情,南昌是个好地方,西挽西山,北望梅岭,赣江穿城而过,"城在湖中,湖在城中"。滕王阁更是值得一游,落霞与孤鹜齐飞,秋水共长天一色,想想都让人失魂。错过武汉,但万万不能错过生命的意义。

武汉方面见汉献帝们在南昌旅游,心中着急,派出的使者一批又一批,都是无功而返。转眼到了1927年2月,谭延闿看这样不行,再待下去,武汉的樱花都谢了,迁都还只是个传说,于是赶紧找蒋介石谈心:抢亲说明你敢做敢为、爱情忠贞;抢我们只能留住我们的人,留不住我们的心。你杀又杀不得,还要好酒好菜招呼我们,旁边还有那么多的眼睛盯着你。对你,实在没什么好处。蒋介石放行,汉献帝们到了武汉。

对于孟德兄,汉献帝忍得伤心、忍得耐心。对于蒋介石,武汉的国民政府有的是声讨。3月17日,国民政府主席谭延闿亲自主持二届三中全会,气氛很热烈,目标很明确,反对蒋介石的独裁,继续孙先生的革命。

如果声讨可以讨死人,蒋介石早就死了无数次;如果气氛热烈可以热死人,蒋介石已经在棺材里躺了很多天。只是正如莫斯科不相信眼泪,蒋介石也不相信声讨和气氛热烈会死人,他只相信"走自己的路,让别人去哭吧"。

1927年4月12日,许多人死在蒋介石的路上。4月18日,蒋介石在南京自组国民政府和国民党中央。房子可以重修,政府自然可以重建。

另立中央,当我是个摆设?老虎不发威,当我是病猫。武汉国民政府不日即宣布开除蒋介石的党籍、撤销他的一切职务,只是没有办法双规他。人家手中有枪,找上门去双规,换包公他也不去。武汉、长沙掀起了巨大的反蒋游行示威活动。

谭延闿的心中有了波动,汪精卫回国,自己的地位和人气肯定不如他,反蒋活动的盛行只会壮大共产党的势力,武汉政府只怕没有自己的一席之地。

路是走出来的,地位是争出来的。当冯玉祥也倒向蒋介石,呼吁"宁汉合流,联蒋反共",谭延闿走上了蒋介石的生死路;自己得生,别人得死。7月15日,谭延闿和汪精卫宣布"分共",开始屠杀。

手上有了鲜血,谈判有了资本。宁汉政府合二为一,国民党宁、汉、沪各派系成立中国国民党特别委员会。汪精卫对蒋介石在中山舰事件中的"面子门"阴影不小,坚持把蒋介石下野作为各方和解的条件,蒋介石只好以退为进,宣布辞去国民革命军总司令等所有职务,回奉化老家休养。

熊市再长,熊也有冬眠的时候;海外再远,汪精卫也有归国的时候。回家休养是不是有病愈的时候?

老虎出更

天下大势,分久必合,合久必分。宁汉合流的三方蜜月没有持继多久,就开始有不和谐的声音,争端又起,没有人能镇得住台面。

看到各派咬来咬去,蒋介石决定复出,重新握住了手中的棒子。国民革命军总司令虽然不如主席风光,但是实惠,杀人须得青魔手,掌国还得大棒威。

蒋介石是春风得意马蹄疾,情场抱得山河陷、天地塌的美人归,国民党第二届四中全会上收获也不小,国民党中央组织部长、国民党中央政治会议主席,哪一个拈出来不是跺一跺脚地都要摇三摇的角色。

老蒋拿奖拿得手发软,后来实在却不过面子,太阳还有黑子,明月还有月缺,再阳光亮不过太阳,再浑圆圆不过明月,有点缺陷也是一种美,谦虚一点也是种风格。心一软,头一点,国民政府主席还是谭延闿做了吧,老谭做事大家放心。

谭延闿做主席也真够忙的,除了处理相关政务,还得整理孙中山孙总理的墨宝。墨宝是谭延闿担任代理秘书长时保留的书信,一字一临,一字一摹。天下大事,大不过编辑《总理遗墨》,墨中自有光芒在,墨中自有指南针。

谭延闿主席一当就是八个月,蒋介石看看自己谦虚的也够可以了,再谦虚下去不太好,过度的谦虚就等于骄傲。于是自己出来做了国民政府主席,谭延闿改任行政院院长。

谭延闿的行政院长做得不如国民政府主席舒服,不是不当主席心中失落,而是蒋介石遇到的麻烦太多,谭院长要顶的火力要足、持续性要长。

张学良东北易帜以后,国民政府一统中国,蒋介石却高兴不起来。地方势力太大,哪个都不是好惹的主,想啃下来更难。

李宗仁的新桂系地盘多,广西、湖南、湖北和河北山海关至天津一带都是他们说了算,枪杆子不多不少20多万,李宗仁自己还担任第4集团军总司令和武汉政治分会主席。山西王阎锡山的 3 集团军控制山西、河北北部和平津两市，20 多万的人也不是吃素的。冯玉祥更是了得，第 2 集团军就有兵力 40 万人。

人多嘴杂，枪多坏事。这削藩的事情做也得做，不做也得做，屁股底下有炸药，想睡觉都睡不安稳。既然国家统一了，自然应该休养生息，战后复员、裁军也应该提到日程上来。

经过争吵，裁军方案出炉，《国军编遣委员会进行程序大纲》。大纲规定："从全国编遣委员会成立之日起，全国军队一切权力都收归中央。将由国民政府下令，正式撤销国民革命军总司令部，各集团军总司令部，海军总司令部，各部队只能在原地驻扎，听候点编。"

李宗仁等人无语，一切军权归中央，中央不就揣在蒋介石的屁股裤兜里，想用就掏出来，不用就裤兜塞进去它。众人怒，各回各家。

谈不拢，只有开打。当然中央不是不讲理的人，谭延闿就是个会讲道理的人。

民国初年，因为学校伙食不好，湖南省立第一师范学校学生很是不满，想方设法地闹事。每天一开餐，敲盆子的敲盆子，拍桌子的拍桌子，扔砖头的扔砖头，捣乱的花样层出不穷，只有想不到的，没有做不到的。说好话不听，想开除不敢，不能把所有的人都开除吧？学校的领导没办法，只得请都督谭延闿出山。

谭延闿到了学校，很是低调，既没有找学生谈心，也不是找警察摆平，不声不响地在食堂门口贴了一副长联，长联云：

君试观世界何如乎，横流沧海，频起大风潮，江山带砺属谁家，愿诸生尝胆卧薪，每饭不忘天下事；

士多为境遇所累耳，咬得菜根，方是奇男子，王侯将相原无种，想古人断齑划粥，立身端在秀才时。

对联意思很明白，你们是来成才的，不是来吃饭的，就算是来吃饭的，古人，吃的还是菜根，比你们现在吃的差多了。

学生读了，鸦雀无声。脸皮再厚，不能当众说自己是冲着吃饭来的；如果说是为了成才而来，再因为吃饭闹事就说不过去了。

女人不狠，地位不稳；军心不齐，火力下移。打蛇打七寸。谭延闿深知釜底抽薪的重要性，还没开打，就先拉人。谭延闿与胡汉民等以五院院长的名义，和各地军人打友情牌，有国才有家，中国之所以受到外国欺压，就在于国家不统一、国人心不齐。现在中央为了大家过上好日子，想尽办法统一行动。希望大家弃暗投明的投明，扔枪的扔枪，不要为少数破坏国家的人当炮灰。

蒋桂大仗一打响，谭延闿就开始抢挖李宗仁的台柱子，想方设法地拉拢何键。桂系的势力在湖南，我就让何键做讨逆军第 4 路军总指挥，并拨款 70 万元。天下掉下个总指挥，何键心中高兴，即使不帮老蒋，也不会从背后捅刀子。何键果然不负厚望，对蒋桂争斗冷眼相看，让蒋介石很是高兴。

就在蒋介石和冯玉祥等人鏖战的时候，谭延闿突发脑溢血，医治无效，终年 51 岁。

好奇害死猫，溢血害死人，只是谭延闿为什么会脑溢血？这还得从湘菜说起。

成也湘菜，败也湘菜

成也萧何，败也萧何，萧何之于韩信，实在是不可轻言功过。湘菜之于谭延闿，只能说是生死缠绵、纠缠一生。

如果没有遇见谭延闿，湘菜仍然只是地方小菜，一切因为谭延闿才有了改变。谭延闿人称"民国第一吃家"，吃的有耐心，吃的有技术含量，吃的有文化素养，吃的还有做人哲学。

孔子曾说"不时不食"，意思是说只吃"时令蔬菜"，不吃反季节的。谭延闿的饮食观与孔子是一样的，不过在取材方面稍微有些不同。谭家的大厨菜在取料方面已经非常讲究：白菜要吃打霜前、萝卜要吃打霜后的，秋天的鸭子最好。

谭延闿把这种讲究发展到极致：比如说做咸蛋黄炒白菜心，大白菜一定得是晚上摘的，而且只要中间的嫩心来，因为晚上的白菜最鲜嫩。周围的穷人时不时地在谭家门口转悠，看能不能捡些白菜叶子回家吃。

做菜取材讲究，做法也是非常特别，谭延闿非常喜欢吃"神仙鱼羹"，这道菜做起来不是一般人想得出来的：先用砂锅炖土鸡，然后在鸡汤上方悬一条鲫鱼，用锡箔纸或牛皮纸将砂锅密封好。让鸡汤的蒸汽把鲫鱼蒸熟，等着鲫鱼肉慢慢地脱落掉进鸡汤，直到最后只剩下鱼头和鱼刺。再炖4~5个小时形成鱼羹。

谭家的厨师待遇也不一般，因为喜欢，谭延闿亲自封他做了自己的副官。厨子姓曹，原名敬臣，因为排行老四，所以人称曹四。曹四做得一手好菜，特别是鱼翅、鲍鱼、豆腐等。即使是行军打仗，谭延闿也把他带在身边，时不时地炒个小菜、喝个小酒，乐一乐。

谭延闿喜欢吃鱼翅，每餐必吃，每吃必饱，风雨无阻，雷打不动。有一次谭延闿到一个朋友家吃饭，主人知道谭延闿的爱好，就故意整他，说鱼翅和什么鸡、什么麦都是垃圾食品，吃起来和嚼蜡差不多。谭延闿也不说话，只是打个哈哈就过去了。喝酒喝得半梦半醒的时候，主人就请客人来点自助餐。问到谭延闿的时候，谭弱弱地问了一句："如果不麻烦的话，可以拿些蜡给我嚼一嚼吗？"

曹四这家伙也确实逗人爱。每次做菜，他都精心准备，从选材到操刀，极尽心思。等到客人开始动筷子举杯子，这哥们就躲在门后听，听他们对菜的评价，再加以改善。

谭延闿对吃很有研究，见厨子这么好学，就时不时地指点他，教他一些自己吃菜的心得。厨子日积月累，竟然创出一系列的菜谱。当时，好多人都以能品尝到谭家的菜为荣。谭延闿也因此荣登民国食界"四大天王"榜：鲁菜系的北京谭家菜谭瑑青，川菜系成都姑姑筵的黄敬临，粤菜系广州太史蛇宴的江孔殷。

曾经有人问谭延闿："谭家豆腐和别的豆腐有何不同？"

谭延闿回答说："豆腐虽属寻常的不值钱的东西，不过，佐治的作料却不便宜；口蘑是少不了的，千万不能用香蕈冒代；还有原味清蒸的鸡汤，这鸡也有讲究，过老的不成，过嫩的也不成，雄鸡不能替，抱蛋的鸡也不能用；豆腐要用小磨磨，用盐卤点。"

1929年"中东路事变"发生后，负责该路的督办莫德惠到南京，向蒋介石和谭延闿汇报事情经过。莫德惠提出要借曹厨子做一桌鱼翅席。谭延闿欣然同意。当时的物价便宜，一桌鱼翅席至多二三十银元，而莫德惠却拿出一百块大洋。曹厨子做好后，包括蒋介石都来赴宴，吃得满口流油，十分惬意。老蒋当着谭延闿的面说，以后有重要的国宴，一定请曹厨子去露一手。

每到用餐的时候，谭家都是宾朋满座，所以谭家的桌子和餐具都是特制的。谭家的桌子轻轻松松就能坐下十四五个人，筷子有一尺长。启大碗、大盘、长筷、大匙勺等这些后来慢慢地形成了湖南饮食特点之一。

啃着大肉，喝着小酒，一个朋友就出难题了，指着手中的酒瓶说："三星白兰地，大家快对对子。"席间沉默了几分钟，还是无人开口，谭延闿突然站起来说："'四月黄梅天'，未知妥否？"在座的人都服气，会元就是会元。后来又上了一碗"鸡丝汤"，有人提议再续一对，谭信手指着旁边另一瓶酒说："虎骨酒。"大家拍手叫绝！

谭延闿吃得开心，觉得大家好才是真的好，所以就和同乡何键在南京开了湖菜馆，生意火爆，以谭家的私家菜——祖庵菜为代表的湖南风味菜肴横扫南京。

因为老谭在吃这方面太有水平，每次谭家招聘厨师，各地名厨挤破头都要进来做事。不要工钱不说，还想尽办法慰问管事的：老大你太辛苦了，我代表我们全家、我自己，还有手中的这些银子对你表示衷心的感谢。厨师们算盘打得很精，只要谭延闿稍微指点一下，厨艺提高几个档次不说，一说是谭延闿的大厨，请的人眼睛就会发光，这件好处一辈子都受用不尽。

谭延闿一生喜欢美食，也有不贪美食的时候。夫人方氏死后，谭延闿在军中吃了一百天的素食。到了过年的时候，手底下就有人寻思：老大好久没开荤，嘴里肯定淡出鸟来，过年聚餐应该会打打牙祭、祭五脏庙。揣摩半天，嘱咐厨师整点会飞的、会跑的。菜端了上去，谭延闿泪流不止，却没有动下筷子。同座人大惊，半天不敢吱声。负责宴席的下属汗出如浆，十分狼狈。

谭延闿死后，曹四回到长沙，在火宫殿附近的坡字街开了一个餐厅。菜名祖安菜，店名健乐园，打的就是谭延闿的招牌：谭延闿字"祖安"，晚年自称健乐老人。当时，有很多省会纷纷开设湘菜馆，至此，湘菜逐渐得以兴旺起来。可以说，祖庵菜的形成与流传对正宗湘菜的发展有很大的影响。

美食吃起来爽口悦目，吃多了也是要付出代价的。因为营养过剩，谭延闿不仅得了高血压，右手还常常感觉麻痹。富贵人得富贵病，倒是实至名归，只是治起来有点麻烦，每天都要进行温水浴和电疗各一次。谭延闿也不在意，曾风趣地对朋友说："我一生好吃，现在每天被清蒸一次、烧烤一次，也算是以蒸还蒸、以烤还烤，今世恩怨今世了。"

谭延闿不到四十岁就发福，身体太胖，好朋友都劝他远离肉菜，吃素为主。医生多次劝他多吃蔬菜，少吃美味佳肴。开始他还比较注意，没几天就受不了一餐无肉的痛苦，又大吃大喝起来。医生跟他多说了几次，他干脆就把医生给辞了，并且跟人说："吃喝嫖赌，人生四大嗜好。嫖赌和我无缘，吃喝再戒了，做人也就没什么意思了。"

后来他到医院做检查，医生就和他说："从你的病情看，如果不注意，将来有两个死法：一是脑溢血而死，二是半身不遂而死。"谭延闿后来跟胡汉民说：如果上天再给我两个选择，那我宁愿选择第一个。半身不遂来去不自由，举动受制于人，实在让人受不了。

对于谭延闿的好食，有人很是不满，说谭延闿只会大吃大喝，却不知道谭延闿的吃中自有深意。

深意是埋藏很深的意图，有思想就应该大声说出来，为什么要埋藏得很深？埋藏很深，是见不得人，还是另有原因？

混也是一种本事

虎豹横行,豺狼当道。手无缚鸡之力,脚无踹虎之能,虎中走,狼中行,全身而退已是难事,与狼共舞又有几人能成?漫漫长路,千年岁月,唯有冯道。做人难,做冯道更难。

民国是什么,民国是提着脑袋吃饭、拽着砍刀夹菜的乱世。城头变幻大王旗,大王旗可以有很多,自己的头却只有一颗,丢了可就捡不回来。

对于乱世,谭延闿的母亲虽然出身寒门,却也说出了一番道理:"读书就是为了学做有用的人,如果只是为了追求富贵,那就没什么意思。我希望你们做一个有用的人,而不是希望你们骑大马、做高官。我跟着你们的父亲走南闯北,看得多了,就知道做官的难处。官职太小,没有话语权,有才不能用,有功不能得,无过背黑锅;官职太高,官威太重,常人不敢亲近,很难得到人心。我亲眼看到你们的父亲日夜反省,不敢有一丝懈怠。即使这样,他还是感叹自己想做的事不能由着自己的性子做,正在做的事又往往是自己不想做的,更不用说那些职位比他低的人了。你们的才识远不如父亲,现在也为官一方,我很是担心。"

对于母亲的担忧,谭延闿倒是不担心,他有自己的一套。谭延闿有一个名号叫"慈卫生",这个号除了纪念母亲,出处亦不简单,《道德经》第六十七章说:天下皆谓我道大,似不肖。夫唯大,故似不肖。若肖,久矣其细也夫!我有三宝,持而保之。一曰慈,二曰俭,三曰不敢为天下先。慈故能勇;俭故能广;不敢为天下先,故能成器长。今舍慈且勇;舍俭且广;舍后且先;死矣!夫慈以战则胜,以守则固。天将救之,以慈卫之。有了仁慈,进可以攻,退可以守,始终立于不败之地。

乱世民国,谭延闿以慈为本,以混为进,在各大强豪之间混得风生水起,日子不是一般的滋润。从前清的进士到民国的行政院院长,谭延闿一路官运亨通,上到九五之尊,下到屠狗之辈,他都能攀得上交情;三教九流,三山五岳还都需要他。

1912年，同盟会改组为国民党，谭延闿就不声不响地加入国民党。他一边当着国民党湖南支部的支部长，一边做着立宪派的老大。等到10月黄兴回长沙，谭延闿组织大队人马热烈欢迎，称黄兴为"开国元勋"，还把长沙小西门改为黄兴门，坡子街改为黄兴街。

辫帅张勋复辟以后，任命谭延闿做湖南巡抚。复辟在当时受到强烈反对，但局势不太明朗，双方分不出胜负。有一位记者就去采访谭延闿，问他有什么就职感言、会如何对待"圣命"。谭延闿没有摆架子，也没有说记者不提前预约，只是话说得不多，两个字：滑稽。张勋复辟滑稽？任命自己做巡抚事情滑稽？还是自己这问题问得太弱智，看起来滑稽？记者还在一头雾水，谭延闿已经施施然走了过去。

1923年，孙中山在广州任国民革命军大元帅，以谭延闿为内政部长。有一天，某湘籍将领求见孙中山，自称有机密大事要单独秉告，正在元帅府办公的谭延闿与胡汉民识趣，立刻退入厢房。那人进屋后，不知隔墙有耳，立刻向孙中山大进谗言，将谭延闿如何不可靠、如何不地道之类的话讲了几箩筐，孙中山捺着性子听他胡说八道，自始至终未置可否。那位湘军将领是有名的雷公嗓门，声音异常宏亮，退到厢房静候的谭延闿、胡汉民不是聋子，字字句句都听得分明。胡汉民从旁观察，只见谭延闿听了那人喋喋不休的混账话，神色泰然自若，丝毫不恼，竟连眉头也没皱一下。谭延闿这般休休有容的雅量自然令胡汉民折服不已。

等到老谭当了国民政府行政院院长，日子就更潇洒，上班只做三件事：打卡报到，看图说话，开会睡觉。事情重大、要担风险的，他就推给蒋介石或其他人，能者多劳是应该的。每次开会，他敲一下桌子，尊敬的女士们、先生们，我们现在开始开会，等到大家安静下来，他就开始睡觉。如果中间被人捅醒来发表意见，他就一个劲地揉眼睛，看情况：你们不同意，我就不出声，你们点头，我就赞成。事无大小，坚持三不原则：不负责，不建言，不得罪人。所以当时人明里暗里叫他"谭菩萨"。

当时胡汉民和蒋介石闹得很凶，所以对谭延闿只管盖章不问内容的做法很是不满。有一天，胡汉民实在受不了他了，跑到行政院大门口堵住他，气冲冲地质问：你身为行政院长，却大事不管、小事不理，难道跑到行政院是来混日子的么？老谭也不生气，笑了笑说："混日子没什么不好啊，混的作用大着呢。"

谭延闿不仅自己混日子，对于同道中人也很是欣赏。有一次，谭延闿遇到著名律师贝元昕，就问他这段时间怎么样。贝元昕的回答极其简洁："混。"谭延闿听了，拍掌大笑："说得好！鱼龙混杂是混，鱼目混珠也是混，混实在是个好东西！"

谭延闿五十岁生日的时候，一个叫张冥飞的湖南同乡为他作了一篇寿序，在报上发表，揶揄备至，侮慢兼施。文曰：

"茶陵谭氏，五十其年，喝绍兴酒，打太极拳，好酒贪杯，大腹便便，投机取巧，废话连篇……堂亦钤山，写几笔严嵩之字；老宜长乐，做一生冯道之官；用人惟其才，老五之妻舅吕（指吕苾筹）；内举不避亲，夫人之女婿袁（指袁思彦，谭延闿长女谭淑的丈夫）……立德立功，两无闻焉。"

把谭比做明代奸相严嵩和历四朝五姓、遭人非议的冯道，一时传遍大街小巷。谭延闿的许多同乡及其僚属都主张将张氏送交法院，治其侮辱长官及诽谤之罪。

据鲁荡平云，谭延闿读到此文后征求他的意见，鲁说："此等小事不足介怀，见怪不怪，其怪自败。昔者陈琳为袁本初草檄，辱及曹操祖宗。其后本初失败，陈琳被捕，曹操不加之罪，并委以记室。不如请张某来一谈，教训他几句。"谭延闿听后极为赞成，说："若衡（鲁荡平，字若衡），你的见解超人百倍，就在今晚请他来吃晚饭。"随即发帖邀张冥飞赴晚宴，由鲁荡平、吕苾筹等人做陪。

张冥飞一进门，谭延闿马上与他握手。席间，谭延闿请张上坐，并说："阁下你是我的好朋友，当今之人，没有不恭维我的，而阁下能骂我，实在难得，但是有过于揶揄之处。"见张面红耳赤，一味低头喝酒，谭延闿接着说："延闿如有不是之处，希望以书面告之，湖南有阁下这样的人才，延闿不知，深为抱歉。行政院并无好的名义位置阁下，只有四百元俸薪一月的参议，暂为屈就一时，并非因阁下骂了我，我即委你做官，实在是阁下的文笔雄俊，借重长才。"张冥飞饭后逢人便说："谭畏公真伟大"。一年后，谭延闿去世，张冥飞抚棺恸哭："平生知我者乃谭畏公也。"

混是种手段，也是种无奈。身处乱世，常人只想兵强马壮、手下计谋多端。谭延闿的副官不错，使得一手好刀，做得一手好菜。谭延闿的用意很简单，别看我有枪有炮，我最喜欢的还是菜刀。要打架，单挑群殴随便你，鱼翅、鲍鱼、豆腐是暗器。吃人嘴短，拿人手软，脸皮再厚，谁也不会和一个只想一饱口福的争天下。

谭延闿混得天昏地暗，心里其实非常明白。1927年，国民政府定都南京后，湖南有人向谭延闿贺岁，有人就引用陈抟称颂赵匡胤的话说："天下从此大定了。"谭延闿看了看左右，低声说："你们看，这哪里有开国的气象，又有几个像开国的人物？"这个位居"宰相"高位的谭延闿竟说出这番话来，说明他对时局看之甚透。难怪他劝人一个"混"字。

张冥飞痛骂祝寿，胡元倓却是特意作《慈卫先生五十寿言》为他祝贺。1903年的夏天，胡元倓等人为扩大影响，特请刚中举人、从北京会试回家乡的谭延闿到明德学堂参观，并请他当学校的校董。谭延闿见明德学堂的教师素孚众望、德才兼备，学校的管理有条不紊，于是欣然应允担任明德的校董，并以母亲李太夫人的名义，慷慨捐献黄金千两作为学校经费，承诺每年承担英文教员薪金一千元。这两笔款项在当时可不是一个小数目，明德学堂的开办经费也仅有两千元。1935年，胡元倓在诗集《耐庵言志》的序言里说到了他四处筹款的事："明德学校成立，今十有二年矣。其初三年，元倓与黄溪同任校事，不敢一日离，后经祖安、筱棠两友担任校内董事，倓遂终身为校款奔走。"

对于谭延闿的混，不同的人有不同的看法，有人称他为"民国一完人"，说他是"休休有容，庸庸有度"的大政治家，有人称他为"党国柱石"、"药中甘草"，也有人说他是八面玲珑"水晶球"、"伴食画诺的活冯道"。但有两件事，只要知道谭延闿的人，只说一个字："赞"！

谭延闿虽然没有赞自己，却特意刻了一枚章子，有事没事用这个章盖个印。谭延闿的宝贝是什么，人们赞的又是什么呢？

赞的就是你

安化黄凤歧老先生一代宗师，能文善武，弟子如云，在入室弟子中，最出名者又只有大小两谭，大谭谭嗣同，小谭谭延闿。大谭、小谭和陈三立并称"湖湘三公子"。

但令小谭同志不高兴的是，同是湖南三公子，老师黄老先生人前人后向来只赞大谭，基本不提小谭。虽然有意见，但没有绝对说服老师的事实，小谭同志卧薪尝胆很多年，把不服一直潜伏在心里。

机会总是属于有准备的人，那一年，小谭高中会元，这是清朝人关二百多年以来湖南唯一的会元，当真是倾国倾城倾湖南。

小谭大是高兴，借着酒意问黄老先生："先生，现在弟子是不是可以和师兄一较长短？"

黄老先生沉吟再三，答道：有，你的字比他的字写得好看。老先生的话不是夸他，谭延闿的字早就受到翁同龢的赏识，翁同龢在给谭延闿的父亲谭钟麟的信中写道："三令郎，伟器也！笔力殆可扛鼎。"

满座无言，小谭有点气，老师这是护着师兄，我这会元倾国倾城倾湖南，难道就倾不倒你，看样子我得逼宫了，于是站起来给老先生做了个揖：老师，除了字，学生当真的没有一事可以和师兄相比了吗？

黄老先生又想了一气，答道：要是打架，你一个打他三个。

倾国倾城倾湖南的会元不入黄老生的法眼，能入黄老先生法眼的竟然是小谭同志的字，你说这字该有多好。

胡汉民是民国四大书法家之一，对于书法，一向是眼过于顶，有一次却是郁闷了好几天，在家里把谭延闿文件揣摩来揣摩去，也揣不出个一二三、四五六来，这家伙什么时候创出自己的字来了？

胡汉民忍不住，又放不开身价请教谭延闿，只好找了机会逮着谭延闿的秘书问："你们家老谭最近练的是哪家的书法？"

秘书挺逗："他那方法一般人学不会，先是洗手、切菜，然后割手，最后写字。"

胡汉民当场有点晕，欲练此功必先自宫，就算自宫未必成功，书法中间再加上做菜的心法，自己真还做不到，不过那字不服不行。

谭延闿的字其实练得一点也不轻松，政府有要求，老爸有任务，在那个科举飘飘的年代，没有一笔好字，得不到圣上的青眼，什么学富五车都白搭，圣上看不到你的相片，只好看字打分了。老爸谭钟麟的要求也不低，谭延闿每天要写一篇文章、一首诗，还要写大、小楷数十页。1929年4月，谭延闿在上海养病，其间还临了203通。书法益臻朴茂，可见谭延闿于颜书之勤。

不过，就《年谱》记载而言，谭延闿真正倾情书法，恰好在他政坛失意之后。谭延闿第一次督湘的时候，因为反对袁世凯称帝闹独立被袁世凯褫职，之后隐居在上海，是岁（1914年）"始临麻姑仙坛记凡二十通"。官场失意，倒把谭延闿逼出了一手好字。

谭延闿担任湖南都督的时候，经常有人来求写字。冬天还好，夏天就不行了。因为太胖怕热，谭延闿常常是打着赤膊，手中拿着蒲扇猛扇，绸质长衫就随意地搭在椅子背上。听到客人来了，拿起长衫往身上一套，接着拿起蒲扇一阵猛扇。

谭延闿写字不拘不限地方，明窗净几也好，乱哄哄的一片也行，拿起笔就写。他写字的姿势也很随意，有时坐，有时立，有时躺在藤椅上懒得起来，就命人把纸悬空拉开，然后一挥而就。

等到客人一走，谭延闿又把长衫脱下来。像这样穿上来、脱下来的脱衣秀都得十几次，老谭也不生气，有求必应，应则必灵。

谭延闿楷书点如坠石，画如夏云，钩如屈金，戈如发弩，竖画多用悬针法，起笔沉着稳重，顿挫有力，使人感到貌丰骨劲，味厚神藏。一洗清初书坛姿媚之态，所不足者，少自家面目。他的行书是将刘石庵与钱南园相互熔于一炉，其点画之丰满圆润、挥洒从容乃似石庵，而浑健苍劲，体势疏朗，气势夺人处又似南园。中山陵半山腰碑亭内巨幅石碑上"中国国民党葬总理孙先生于此"两行巨大金字，就是谭延闿的手书。

于右任先生每次谈到当时人的书法，就一定会说："谭祖安是有真本领的。"马宗霍在评价谭延闿的书法说："祖安早岁仿刘石庵，中年专意钱南园、翁松禅两家，晚年参米南宫，骨力雄厚，可谓健笔。"洪丕谟在《古今书法名作鉴赏大成》里说他的书法："雄浑博大中跃出清气……卓然突立于民国书坛。"《中国书法史话》上说，以政界巨头而对书法有极高造诣，这在几百年间还很少见。他（谭延闿）在当时可谓是学颜第一人。

颜真卿书最能体现"礼仪中国"的风度、规制与节制，有人觉得谭延闿一生之所以偏好颜书，可能和他仕宦生涯有很深的关系，他似乎在借此平衡乃至平息内心的某种冲突与忧伤。这一倾向也见诸谭延闿的诗歌创作。

因为谭延闿突然去世，所以他的诗生前从来没有公开出版发行过，现在流行于世的《慈卫室诗草》、《粤行集》、《讱庵诗稿》均为手稿影印。通读谭延闿的作品，给人最突出的印象居然是憋屈、沉闷、压抑，让人根本感觉不到一个得志人物的得意与嚣张。

诗是谭延闿写给自己自娱自乐的东西，或许就在不经意间透露了谭延闿内心世界的秘密。在诗中，"谁识情怀与世违"之类的情怀频频出现。在现实中，在别人眼里，他是圆转自如的水晶球、左右逢源的玻璃丸；在诗中、在他自己的笔下，谭延闿始终是郁郁寡欢的，也是孤寂的。

谭延闿是孤寂的，没有人能读懂他，但马可以。

宋美龄曾经在叶挺那里见到一匹好马，喜欢得不行，翻身就要骑上去。叶挺眼疾手快一把扯住她，说："这马脾气暴，骑不得，才买回来几天就已经摔伤了好几个训马高手。"

宋三小姐不服气，硬要试试。还没有走过去，那马丝毫没有怜香惜玉的心情，抬腿就踢，也不管你是倾国倾城，弄得不好就让你变成"绝世佳人"。

宋美龄见这马一点不给面子，当场就发下狠话：今天算你狠，明天让我阿哥来教训你。宋美龄口中的"阿哥"不是指宋子文，而是她的干哥哥谭延闿。两个人婚事不成缘份在，所以认了干兄妹，关系好得不得了。

第二天，老谭就陪着干妹妹来了。谭延闿慢慢地向马走去，那马居然不踢他。谭延闿一边轻轻地抚着马背，一边附在马耳朵边轻言细语，那马居然老老实实地贴在他的身边，时不时地把头往他怀里钻。

叶挺松了一口气，还好，今天不用叫大夫了。宋美龄对着叶挺笑了一下：你就吹吧，就这温良如玉的脾气还暴？

两个人正等着谭延闿翻身上马，老谭回头招呼宋美龄过去，扶她上马，告诉她想怎么跑就怎么跑，想上哪就上哪。

宋美龄策马驰骋，马居然十分听话，再没有一点脾气。

后来很多人都说老谭通马语，当然是笑话，但老谭自深通马性确实是一时无二。

谭延闿从小就非常喜欢骑射，父亲谭钟麟特意请了一位叫黄凤歧的老师来调教他。凤歧是安化县名儒，不仅深谙儒学，也擅长武功。据说，他的硬气功很是了得，能够一掌劈断叠成四尺多高的砖块。

辛亥革命以后，谭延闿做了湖南都督。因为老谭以文章扬名江湖，以前从来也没和军界打过交道，所以军队里人从不把他放在眼里：文弱书生，缚鸡无力，屠狗不行，听见枪声，拜佛求神。

谭延闿为人又太温吞水，还没开口已是三分笑，也从不发脾气，军中就送他一个"谭婆婆"的外号，湘军上下表面尊敬，心里却并不把见人就笑的谭婆婆当回事。

有一天，老谭就定了规矩：每天清早搞军事操练，都督府连长以上的官员都要跟着到省教育会体育场跑马。规矩一公布，都督府的军官们就有人赌上了：是马先累趴下，还是胖子谭先累趴下。

没想到一上校场，老谭打马一路狂奔。刚开始大家还能跟着跑，十几圈跑下来，已经开始有人主动退场，跑到四五十圈后，全场就只剩了一个大胖子一匹马，马如龙，人如枪。

虽然当了都督，每天早晨谭延闿依然会骑马到外边跑上一圈。在他的马栏中，养有白、黑四匹宝驹：一名白龙，一名小白龙，一名风云飞，一名乌云盖雪；谭延闿特意找齐白石刻了两枚印章：一枚是"生为南人，不能乘船食稻，而喜餐麦跨鞍"，另外一枚还是"生为南人，不能乘船食稻，而喜餐麦胯鞍"。开个玩笑,你以为人家像你啊,这样写文章:家里种了两棵树,一棵是松树,另外一棵还是松树。

谭延闿高官有做,好酒有喝,好马有骑,八面玲珑,混功盖世,然而也有他混不过去的时候。

谭延闿人称混世魔王,他又有什么不能混过去呢?

宿命

宿命是什么?

没有人知道,只知道有些事必定是那样做,有的人注定要牵手,而有的人只能怀念、不能相见。

即使是上帝,也有他的宿命。上帝虽然是万能的,却也举不起他举不动的石头。每个人都有他的宿命,我的宿命是注定要写这段文字,你的宿命则是逃不出本书的吸引。

谭延闿是人,他的宿命又在哪里,又是什么?

据《茶陵谭公年谱》记载:1880年12月14日(农历)夜里,谭延闿父亲谭钟麟晚上睡觉时候,忽然梦见嘉庆年间的进士、曾经官至工部尚书、户部尚书的湖南道县人何凌汉来到家中,走到自己面前低头就拜,于是一下子就被惊醒了。

谭钟麟正在神魂不定,不知道是祸是福,家人就跑来禀告他:李夫人刚才生了一位公子,才知道何凌汉投胎做了自己的儿子。因为谭钟麟对湘潭的大学者王湘绮(字闿运)的才学推崇备至,所以把刚刚出生的儿子取名为"延"(后来又将其他几个儿子取名为恩闿、泽闿,并把他们兄弟几个送到王闿运门下接受知识改造);又因为何凌汉的谥号是文安,于是给谭延闿取字号为祖安。

何凌汉从小就异常聪明、好学。年仅16岁就在州、府两次考试中名列第一。1805年，何凌汉参加殿试，本来成绩是第四名，嘉庆皇帝认为他不仅文笔出众，书法也好，特意提拔为第三名，并且让他做了翰林院编修。谭延闿也是少年有成，14岁就中了秀才，22岁中了举人，1905年更是高中会元，成为清朝200年来湖南第一个会元，参加殿试后被授予翰林庶吉士。

何凌汉长于诗文，海内推重，朝廷重大训诰册文大多出自他的手笔，朝鲜、琉球到清朝进贡的使者常常向他索要书法。何凌汉是来者不拒，为此干脆专门写了一部全唐书放在家中，谁要了随时拿出来就行。

老谭在广东军政府当大元帅府秘书长的时候，孙中山的所有来往公文都是由谭延闿操刀，仪式典礼也是他主持。因为经历的事多了，自然也有有趣的故事。

乙未祭日，孙中山照例又要在全党全军公开祭祀陆皓东。陆皓东是在1895年的广州起义中被捕牺牲的，孙中山后来称誉他是"中国有史以来，为共和革命而牺牲第一人"。

主祭的人换成汪精卫，汪精卫一时不习惯，这种事一向是老谭做的，怎么今天换成我了，我一点准备都没有。于是私下跑去问老谭：你今天想偷懒吧，该你做的事推到我头上了？

老谭也不和他计较，只是含糊说道：你先写祭文，写完再说。

汪精卫没有办法，只好回去写祭文。怀念烈士，自然要痛骂阶级敌人、批判杀人屠夫，汪精卫刚要提笔就写"满清走狗谭钟麟"，立马醒悟过来：儿子英雄爹混蛋，儿子再英雄，也不能骂自己老爹。哪有老爹杀的人，儿子又来主祭的道理。

谭延闿讲孝道，何凌汉对孝敬长辈则感天动地。何凌汉年轻的时候，有一次在雷雨交加的夜晚赶路回家探望生病的父亲，正找不到北，天空中忽然出现一盏灯，慢慢地向前飘去，指引着他回到家中。

对于何凌汉的评价，也有另一种说法。在吴家桢的《金陵纪事杂咏》中有这样的诗句"巨奸已死犹遗臭，九子岭头狗葬村。"秦桧的墓地在当时被称为狗葬村，而何凌汉的墓就在九子岭。另外还有"家藏金穴易钻营"这样的诗句，意思是说何凌汉贪婪，好财。如果照上面所说，何凌汉不仅是一个像秦桧那样的大奸臣，而且是一个被人唾弃的、贪污受贿的、巧于钻营的赃官。

当时人对何凌汉的评价是褒贬不一，谭延闿受到的评价也是好坏各半，从何凌汉到谭延闿只不过是一次重演，或许这就是宿命？

谭延闿的老爸谭钟麟不仅自己精于"麻衣相法"，也喜欢请看相高手为家人看相。有一次，谭钟麟听说了一位姓杨的看相先生很厉害，就迫不及待派人把先生请到家中。

杨先生和一般人的看相不一样，一般人看相顶多一两天，他老人家在谭家一住就是一个多月。谭钟麟知道异人多异事，也不多问。过了些天，杨先生找到谭钟麟，首先就叫他把闲杂人等、家属撵了出去，然后说："大人，我到府上也有一个多月了，仔细地看了看，三相公将来的名位、勋业均在大人之上，不过政绩恐怕远远不如大人。"谭钟麟还想细问，杨先生竟然起身而去，不知所终。后来果然如杨先生如言，一切自有天定。

谭延闿在1923年4月18日的日记中写道：吴铁城介绍卢毅安为谭和朱益之、周公谋看相。卢毅安其言吾过去事八九合，云我五十一二有风波。谭延闿死时正好五十一岁。

每逢元旦，谭延闿都要写一首或者几首新诗迎新年，或即时写景，或抒情感。谭延闿1930年的元日诗《庚午元旦》末句是"我忆童时犹昨日，居然最后饮屠苏"，古时饮屠苏酒，方法很别致。一般人饮酒，总是从年长者饮起；但是饮屠苏酒却正好相反，是从最年少的饮起。也就是说，合家欢聚饮屠苏酒时，先从年少的小儿开始，年纪较长的在后，逐人饮少许。"少者得岁，故贺之；老者失岁，故罚之。"宋朝文学家苏辙的《除日》诗中道："年年最后饮屠苏，不觉年来七十余。"苏辙饮完这最后的屠苏一年左右就去世，谭延闿也是一年左右就病逝，"我忆童时犹昨日，居然最后饮屠苏"竟然成了谶语。

谭延闿临死前到小营骑马检阅，不小心而掉下马来，因为中风不治而亡。有人说他坏事也就坏在了一枚刻有"马癖"两个字的闲章上。因为"马癖"中的"癖"字是因"病"而得之，而其"病"则又因"马"得之，所以说"马癖"一语成谶。

谭延闿的日记中有这样的记载：刘骥来，云有一马见赠，则尚未至。冯焕良往陕，亦将寻良马见赠。人不可有嗜好，尤其不可令人知，吾将以此为累矣。

这一次，谭延闿真的为马所累。瓦罐不离井上破，将军难免阵中亡，"马癖"难逃马儿累，是命，还是数？

国葬

谭延闿死后，蒋介石下令全国降半旗志哀三天，停止一切娱乐活动，还专门选定灵谷寺东的风水宝地为他修陵墓。

1931年9月4日，国民政府在南京为谭延闿举行了盛大的"国葬"。蒋介石当时还在武汉指挥战事，仍然专程从武汉前线返回，亲自为谭延闿执绋主祭。

谭延闿墓由著名建筑师杨廷宝（人民英雄纪念碑的设计者）等人设计，一反通常陵墓中轴对称的常规，借原有山水地势，倚山构筑曲折幽深的墓道，并布置具有江南园林风味的墓园，因而不落俗套，具有独特的风格。在中山陵园众多享受国葬礼遇的名人墓葬中，他的墓葬是最有特色的，除了国父，无人能出其右。

墓道为水泥地面，蜿蜒曲折前伸大约有200-300米，跟中山陵的巍峨宏大相比，谭延闿的陵墓更加显得婉约秀气，这也符合他的人生哲理，不显山露水，反倒看上去像是一座花园，途中有座未完成之建筑，名曰"待祭堂"。谭延闿是湖南人，去世之后，湖南省政府聊表意思，本来想在这里修建一座待祭堂，以供人们祭扫时休息。谁知道工程开工没几天，抗日战争爆发，工程就此作罢，抗日战争胜利后，再也无人提及。

墓道虽然弯弯曲曲，进入墓地，大有豁然开朗之感，汉白玉的祭台，牌坊，石狮，花盆，宫殿般的祭堂，大片的草坪，莲花池，方亭，颇具江南园林的风致，凸现出墓园的奢华与别致。草坪两侧对称布置汉白玉华表、石狮、花盆等，造型精美，都是圆明园的遗物。日军侵占南京的时候，祭堂里陈列的珍贵文物大多不知道去向。

蒋介石对谭延闿的死悲痛万分，这或许是因为蒋介石一生都视权力为生命，谁也不能动他一丝一毫，所以，谭延闿在他的眼中就是一个大大的好人。谭延闿一死，他还真难找出一个既肯效忠他又不肯跟他争夺权力的主席了。

谭任军长时的副军长鲁涤平就对这位老大很是感激，在他死后，鲁用民脂民膏为谭建了墓园。墓园坐落在南京紫金山前的名胜流觞曲水上，借地造园，沿着曲折跌落的曲水，筑有亭、台、阁、坊等，布置精巧，相映成趣。迎溪建有"临瀑阁"，正面的楹柱上撰有一副对联。

孙中山称他为"一时人望"；蒋介石称颂他"文武兼资"、"党国英奇"；胡汉民赞赏他"休休有容"、"和气中正"，誉以"药中甘草"；于右任称他为"民国一完人"。青年毛泽东曾称之为"乡邦英俊"。几十年后，毛泽东仍评价他是"一个聪明的官僚"。

1979年，九十岁的何应钦追忆谭延闿时说："谭先生待人诚恳，是仁厚长者。处事缜密思考，不轻下判断，往往料事如神。"

陈立夫对谭延闿的评价是："谭延闿先生拥有宰相之才。""谭先生真聪明，可以一目十行。"陈立夫曾经回忆说："我曾经不相信谭先生能够一目十行，所以有一天特意找机会验证。我先将一件公事看得非常仔细，谭先生来了，他拿起公事，正面一看，就翻到反面看看，只见到很快地翻了几下，他就将公事放下了。我立刻向他提出问题，谭先生都回答得清清楚楚，对公事的内容很熟悉。这时，我才相信，谭先生真有一目十行的本领。"陈立夫说："聪明、经验和国文基础的深厚，才使得谭先生有着快速阅读的能力。"

赵恒惕本来是谭延闿的心腹干将，后来两个人因为争夺湖南地盘而交恶，从此两个人恩断义绝，谭延闿对赵恒惕的背叛耿耿于怀。后来蒋介石想重用赵恒惕，被谭延闿轻轻一句"此人不可靠"断送了大好前程。即使如此，晚年的赵恒惕对谭延闿也是赞颂有加：

谭公记忆力极强，掌故极熟，对古今名人名、讳、别号，均能过目不忘。除习书法外，别无嗜好。唯于政治，极感兴趣。余每谓谭公为极适合之行政长官人才，盖别无旁骛，专心一志于政治也。担任总统府幕僚长，尤为一等角色。尝任广东大元帅府之秘书长，卓著功效，其后遂任国府主席。下笔既敏捷，尤长于周旋应对，且精力过人，能同时会客、批公文、听电话，八方应付，面面俱到。

千人眼中千面佛，然而很多人都很认可谭延闿幕僚谢奄对他的评价："谭祖庵出身科第，而无科第骄人之习；身为贵公子，而无裘马轻肥之狂；是名士而无白眼看人之习；是六朝人而无稽元之疏放；有谢安救世之怀，而不狎东山之妓；有曾左匡济之心，而不学其硬干。然则祖庵果为何等人乎？则答之曰：祖庵为一个诗书涵养之雅人，为一个审时度势之政治家。总而言之，可以称之为一个绝顶聪明人。"

谭延闿墓

徐 谦
上帝救国也疯狂

　　进士出身却又反了朝廷,精通法律却又信了上帝,护法不成转而相信基督救国,身为国民党员,同共产主义走得更为亲近。一个紧跟时代潮流的人,一个与时俱进的革命家。

小 档 案

姓名字号：徐谦，英译名 George Hsu，字季龙，黄山樵客
籍　　贯：安徽歙县徐村人，生于江西南昌。
生卒年月：1872 年—1940 年 9 月 26 日
毕业院校：法国巴黎大学
最高职务：民国主席

家　　世：

高祖——徐阆斋，清中期著名学者、书法家。

曾祖——徐宝善，字廉峰，嘉庆二十五年（1820）进士（二甲五十二名），授翰林院编修，累官至御史。

兄弟姐妹——兄徐齐仲。

简 历

1872年——生于江西南昌。

1902年——任扬州首家官立"笃才学堂"英文教师。

1904年——应试及第,成为光绪朝进士,进入法国巴黎大学学习法政。

1907年——毕业以后,先后任翰林院编修和法部参事职务,主持制订全国的新式法律。

1908年——任京师地方审判厅厅长。

1909年——任京师高等审判厅检察长。

1910年——参加国际司法会议,并考察了英、法、德、俄等国的司法制度。

1911年——辛亥革命爆发,回国辞去京师高等检察长的职位。

1912年——在上海成立国民共进会,任内阁司法部次长。

同年——为国民党参议。

1913年——发表《布告国民》,鼓吹武装反袁,加入了基督教圣公会,组建全国基督教救国会。

1916年——任黎元洪内阁司法部次长,任段祺瑞内阁的司法部次长,并负有联络国会中国民党党籍议员之秘密任务。

1917年——任孙中山广州军政府秘书长。

1918年——为军政府司法部长,发起组织"全国基督教救国会",任执行委员。

1919年——以观察员资格参加巴黎和会,回国后,被聘为天津《益世报》主编。

1920年——和钮永建一起去汉口会晤冯玉祥,以争取冯部参加国民革命,任军政府司法部长。

1921年——任孙中山政府最高法院院长。

1922年——任北京政府王宠惠"好人内阁"司法总长。

1923年——任岭南大学文学系主任,并创办了《评议日报》,任中俄庚款委员会主席,同李大钊成为战友。

1924年——为国民党中央政治委员会北京分会委员、国民党驻国民第1军(冯玉祥兼军长)党代表、任俄文法政专门学校校长及中俄庚款委员会主席等职。

1925年——主持"国民会议促成会全国代表大会"。

1926年——组织召开"国民示威大会",随冯玉祥访问苏联,任国民党中央执委兼广州国民政府司法部长。

1927年——当选为中央常委和军事委员会主席团成员。"武汉政变"发生后,寓居香港,重开律师生涯。

1928年——国民党二届四中全会停止徐谦中央委员的职务。

1931年——组织"抗日联合会",积极宣传团结抗日的主张。

1933年——任"中华共和国人民革命政府"委员兼司法委员会主任委员、最高法院院长。

1934年——返回香港。

1937年——任国防委员会委员。还曾任国民党北京分部主任、福建国民政府委员等职。

1940年——病逝于香港。

惹老佛爷烦的老头

青春少年样样红!

徐谦这名字虽然带了个"谦"字,文章、字体可一点不谦虚,文华阁大学士戴鸿慈看得满心欢喜,这文章、这字体,手中笔一点,满园春色,探花实在是件美事。

戴鸿慈欢喜不过,徐谦是个好同志,春天既然已经来了,不如也通知他一下,免得到时错过了风景、糟蹋了好心情,于是派了人屁颠屁颠地跑到徐谦家报喜:恭喜发财,红包拿来。探花轮流做,今年到你家。

徐谦家一下子炸了祸,探花,万中挑一——探花。徐谦更是心头一喜,终于出头了,这些年我容易吗?

徐谦的确不容易。

徐谦四岁就死了父亲,家境一直不好。等到成了年,徐谦一琢磨:靠山吃山,靠水吃水,自己既不是"此山是我开,此树是我栽"的主,也不是浪里白条水上漂,只好发挥资源优势了。徐谦从小就和孔孟很熟,虽然没有视频过,之乎者也却是能够信口道来,于是就在扬州千山堂当了"之乎者也"先生,靠着学生养活自己。

1902年2月,扬州创办首家官立"笃才学堂"急缺英文教师,听到东台的徐谦精通英文,于是甘泉县知县谢元洪亲自出面,聘请徐谦出任"笃才学堂"的英文教习。徐谦见有捞外快的机会,就答应了他。

骑马本来是很拉风的事,可是从扬州一路骑马到北京,这风拉得有点大,白天骑马赶路,晚上还得喂马看书。

骑过马的腿还在痛,不过徐谦很兴奋,再一次跨上马背,风雨中这点痛算什么,披红戴绿、当官受封已是美事,园中探花更是添花。

徐谦高高兴兴地去,却不是高高兴兴地回,探花探花,一不留神就变成了老八。

这边徐谦不高兴,那边戴鸿慈也挺纳闷:"怪事年年有,今年特别多。

明明是自己头天点的探花，怎么就一下子变成老八。夜路走多了就会碰到鬼，自己也没得罪什么人，再说那文章、那字体，想鸡蛋里挑骨头，那是不可能。"

戴鸿慈越想越纳闷，越想越好奇，到底是哪个环节掉了链子。后来一打听，才知道都是徐谦那手字惹的祸。

老佛爷什么都不缺，要说缺什么，心眼老佛爷肯定是不缺的，老佛爷缺的是人才。人才难得，老佛爷就很重视人才的选拔工作。

发榜前的晚上，老佛爷打开卷子一一查阅，第一第二看得老佛爷心中高兴，到了第三名，老佛爷有点不高兴：文章倒是不错，只是这考生年纪有点大。要不是老头子，年轻人能写出这样遒劲的字？红花配绿叶，探花配老头，我堂堂大清，总不能让一个糟老头子做了探花，糟蹋了探花的名头事小，坏了大清的威仪事大。再往下一翻，我喜欢，第八名的字写得秀丽端正，这字，探花正合适。

老佛爷一言九鼎，想翻案别说徐谦不可能，就是当今皇上光绪那也是不可能完成的任务。徐谦就有点郁闷：这次亏大发了，早知道这事，我就少练几捆纸，还能省几两银子。徐谦家家境不好，买变形金刚这样的玩具买不起，他老妈东挪西借，花了一百两银子买了一房子的土纸，让他天天练字玩。言多必失，话多必烦，徐谦字练多了，秀丽也就完了，只剩下遒劲了。

徐谦老妈倒没有郁闷，总算祖宗有灵，老佛爷没说七十五岁以下不得当进士，再说吃亏也是福。

老妈的幸福感染了徐谦，罢了，我就"从良"了吧。

"从良"，老妈喜欢，清朝廷也喜欢，特别是有用的人、喜欢"从良"的人。老婆是别人的好，孩子是自己的好，人才当然是自己培养的好。

1904年，清朝政府公费派徐谦去攻读法律政治科。

曹营

二十一世纪最缺的就是人才。

人才是培养出来的。

大清心里明白，也做得很不赖，国家出钱，学生满脑门子只管读书，回来还管分配。

大清知道的，同盟会也知道，只是实在没法和人家国家队比。国家队有福利有津贴，还有优良的售后服务。同盟会有的，被砍头、被通缉，人国家队看不上。

徐谦参加了光荣的同盟会，并光荣地被派到南洋群岛，协助孙中山筹款，秘密地进行反清活动。

同盟会没有福利，没有津贴，也没有优良的售后服务，不过同盟会有一样东西大清没有，那就是挖别人墙角。破坏总是比建设更容易，挖别人墙角的难度系数总比砌墙的系数低。

1907年，徐谦结束在巴黎的学习，但他并没有留在法国帮同盟会做事，而是回到中国，先后担任了翰林院编修、法部参事，主持制定全国的新式法律，参与拟订《司法制度改革条例》。

1908年，徐谦就任京师地方审判厅厅长。在主持京师地方审判厅的一年中，他处理了历年来的积案达千余件，深受好评，1908年升任京师高等检查长。

1910年，徐谦与奉天高等审判厅厅长许世英二人代表中国到赴美国华盛顿参加了"第八届世界改良监狱大会"，并考察莫斯科、柏林、罗马、巴黎、伦敦等地监狱及审判制度。

监狱本来是没什么好看的，不是男犯人，就是女犯人，不男不女的犯人可能也有，但徐谦他们不得不看，中国的监狱此时正承受着世界各国的无上轻视。

1907年，中国被抑为"三等国"，作为一个拥有4亿人口的帝国，其羞辱是难以承受的。"不平等之名誉一日不去，即国人忍垢蒙羞、痛心疾首一日。"不过清朝当时受外国最大之批评就是司法黑暗，所指责的内容是有清律无民法，用砍头的办法执行死刑、监狱不好等。

西方国家甚至多次向清朝皇室表示，如能改革上述司法之缺失，当可解除不平等条约。西方国家以中国"未开化"、没有能力作出公正审判为理由，采取强压的方法保护侨民单方面的治外法权，也就是领事裁判权，严重侵犯中国的主权。

针对外国人对中国的指责，徐谦提出了五项修订法律的建议：一，分别民事、刑事；二，重罪减轻，轻罪加重；三，停止赎刑；四，法律面前，男女平等，同工同酬，同罪同罚；五，次第停止秋审复核。

建议很简单，但中国的司法独立制度从此树立初基，复杂的事物总是从简单开始的。

有钱是件好事，但有钱未必有命花。有缘牵手，却未必有份偕老。徐谦的建议虽好，清朝已经没有机会去实现。

不是清朝不想实现，只是有人不给他机会。

共和

不给朝廷机会的是湖北革命党人。

给敌人机会，就是对自己的伤害。对待同志要像春天般的温暖，对待工作要像夏天一样火热，对待敌人当然要像秋风扫落叶一样。

当端方率领部分湖北新军到四川镇压保路运动，武昌的革命党人就知道自己的机会来了。

10月10日的第一枪响了以后，短短两个月内，湖南、广东等十五个省纷纷脱离清政府宣布独立。

徐谦权衡大势，于是向朝廷上奏折，请宣统皇帝溥仪退位。溥仪退位以后，徐谦是清宫财产保管委员会的委员之一，易培基是该委员会主任委员，一同去清查清室财产。徐谦在文华阁看到了当年自己的翰林考卷，就顺手揣在兜里，带回了家。

1912年初，徐谦和伍廷芳、王宠惠、许世英等人一起，在上海成立了国民共进会，由以伍廷芳为会长，王宠惠为副会长，以"完成健全共和政体"为目的，反对袁世凯的独裁专政。国民共进会有政纲8条，主要为：灌输国家思想、增进国民道德、维持地方秩序、改良社会习惯、提倡尚武精神、筹备平民生计等。

《共和联邦折中制商榷书》就是出自徐谦的大手笔，主张在中国成立"联邦共和国"，立法、司法集中于中央，行政则分权到地方。

徐谦考察了美法诸国革命建国的得失，结合中国的历史，提出了自己的建国思路：中国由数千年的君主制一下子转变为共和，由于时间太短，历史遗留问题很难一下子解决；采取联邦制的形式，行郡县的精神，立法、司法采取郡县制，行政则采取联邦制，才能确切达到巩固共和的目的。

但当时国内绝大多数人仍然侧重统一建国的传统，国际上更相信袁世凯是建立强有力的中央政府的适当人选。因此，徐的主张并没有引起众人的注意。直到1917年戴季陶发行《中华民国与联邦组织》一书，特意请徐谦作序，徐的主张才得到共鸣。

1912年4月袁世凯接任临时大总统后，委派唐绍仪组织内阁，由王宠惠出任司法部总长、徐谦任次长。徐谦就任后，立即草拟法院编制法，力主实行"三审四级制"，在各县设立审判厅和检察厅，以推行司法独立。

徐谦想在中国推行司法独立，袁世凯的眼中连《临时约法》都没有。都民国总统了，发布命令还得内阁在后面签名，不签字还不成。俺老袁没有那么肤浅，不像那些人纯粹一个追星族。俺老袁即使要追，追的也是七姨太那样的美人。

为了不让全国人民把自己看成追星族，袁世凯修改了《临时约法》中"关于总统颁布命令须经内阁副署"之规定。内阁总理唐绍仪看到袁世凯否了自己的签名权，很是不满，这家伙也太爱吃独食了，这日子没法过了，筷子一扔，走人。总理闪了人，徐谦与其他同盟会阁员也一起炒了自己的鱿鱼。

徐谦炒了自己的鱿鱼不久，同盟会就和国民共进会及其他几个团体联合组成国民党，徐谦当选为国民党本部参议。

国民党是由宋教仁一手斡旋而成的。民国成立以后，宋教仁本来是想当他的农林总长，种点稻谷、栽点树，可一看袁世凯就来气：偶像是捧出来的，不是踩出来的，《临时约法》那么好，你踩就踩了，还踩我们同盟会的人，真是无法无天了。

宋教仁肯定是没读过《圣经》的主，《圣经》上说得清清楚楚、明明白白：有人打你的右脸，就连左脸也转过来由他打。袁世凯踩了同盟会，宋教仁本应该把国民党也送给他踩，宋教仁却说"no门"，还回踩了一下，只不过他用的不是脚。

踩人是件很爽的事，特别是听着对方骨头咯咯吱吱地响，那更是美到心里。只是踩人不用脚，那又用什么呢？

诅咒

宋教仁一向对内阁制情有独钟。

国会选举揭晓，在参、众两院中，国民党获绝对多数席位，由孙中山、黄兴、宋教仁代表国民党组织政党内阁。

袁世凯有点难受，这年代也真是，不想要签名人家还非得给你签不行，算了，我服了还不行，拉拉手，五十万大洋跟我走。

宋教仁拒，宋教仁死。

宋教仁案真相经媒体曝光以后，徐谦写了《布告国民》一文发表在4月27日的《民权报》上，控诉袁世凯的14条罪状，指出宋教仁被刺一案，已足以证明袁世凯所把持的政府，是"无恶不作之政府"，"民国根本，共和基础，已为万恶无道之民贼破坏殆尽。吾民国再不能姑息养奸。"号召全体国民同仇敌忾，拿起刀枪和袁世凯对着干。

听到宋教仁死的消息，孙中山立即从日本返回中国，在上海开会，主张以武力讨伐袁世凯。但国民党内部的意见不统一，部分领导人（如黄兴）倾向使用和平手法，在不破坏《临时约法》之下以法律方法抗争。

杀了宋教仁以后，袁世凯想一只羊是杀，一群羊也是杀，先是在4月26日向五国银行团借钱筹备军费，接着免除江西都督李烈钧、广东都督胡汉民、安徽都督柏文蔚三人的都督职务，又派北洋军第6师李纯部进入江西。

国民党仓皇应战，被免职的李烈钧在湖口召集旧部成立讨袁军总司令部，正式宣布江西独立，并发表电告讨袁。黄兴抵达南京，组织讨袁，宣布江苏独立。推举江苏都督程德全为南军司令，但程弃职，逃遁上海。随后安徽柏文蔚、上海陈其美、湖南谭延闿、福建许崇智和孙道仁、四川熊克武亦宣布独立。浙江朱瑞、云南蔡锷中立。7月18日，陈炯明响应孙中山号召宣布"广东独立"。

7日，张勋武卫前军攻克南京，各地宣布取消独立。孙中山、黄兴、陈其美等被通缉，相继逃亡日本，二次革命宣告失败。

10月6日，国会选举袁为第一任正式大总统。11月4日，袁世凯以"叛乱"罪名下令解散国民党，并驱逐国会内国民党籍议员。国会由于人数不足而无法运作，不久即被解散。袁世凯从此成为寡头总统。

不久，袁世凯野心大膨胀，想自己当皇帝，就改年号为"洪宪"。为了要徐谦拥护他，就以任命当司法总长为酬劳。徐谦心中反对，但没有当面发作，婉言说："这事非同小可，我上有高堂老母，请允许我回家和母亲商量一下。如果母亲同意后，我再来回复总统。"徐谦一回到家就怒气冲冲，大骂袁世凯是个无耻小人。

徐谦和母亲一合计，老袁当皇帝肯定是要被人指脊梁骨的，陪吃、陪喝可以，陪着被指脊梁骨，百分百不干。一张车票，徐谦到上海避风头。总统府如果有人来问，就说他回家后忽然病倒，由英国韩大夫陪同去上海就医了。

徐谦到了上海，心中很是郁闷，说：好不容易赶走了清皇帝，如今又出了个皇帝。有些基督教的朋友看到他吃饭吃不香、睡觉睡不好，就说他是没有人生信仰，必须得由主来救他，就劝徐谦信基督教。

徐谦不相信上帝，信这个有什么用，可又不能驳了朋友的面子，就说："如果上帝是个好上帝，就应该扬善抑恶，不让袁世凯这样的恶人活在这个世上。如果袁世凯马上死了，我一定信了上帝，加入基督教。"

袁世凯暴病而亡。徐谦见上帝的回应很及时，心中大为佩服，这样的领导就一个字：牛，不服不行。

1916年9月，徐谦就在圣公会受了洗礼。

护法

袁世凯挂了，总统还得有人做，总不能你离了王厨子，大家都吃一嘴毛。黎元洪当了总统，段祺瑞腰中挎了袁世凯的枪，当了总理。

徐谦北上，任司法部次长，奉了孙中山的命令，联络国会中国民党籍议员。徐谦满心欢喜，老袁死也，共和有希望了。

希望总是能给人以勇气，但希望自己也不知道他会在哪里，或者在田野，或者在心中，只不过这一次老人家误了点、坐错车。反正在国会里是看不到听不到老人家的咳嗽声。

《临时约法》再牛，也是个临时工，总不能一直不给人转正。国会的议员一讨论，再穷不能穷教育，再冤不能冤《宪法》，《宪法》很神圣，也总是条条框框组成的，还得制定正式的《宪法》。一讲到条条框框，国会的会员就很兴奋，口水与唾沫齐飞，鼻青共脸肿一色。

议员小打小闹，总统和总理却是动了气，先是黎元洪解散议会，后是段祺瑞挑动张勋复辟、驱逐黎元洪和议会，最后又是段祺瑞借助民意送走了张勋。

很多人都期待继续召开国会，段祺瑞不同意，老佛爷慈禧太后早就听腻了，《临时约法》、旧国会当然也就过时了，所以应该另行召集"临时参议院",重新制定国会组织法和选举法,选举新国会。

议员们很不满意,鼻青脸肿虽然有些狼狈,但那是国会里的鼻青脸肿,平头百姓想鼻青脸肿可以,想在国会里鼻青脸肿那是万万不行,可是一旦重新选举国会,能不能有鼻青脸肿的机会还真不好说。

西南实力派们非常担心,百花齐放是最好的,老段却偏偏要一枝红杏出墙,出墙也就罢了,怕就怕一枝红杏压春色。还有的人认为,要推进宪法、宪政,最名正言顺的推动者是民国大总统黎元洪啊,怎么也轮不到你段祺瑞啊。三方势力一合计,觉得这样不行,不能让段祺瑞一股独大,这对共和是非常不利的。

孙中山也不肯,《临时约法》好不好先不说,打人不打脸,《临时约法》不仅是多少革命同志的心血,也是我一生的辉煌,于是振臂一呼:各位议员们,此处不留爷,自有留爷处,咱们到南方护法去。孙中山嘴里的南方,实际就是广东。

两广巡阅使陆荣廷没有实力一统全国,却也想安稳地继续自己的两广王生活,随便向湖南伸手,弄些地盘,于是对孙中山的护法很是给力,与人方便,自己方便,老段一旦统一江湖,两广王就打了水漂了。陆荣廷聪明,控制滇、黔两省的滇系军阀头目唐继尧也不傻,借风借势,加入了护法行列。

众人拾柴火焰高,1917年8月,中华民国军政府在广州成立,设大元帅一人,元帅三人。中华民国之行政权由大元帅行使,大元帅对外代表中华民国,元帅协助大元帅筹商政务。1917年,徐谦南下参加孙中山领导的护法军政府,被任命为秘书长,后改任广州革命政府司法部长、最高法院院长。

陆荣廷与唐继尧不肯担任元帅,在他们的心中,军政府最理想的组织是建立护国战争时期军务院那样的合议制政府,而军政府却采取了元首制,孙中山在军政府中成为绝对的唯一的主角,他们躲在了主角的光辉下。选举结果也不是他们想要的,没有按各方实力排定座次。

军政府树起了护法的大旗,段祺瑞则想继承袁世凯武力统一中国的衣钵,决心以北洋武力镇压西南护法,于是南北争端不断。

陆荣廷与唐继尧不甘心为孙中山做嫁衣，大元帅是你的，位置好、有实权的位置让你的亲信占了，完了你还是三无人员，无枪、无炮、无军队，好事都让你一个人占了，不带你这样玩的，于是一边想办法罢兵议和，一边拉拢国会中的政学会分子和国民党稳健派破坏护法军政府，排斥孙中山，企图攘夺护法运动的领导权。

1月，陆荣廷与唐继尧等人发起并成立护法各省联合会议，想将护法各省联合会议变成与军政府抗衡的另一政权机关。2月，又由国民党稳健派人士出面，正式提出改组军政府的主张，并拟定《中华民国军政府组织大纲修正案》，共七条，其中心用意在于改大元帅单独首领制为若干总裁合议制，以排挤孙中山。4月10日，滇系军阀唐继尧率先通电西南各省支持这一主张，提出护法各省现宜遥戴黎元洪或冯国璋为大总统，推岑春煊为国务总理，至于孙中山，"则宜游历各国，办理外交"。

1918年5月4日，在政学系及益友社操纵下，非常国会竟强行通过了《修正军政府组织法案》。

孙中山没了大元帅的职位，十分气愤，于是向非常国会提出辞呈，并发表大元帅辞职通电。他在电文中回顾护法以来的艰难历程，愤然指出："顾吾国之大患，莫大于武人之争雄，南与北如一丘之貉。虽号称护法之省，亦莫肯俯首于法律及民意之下。……"

非常国会还是尊重孙中山，选不选是我的事，当不当就要看你了，国会选举唐绍仪、唐继尧、孙中山、伍廷芳、林葆怿、陆荣廷、岑春煊七人为政务总裁，以岑春煊为主席总裁。军政府仍然是称军政府，只是变了样，完全由桂、滇军阀和他们的附庸政学会控制，护法只是一个噱头，争夺地盘才是首要大事。

孙中山认识到依靠军阀不可能达到护法救国的目的，第二天就离开广州，前往上海。

岑春煊和徐谦是老相识，所以岑春煊就向军政府引荐，军政府任命徐谦为军政府司法部长。孙中山虽然已经辞职，也不服气军政府，于是唐绍仪、伍廷芳、唐继尧等联合发表宣言，指出广州军政府政务总裁不足法定人数，没有任何法律效力，徐谦立即辞去司法部长职务。

1918年9月，孙中山派徐谦为代表参加政务会议，让他做三件事：一，维持陈炯明的力量，这是当时孙中山手中仅存的支持革命的军事力量；二，坚持护法态度，反对与北京政府议和；以徐与新旧各种势力人物的复杂关系，总算得到岑春煊表面上的协调。

欧洲战争停止以后，美英等国也希望中国南北统一。徐谦听到这一消息，就向军政府提出方案，建议派孙中山到欧洲去详细说明中国国民的真意，希望美英等国不要支持北京政府。但主席总裁岑春煊对这件事并不感兴趣，或者和孙中山不来电，所以有意无意地将这一提议搁置。

徐谦气愤不已，离开广东到上海找孙中山，向孙中山汇报了这件事。有人就请孙中山让徐谦代他去，孙中山于是派徐谦和陈友仁代表中国南方以观察员的资格出席巴黎和会。

欧美各国一向只承认北京政府，对于广州军政府丝毫不放在心里，广州军政府推选的代表伍朝晖压根儿就没有出席代表团发言的机会。徐谦等人坚决反对巴黎和会对中国山东问题的处理结果，并拒绝在和约上签字。

徐谦从巴黎回国后去了天津，教会创办的《益世报》就想聘他担任主编。徐谦欣然接受，基督于他而言，实在是缘渊很深，上帝之手可以灭了强悍至极的袁世凯，还有什么不可能？

基督救国

奇迹是什么，奇迹就是没有什么不可能。

基督的上帝就是创造奇迹的人。

1917年以前，中国的法律上是没有宗教信仰自由的字眼的，宗教界也是你念你的阿弥陀佛，我唱我的主啊救救我。

不过这一年，宗教界有了历史上空前未有的大动作。国内的基督教徒和天主教徒为争取在中国宪法上的宗教信仰自由的规定，联合组织信仰自由总会，因为徐谦在政界影响大，又是法律专家，所以举徐谦为信仰自由总会会长，下分公教、基教两部，由马良、诚静怡分任两部代表。不久，回教徒也派孙绳武参加总会，佛教、道教也起来响应。奇迹出现，宪法承认宗教信仰自由的规定。徐谦开始有了小九九。

1918年，美国传教士卜克门在庐山召集中外基督教徒举行布道大会，徐谦提议组织基督教救国会，参会的基督教信徒通过并选举徐谦、诚静怡等人为执行委员。事后，有许多教徒质疑他的"基督教救国主义"和教义有冲突，他就把"教"字去掉，改称"基督救国主义"。但余日章、诚静怡仍然反对，反对无效，徐谦继续积极地推行他的"基督救国主义"。

根据徐谦自述：他的信仰是从救国的思想而发生的，是以救国主义为基督主义，和一般的教士宣传救人救世而又主政都分离、避开救国问题是不同的。

那一年，他打着这一旗号，在广东四处游说，第一个成果就是钮永建指挥的海军陆战队全部受洗，第二个成果是他后来说服尚在北洋军序列的冯玉祥率部受洗，并开始倒向孙中山。

冯玉祥是安徽人，为了混口饭吃，12岁就进了部队当兵，因为在军中受到留学归来的革命党人的影响，思想逐渐同情革命。后来经常和牧师刘芳沟通，开始信仰上帝。

在1918年到1920年期间，冯玉祥率部驻扎常德。由于信奉基督，士兵亦多为教中之人，一时"基督将军"名声鹊起，徐谦经常往返冯玉祥的军中讲道传教，以宗教身份有意识地引导冯玉祥参加革命，与冯玉祥的私交甚厚。

1920年（民国九年）7月，北洋政府第16混成旅旅长兼湘西镇守使冯玉祥公开反对段祺瑞的"武力统一"政策，并率部队由湖南常德出发进驻汉口，呼吁南北"早息内争"。孙中山不久就委派徐谦和钮永建一起去汉口会晤冯玉祥，以争取冯部脱离北洋军阀，参加国民革命，并让徐谦给冯玉祥带了一封信，信中说："阅报见执事巧电，热忱护法，努力救国，不胜为民国幸。昨冬以降，南来国人，无不盛赞执事为爱国军人模范……徒以云海捞隔，不能时通声息为歉耳。比者徐君季龙来粤，又详述执事救时苦心，当兹国难方殷，端赖鼎力主持。……濒危之民国国脉，得主持正义如执事者扶持之，俾免于亡，则国民必感伟功于永久矣。"

冯玉祥在回忆录中说："革命期间，徐季龙先生奉孙中山先生之命，常常住在我们军中……多次和我商洽反直大计……我一面由于内发要求的驱使，一面为了各位朋友的有形和无形的鼓动，誓必相机推倒曹、吴，缩短这一祸国殃民的战争。"

1920年，孙中山护法运动失败后，冯玉祥就给孙中山写了一封信，信中说："中国已濒于危境，真正救中国者只有先生一人，百折不回，再接再厉，无论如何失败，而我行我素，始终如一，此种精神凡谋国者当为之感奋。"并表示"私衷仰慕，已非一日，今欲追随，乞多指示"。他乡遇故知，重病遇良医，孙中山收到冯玉祥的来信，很是欣慰，立即派遣徐谦、钮永健带亲笔信前往冯军慰问，并常驻冯军中负责联络。徐谦是冯玉祥的教友，又是同乡，钮永健也是基督教徒，教徒到军中传道很是正常。

1923年6月，直系的曹锟通过贿选当上了北京政府的总统，孙中山就通电全国，准备起兵北伐。冯玉祥任陆军检阅使兼11师师长，拥有人枪三万余，实力较为雄厚，徐谦就去联络冯玉祥，希望他响应北伐。此时，在徐谦的动员下，他决心反戈一击。与此同时，徐谦又指派李煜瀛、王用宾分别联络陕军第1师师长胡景翼、第15混成旅旅长兼大名镇守使孙岳，以促成冯玉祥、胡景翼、孙岳的联合倒直。

1924年10月，冯玉祥从古北前线突然回师北京，得到孙岳的密切配合，成功地发动了"北京政变"，囚禁了贿选总统曹锟，将溥仪逐出紫禁城，并电请孙中山先生北上商讨国是。

北京政变后，徐谦以个人名义发表通电，赞扬冯玉祥发起北京政变"乃见义勇为之举"，主张解散非法国会，召集和平会议，并认为"前清废帝乃系民国乱犯，应治以国法"，并和李大钊特意安排苏联驻华大使加拉罕与冯玉祥会晤，有意识地让孙中山的政治顾问鲍罗廷视察冯玉祥部，促成苏联顾问团向冯部派遣军事和政治顾问。徐谦还帮助冯玉祥创办军事学校，收容因参加"五卅"运动而被开除的大中学生，并挑选其中的优秀人才，建立国民军政治部。

临时执政府由黄郛任国务总理，孙中山就委任徐谦为国民党中央政治委员会北京分会委员、国民党驻国民第1军（冯玉祥兼军长）党代表等职，冯玉祥也聘任徐谦为俄文法政专门学校校长及中俄庚款委员会主席等职。该年11月，孙中山应临时执政府之邀前来北京，徐谦随即联合各界人士在北京、天津等地组织了"欢迎孙中山先生入京大会"。

1925年担任北京政府临时执政的是段祺瑞，段竭力抵制中国共产党提出的"召开国民会议，制定宪法，争取建立民主共和国"的主张，并于2月召开了御用的"善后会议"。3月1日，在"国共两党"李大钊和徐谦的主持下，在北京举行了"国民会议促成会全国代表大会"，以与"善后会议"相对立。这就是"国民会议运动"，这一运动对揭露帝国主义和军阀政府的反动面目、动员大会人民参加革命斗争起了积极作用。同年3月12日，孙中山在北京病逝，徐谦担任"孙中山先生治丧处"委员。

刘和珍背后的男人

革命尚未成功，同志仍须努力。

一年前，孙中山在病榻前说了这么一句话。

有人在努力，但是不是同志不知道，是学生却是一定的。

中枪，扑地，尚有生气，蠕动，卫队立即用大刀、铁棍痛击数下，遂以毙命！

据说就是刘和珍生前最后的写照。

刘和珍的死，是因为听了"反对八国最后通牒国民大会"的主席徐谦的话，义不容辞地参加了游行大会。

与刘和珍相仿的是，在"三·一八"后所公布的伤亡名单中，死者就有多名十几岁的中、小学生。最小的年仅十三岁，两名。一名叫周正铭，安徽天长人。一名是朱良钧，江苏江都人。清明中学开朱良钧烈士追悼大会的时候，朱良钧父朱天奎看到儿子的遗像，顿时泪如雨下，不敢再看第二眼。

刘和珍们是向段祺瑞政府请愿、反对八国通牒的。

1926年3月12日，冯玉祥的部队国民军与奉系军队正在作战，日本军舰掩护奉军进攻天津，并且炮轰驻守大沽口的国民军，炸死炸伤十余人，守军被迫还击，将日舰逐出大沽口。

日军吃了亏，日本政府于是联合美、英、法等八国向段祺瑞执政的北京政府发出"最后通牒"，通牒提出五项要求：天津航道停止所有战斗行为，排除水雷及一切障碍物，恢复所有航路标志，对外国船舶不加任何干涉，停止对外船的一切检查。以上各项，要求北京政府在四十八小时内兑现，至迟不超过3月18日正午。如若不得满足，八国"决采取所认为必要之手段"。此所谓"八国通牒"。3月17日，各国军舰共20余艘云集大沽口，对国民军进行威胁恫吓，驻津外国军队也准备协同出动，迫使国民军放弃天津，退往西北。

听到八国的无理要求，北京各界人士极为愤慨。在京的国民党和共产党负责人也连夜开了碰头会，徐谦和李大钊当即决定，组织各学校和群众团体召开反对八国通牒的"国民示威大会"。

3月18日上午，在徐谦和李大钊、赵世炎等人领导下，北京群众五千余人在天安门前集会，抗议日舰炮击大沽口的罪行。徐谦担任这次集会的主席团主席，提出了"拒绝八国通牒，宣布《辛丑条约》无效，电勉国民军为反帝国主义而战"等八项提案。

会后，李大钊率领群众队伍到铁狮子胡同段执政府请愿，徐谦据说因为痔疮大流血，被人从天安门抬了回来，没有参加请愿。段祺瑞竟下令卫队向请愿群众开枪，打死47人、伤150余人，大学生刘和珍被打死，李大钊、陈乔年等共产党员也负了伤，是为震惊中外的"三·一八惨案"。

"三·一八惨案"发生后，全国舆论大哗，纷纷要求严惩主谋和凶手，段祺瑞却用嫁祸卸责的手法，反诬徐谦等人假借"共产学说"谋乱，下令通缉徐谦、李大钊、李煜瀛、顾孟余、易培基等人。

徐谦，作为中国国民党中央执行委员会委员，同时也是这次"反对八国最后通牒国民大会"的主席，事后在谴责段祺瑞时说："世界上无论何国，关于外交问题，莫不赖民众为后援。"

段祺瑞，终身吃素，据说是为了忏悔，是与不是，人在做，天在看。

对于屠杀，无论再说什么指责政府的残暴、军人的凶狠，远走的已经远走。对于运动，群众有参与的权利，也有不参与的权利，生死有天，富贵有命，只是在于生得值不值，死得冤不冤。刘和珍的参与，只是为了反对八国联军，仅此而已。

"三·一八惨案"发生后，国民党北京特别委员会在给国民党中央的报告书中谈到这次运动的教训时说："此次惨案，既为段卖国贼效忠帝国主义恢复私仇之毒狠计划，则其发生为国民革命进程中不可免之一幕……革命民众亦不能因恐怖牺牲而停止工作，是唯出以热血与卖国贼奋斗。流血惨剧，不但为革命民众所不恐惧，且适足以促其努力扩大国民革命之战线。"这话实在令人心寒，学生搞革命流血，不但有利于锻炼国民见血不晕，甚至不惧血的良好心理素质，而且可以为国民阵线提供后继力量，用心也实在险恶，毕竟谁也不是石头缝里蹦出来的。

这一点，当时在国民军中做冯玉祥军事顾问的苏联人维·马·普里马科夫说得很清楚："3月18日，发生了镇压学生的行动。学生们举行游行示威，要求把政权转交给国民党，队伍到达总统府时，总统的卫队向学生开了枪。"这位苏联顾问"三·一八"就在北京，他的判断不仅是准确的，而且还有幕后介入。

军阀就是军阀，无需掩恶。段祺瑞卫队硬是把镇压变成了大屠杀。部分人试图拥进执政府，"这决不是卫队开枪的缘由，至多只是他们的借口"，朱自清说得很到位，只是，为什么要给军阀提供屠杀的借口呢？

"三·一八"后，刚刚开过刀的梁启超在医院接受《晨报》采访，痛责段祺瑞后说，我们并不反对民众运动，但也得有相当范围。例如推倒政府的事情，如何可以放在年轻的学生们身上？至少我们不能想象这样的奇迹。

徐谦被迫离京，取道库伦前往苏联。当时，冯玉祥也因遭奉直军阀的联合反对而被迫下野，亦起程去苏联考察。徐、冯二人在库伦相遇，徐谦即介绍冯玉祥加入了国民党。在这种情况下，徐谦于是与鲍罗延、陈友仁前往海参崴，赶到库伦追踪冯玉祥。4月25日，鲍陈回国，徐谦则留在库伦与冯同行。据冯玉祥自传：自己加入国民党就是这次在库伦与徐谦谈心以后，才决心由徐谦介绍正式办理手续。其后，冯玉祥和徐谦一起到莫斯科，参加各种集会并访问托洛斯基，又同时接受孙中山大学"名誉学生"。

1926年7月，国民政府在广州成立，徐谦离莫斯科回国，担任广州国民政府司法部长。徐谦每星期在司法部上六天班，第七天上观音山传道，听众常有两三千人。"基督救国论"的小册子也愈出愈多。后来徐谦的文章传到英国坎特伯雷大主教耳中，坎特伯雷便请徐谦当主教。徐谦因为国难当头无法分身，婉言谢绝。

同年10月，国民党中央在广州召开中央执监委员和各省区党部代表联席会议，徐谦作为会议主席团五成员之一，参会并讨论了国民政府政纲及加强中央和地方政府建设事宜。

1927年（民国十六年）初，北伐军攻克武汉后，国民政府从广州迁武汉，并于3月10日在汉口召开了国民党二届三中全会。当时，蒋介石夺权的野心已日益暴露，而徐谦反蒋独裁的态度也十分明朗。

审判"反革命"

杀？

放？

没有人知道，但如果一个人不知道刘玉春，这个人要么是疯子，要么就是死了很多年的人，死在刘玉春手下的北伐军是不算的。

刘玉春其实长得也不帅，官当得也不大，也不是中国最年轻的守城司令，但他还是出了名。刘玉春的出名，可以说是真正的一战成名。

遇到刘玉春之前，北伐军是神挡杀神，佛拦杀佛，不到两月，就由珠江流域推进到了长江流域。

汉口降，汉阳再降，吴佩孚率部撤往河南信阳。武昌已经是一座孤城，七八万北伐精锐对一万二千残兵，武昌唾手可得，北伐军准备打进武昌吃晚饭。

唾手可得，只是这唾手的动作不太潇洒，或者是口水太多，竟然过了40天了也没打下。一片孤城万仞山，武昌城虽然不是万仞山，但武昌有刘玉春。

北伐军先是准备进去吃晚饭，接着换主意打累以后好好休整十天半个月，最后是一边吃着干粮，一边骂娘，刘玉春这个死人，害得老子在武昌外面数了三四十天的星星。北伐军有干粮吃，二三十万武昌市民吃的东西可就杂了，不会跑的草根、树皮，能跑的猫、狗、老鼠，逮着什么吃什么。

舆论对城内难民深有同情，也有一些报纸连续报道刘玉春，有的称他为"武昌笼城勇士"，有的称赞"刘氏以败残之兵，困守孤城，其勇烈洵近世稀有"。

城破。刘玉春被俘。

杀或放？已不是刘玉春的事，还有无数眼球的注目。

事关生死，北兵最担心的是"南人杀北人否"。和气生财，武汉绅商担心一旦北伐军处死刘玉春，伤了和气，坏了自己和北方人做生意。发展受限，北漂的湖北人担心北方人因此对自己有歧视，而影响他们在北方的生意和生存。

有人担心过年，有人愤怒指责，武汉民众团体强烈要求将刘、陈付诸"人民公判"，指责刘玉春苦了自己不说，还连累数十万无辜的百姓，要求"速处极刑，没收财产，移赈灾黎，以平民愤"。

武汉民众团体的激情是有原因的，广州国民政府迁到武汉以后，政府依旧是那个政府，只是多了一双手。手是苏俄顾问鲍罗廷的，鲍罗廷一向是激进的，尤其喜欢从群众中来，到群众中去，解放群众的心与手。

群众的要求不能错过，武汉国民政府司法部决定公审陈嘉谟和刘玉春，并专门制定出一个《反革命罪条例》。

中国人一向爱争上游、夺第一，打牌都玩跑得快，还时不时地申请吉尼斯纪录，刘玉春一向爱玩争上游，这次却宁愿将第一拱手相让，谁爱要谁拿去，我还倒贴你五百大洋。

没有人拿，也不敢拿。

刘玉春的第一还真不是一般人能拿的，1927年2月10日，刘玉春成为中国历史上被"人民审判"的"反革命犯"的第一人。

打了败仗，刘玉春倒也佩服北伐军，但坚决不认为自己是反革命，态度强硬，一再强调"我是服从长官命令，不敢承认有罪"。

北伐军要打进武昌城吃晚饭的时候，吴佩孚决定坚守武昌城，但是诸将领都说武昌城太大兵太少，想守很难，不如退师江北。吴佩孚就暴贬："你们在湖北吃了这么多年的饭，现在湖北父老有难，应当为湖北父老守省城，如果放弃省城，就是放弃湖北父老。"

总司令很荣耀，武昌守城总司令不仅荣耀，还有耳边不时响起的枪炮和呼啸而来的北伐军，刘玉春受命。女为悦己者，士为知己者，刘玉春是士，又有知遇之事，所以不得不死。

两年前，刘玉春被北军第8师师长王汝勤解除旅长职务，转而投奔吴佩孚，吴佩孚欣然接纳，并委以"高等军事顾问"等要职。

审判由徐谦主持。

徐谦曰：尔何不早降？

玉春曰：玉春是国家大将，有守土之责，若是革命军中大将，见枪响即投降，诸公以为何如？

徐谦无以对，又曰：尔是反革命！

玉春曰：汝言又差矣，我从未入革命党，何言反革命！中国人民四万万，隶革命军者不过二十余万，其余者皆反革命耶！

在刘玉春看来，只有参加"革命"的人才有"反革命"的资格，自己从来就不知道革命是什么东西，又哪里配得上"反革命"的光荣称号。

刘玉春还辩称，中国绝大多数民众没有参加"革命"，"不革命"并非都是"反革命"。只是刘玉春不知道，关于打与被打，阿Q的眼里只有两种：一种是老子打儿子，一种是儿子打老子，而关于革命，在当时国共两党的言论中，也已经有了这样的意味："要么是革命党人，要么是反革命党人和死人"。

刘玉春注定要死，专门量身定做的法律条例，专门伺候他的"人民审判委员会"，刘玉春的亲朋好友等着为他收尸体，等着枪响。

审判结束，择日再判。

武汉政府对陈、刘审而不判，当时坊间各种说法都有。有人称为了示好北洋军队，只是武汉"民众"强烈要求公审，不秀一把，人民面子上过不去。也有人说为革命党人有中国旧的道德伦理情结，而"忠诚"、"孝顺"、"服从"正是中国传统伦理所推崇的"美德"。刘玉春死守孤城时的"勇烈"，刘玉春被俘后的"可杀不可辱"，刘玉春在法庭上的"凛然大气"，获得了社会各界的眼泪，也赢得了北伐军一方尊敬，有人甚至称他为"英雄"。

不过，武汉政府对刘玉春的审而不判，其实是审给一个人看的，刘玉春只不过是一个道具，观众是蒋介石。

北伐不断胜利，国民政府的分裂之象也不断显现，国共之争、国民党内部的派系倾轧，到1927年初，公开分裂为两大阵营：一方是国民党左派和共产党人联合掌控的武汉政府，另一方是国民革命军总司令蒋介石控制的南昌政府。

1927年1月3日，蒋介石凭借军事实力，决定中央党部与国民政府暂驻南昌，以实行他的以军治党、以军治政的政治企图。徐谦和宋庆龄等强烈谴责蒋介石另立中央、分裂国民政府的行为，要求蒋介石立即撤销南昌政府，让被扣留在南昌的中央委员和国民政府委员来武汉报到。2月9日，国民党左派在武汉召开高级干部会议，决定由徐谦、吴玉章、邓演达、孙科、顾孟余组成行动委员会，公开进行同蒋介石的斗争。

蒋介石则在南昌发表演讲，称徐谦为独裁者，"彼有何等根据，而自为汉口联席会议之主席。且不奉党之命令，是非独裁者而何？此外决无独裁者也。"徐谦也针锋相对，发表文章指出："是党服从总司令，还是总司令服从党，必须在事实上弄对了。不然，革命的前途是危险的。"他还告诫蒋介石，"任凭那行独裁制的人有多大的本领，若是一意孤行，没有不失败的"。

国民党二届三中全会召开时，徐谦为主席团成员，在会上领衔提出"提高党权案"和"反对军事独裁成立军事委员会案"等。徐谦在会上宣誓矢志遵奉孙中山先生的"三大政策"，并领衔提出"提高党权案"、"反对军事独裁成立军事委员会"两案。这次会议通过了有利于制止蒋介石独裁的决议,撤销了蒋介石国民党中央常务委员会主席和军事委员会主席的职务,而徐谦却得到多数委员的信任,担任了国民党多项要职,成为当时国民党中央和国民政府的主要领导人之一。

审判是为了刘玉春而量身定做,对白是为了蒋介石而设。徐谦的一片苦心,刘玉春不需要明白,蒋介石是否就惧怕了呢?

脱身

革命,依旧是革命的话题。

主角不是徐谦,听众不是刘玉春。

主角是蒋介石,听众是南昌民众。

1927年2月19日,蒋在南昌的民众集会上发表演讲,声称:"我只知道我是革命的,倘使有人要妨碍我的革命,反对我的革命,那我就革他的命。我只知道革命的意义就是这样,谁要反对我革命的,谁就是反革命!"

徐谦的兄弟徐巽全家由港乘船去上海,然后再转车回北京。船到吴淞口,徐巽就被蒋介石的人抓走了。

后来,蒋介石将武汉政府全班人马请到南京,热情招待以后,一般人都被安排到南京军政部,徐谦却被单独安排在丁家花园,并派了16人的卫队前来"保护"。

徐谦洞庭湖湖上划过船、刀子尖上打过滚,知道情况不妙,急忙想办法脱身。徐谦家里有一个老仆人叫刘四,身材和徐谦差不多,两人在房间调换衣服穿,以防万一。徐谦的儿子和儿媳本来住在上海,徐谦就打电报,叫他们也赶到南京。卫队平常对徐谦都是贴身保护,现在一看徐谦把儿子和儿媳妇也叫来,反而松了口气,这老头傻不拉几的,还有心带家属公费玩乐,当官就是好,碰到傻人,当然不用跟得像膏药一样,谅他逃也逃不出咱的手心。"

徐谦四个人除了上床、上洗手间，其他时间都在一起。卫队紧紧盯住他们的一举一动，他们出去散步，卫队也跟在后面。他们四人散步天天在一起，弄得卫队都有些烦，见过感情好的，没见过感情这样好的。

徐谦认识一个英国的麦牧师。麦牧师家的后门临江，徐谦四个人经常去他家喝酒聊天，卫队也照常守在门外。只是有一天，卫队守到花儿都谢了、星星都打瞌睡，将心中所有能想到的问候重复了又重复，徐谦仍然没有出来的意思，把耳朵贴在地上一听，只想此时有声胜无声，哪怕震得耳聋、心口狂跳都行。

心如死水，屋中空无一人。麦牧师一向是个热情人，知道徐谦的境遇以后，就时常派人到江边察看有没有升火待发的轮船，徐谦到的时候，恰巧有条船马上去九江，于是麦牧师立刻从后门悄悄地把徐谦四个人送上了大船。徐谦他们先是上行到九江，然后又换船顺流而下到了上海，住进黄浦滩一家外国旅馆，总算逃出了虎口。

徐谦刚离南京，徐巽就被押到南京。徐谦的好友钮永建听到消息以后，去见蒋介石，问蒋介石为什么要将一个毫无过错的人抓到南京受监狱之苦？蒋介石就问是什么人，钮永建就说是徐巽。蒋介石已经知道徐谦逃走，留下徐巽也没有什么意义，就故意叫人去查，还真查出来了，于是一边骂手下都是干菜的，一边说是"误捕"，将徐巽放了。

徐巽到了上海，又惊又怕，没几天就去世了。徐谦那时刚到上海，不敢公开露面奔丧。他们兄弟最后见了一面，半夜就把徐巽发丧了。

宁汉合流以后，国民党的监察委员会竟然将徐谦划为"附和共党分子"而列入逮捕名单，徐谦因此而避居上海，在上海法租界当了寓公。十月，英国记者的中译本《国民党革命外纪》出版，其中就指出徐谦"是使武汉政府与国民党多数派别离异的人"，"这种人是不利于他所拥护的任何党派"。

多重压力之下，徐谦在11月17日公开声明"不再参与政治活动"。

有一天，杜月笙忽然就到徐谦家中来拜会。徐谦与杜月笙一向没有交往，感到很是奇怪，黑帮老大找自己有什么事，也不敢怠慢他，于是请他进来相见。

杜月笙说,他的弟兄们发现蒋介石派人来上海行刺,他们认为徐先生从未错判一个案子,未误杀过一条人命,是位大好人,不可任人暗杀。他们决意保护,请徐先生不要随意外出。

不久,徐谦出走香港,定居九龙,在那里当律师谋生。1928年2月,国民党召开二届四中全会,会议决定停止徐谦中央委员的职务。

不再?

不再是从此以后决不,还是"不,再做什么事"?没有人知道,或者都不是,或者都是。

余辉

1931年"九·一八事变"后,徐谦和方鼎英等人组织"抗日联合会",积极宣传团结抗日的主张,并发表演说反对蒋介石的投降行为和独裁统治。

1932年淞沪"一·二八事变"后,在上海坚持抗日的19路军被蒋介石调至福建进攻工农红军。1933年11月20日,在中共抗日主张的影响下,徐谦在香港已参加了"福建事变"的筹备会议。19路军将领蔡廷锴、蒋光鼐和国民党元老李济深、陈铭枢等人在福州组建"中华共和国人民革命政府",公开宣布反蒋,并与红军签订了《反日反蒋的初步协定》。

中华共和国人民革命政府成立后,徐谦被委任为最高法院院长。徐谦当时曾主张进攻浙江,或退取广州以巩固基础,但此意见未被采纳。1934年1月,因为福建政府内部不和,加上对蒋介石的进攻处置不当等原因,中华共和国人民革命政府失败。徐谦无奈之余,只好经厦门再次返回香港。

1937年(民国二十六年)"七七事变"后,抗日战争全面爆发,徐谦怀着一腔救国热情从香港回内地担任国防委员会委员。他不顾自身年老体弱,努力联络港澳同胞合组"抗日后援会",并奔走于南洋群岛和马来西亚一带,积极从事抗日宣传、筹款劳军和救济难民等工作。他的夫人沈仪彬则在新加坡举办个人画展，并将全部所得捐献给香港的"抗战难童工艺救济院"。

1938年冬，徐谦受参政会的委托，到粤桂川视察和协助总动员，因为手术后身体虚弱，兼有脉搏微弱，精力不支，从广州回香港治疗。那时大量难民涌入香港，徐谦想办个救济院，收留并教育无家可归的难童，但他手上没钱。徐谦知道南洋华侨素来爱国并乐善好施，于是预备了许多字画去南洋举办展览会募捐。

回到香港以后，徐谦就在九龙新界粉岭租了一所民房，开办难童工艺救济院，收容的难童由开始的100多人增加到300多人。徐谦请了几位教师，学生花半天时间学习文化，另外半天参加劳动，生产出来的东西拿出去卖，以维持经费的不足。

1940年徐谦因操劳过度、心力衰竭而住进医院，于9月26日不幸病逝于香港。徐谦在临终前，仍以国家前途和民族命运为念，他在病床上说："国难当头，非团结一致不能成就。政治若非根本澄清，国家永无清明之日。"徐谦临终的这些肺腑之言，表达了他对中国共产党的信任和忧国忧民的情感。

徐谦逝世以后，境内外各界知名人士纷纷撰送挽联以表达对他的深切悼念，当时在延安的毛泽东主席及其他中共领导人也都送了挽联。毛泽东送的挽联是"存亡攸关，抗战赖持久，而今正是新阶段；死生同慨，团结须进步，岂能再抄旧文章"；朱德、彭德怀、叶剑英送的挽联是"安得横磨十万，斩尽奸佞，慰先生平生抱负；谨率貔貅百旅，扫荡妖气，还中华锦绣河山"；周恩来、邓颖超送的挽联是"国难方殷，老成凋谢，愿先生精神不死；抗战正急，团结濒危，幸同胞万众一心"；吴玉章、林伯渠、董必武送的挽联是"箕豆勿相煎，千里胡尘犹未扫；薰莸终有别，十年往事忆先生"等。

胡汉民
半江瑟瑟半江红

少年就有菜刀的愤怒,从东渡的枪手到代理大元帅,从大元帅到流放苏俄,从民国主席到阶下囚,胡汉民演绎着自己的牛市和熊市传奇,只是无论牛市和熊市都有结束的时候,一假休牛熊,一棋断生死。

小 档 案

姓名字号：原名衍鹳，后改名衍鸿，字展堂，别号不匮室主，笔名汉民
籍　　贯：浙江奉化
生卒年月：1879 年 12 月 9 日—1936 年 5 月 10 日，卒年 58 岁
毕业院校：日本法政大学速成法政科
最高职务：中华民国政府主席

家　世：
祖父——胡燮三，宦游而客籍广东。
父亲——胡文照，刑名师爷，性廉介，其客州郡，稍不合，即拂衣去。
母亲——文氏，江西萍乡望族，能诗，通音乐和围棋，无业。
兄弟姐妹——两兄一姐，两弟一妹。

妻子儿女：
发妻陈淑子，生女胡木兰。

简 历

1879年——12月9日，出生于广东番禺。

1901年——中举人。

1902年——留学日本，弘文学院师范科。

1905年——加入同盟会，任评议部议员、《民报》编辑。

1907年——到新加坡、河内设立革命机关，组织黄冈、镇南关起义。

1908年至1909年——在新加坡《中兴日报》上批驳保皇派，任同盟会南洋支部长、南方支部长。

1911年——黄花岗起义统筹部负责人之一，任广东都督、中华民国临时大总统府秘书长。

1912年——任广东都督。同盟会改组为国民党后，任国民党广东支部长。

1913年——被袁世凯免去粤督职务，"二次革命"失败后随孙中山赴日本。

1914年——加入中华革命党，任政治部长，主编《民国》杂志。

1917年——奉命联络西南实力派，任中华民国军政府交通总长。

1918年——随孙中山离开广州赴上海。

1919年——作为孙的代表参加"南北议和"，任《建设》杂志主编。

1921年——任中华民国政府总参议、文官长、政治部长。

1923年——任办理和平统一事宜全权代表，任陆军大元帅大本营总参议，参与《中国国民党第一次全国代表大会宣言》的起草与审查。

1924年——为国民党"一大"主席团主席之一，中央执行委员，任黄埔军校教官，代行大元帅职权，兼任广东省省长。

1925年——因廖仲恺被刺案嫌疑，一度被拘，赴苏联考察。

1927年——任南京国民政府中央政治会议主席。

1928年——任立法院长。

1930年——主持编成《总理全集》。

1931年——2月遭蒋软禁,10月获释,成为南方实力派反蒋精神领袖。

1933年——创办《三民主义月刊》。

1935年——被选为中国国民党中央常务委员会主席。

1936年——在广州患脑溢血逝世。

菜刀胡的愤怒

三鹿仅是倒闭!
双汇只是跌停!
肯德基依旧火暴!
他们幸福地享受这时代的关怀和无助。
这是个宽容的时代,还是个麻木的时代?
给胡文照看病的医生也差点享受到了幸福和无助,幸福是菜刀的,无助是自己的。
刀在胡展堂手中,愤怒在他眼中。
父死,拿刀,出厨房。
全家一片慌乱,这孩子要自杀殉父。叔叔一把抱住,伸手夺刀。母亲泣不成声,丈夫尸骨未寒,儿子又要死要活,这怎么得了。
医生却是夺门而出,刀百分百是冲自己来的。胡文照这一病就是几个月,都是在自己手里看的病,钱花的不少,命却给治丢了,这事用脚趾头都想得到。
胡展堂看到菜刀被抢,趴在地上大哭:"庸医,还我爹爹的命来。"这一年,胡展堂十二岁。
胡展堂原名衍鹤,字展堂,汉民是后来的笔名。他家祖籍是江西庐陵县廷福乡青山村,后来因为祖父胡燮三宦游而客居广东。
胡汉民的老爸胡文照在衙门当刑名师爷,胡师爷是个性情中人,为人处世,典型的"光棍眼里揉不得沙子",稍微有点不对脾气,就拂衣而去。
胡光棍虽然脾气不好,老婆文氏倒是不错:上得厅堂,知书达理,通音乐和围棋,下得厨房,一手好菜,馋得全家老小口水直流。能生,放到现在的俄罗斯绝对是个英雄母亲,一共给胡家生了五个儿子两个女儿。胡汉民在家排行老四,上面有两个哥哥一个姐姐,下面还有两个弟弟一个妹妹。
胡汉民的坏脾气可以说是从小就有,他十二岁时候写过一首《种竹》:

种竹北窗前，潇潇清香发；
本以招凉风，反教蔽明月。

诗写得不错，但从中也可以看出一股淡淡的怒气。

清竹蔽明月，明月还有可见的时候，但有的东西被遮蔽了，可能就永远消失了。比如噩运遮住的幸福。

十二岁以前的胡汉民是幸福的。家里虽然贫穷，但父慈母爱，手足相亲，一家人和和气气，情爱非常。胡汉民兄弟姐妹一起上学、玩耍，时不时的还可以和老妈杀上一两局围棋。

改变只在转眼间，噩运无声无息地就缠上了胡家。

十二岁，父亲胡文照病故，胡汉民辍学回家自学。

十四岁，母亲文氏去世，因为没钱，直到两个月后才出殡。

紧接着，一个哥哥和两个弟弟一个妹妹因为没钱治病而离开人世。

为了生存，胡汉民从十五岁就开始开办私塾，一边当"之乎者也"先生，一边自学。

幸福走了，明月遮蔽了，遮不住、带不走胡汉民求学的心。

胡汉民考进了学海堂，这是广东有名的学府，由两广总督阮元创办，这个学府的特色就是引导学生关注社会，救国救民。在这里，胡汉民读了思想家顾炎武、王夫之的书，觉得很是解气，要不是清狗无理无能，哥哥弟弟们哪能买不起药、看不起病，这样的政府要他有什么用，不如起来推翻他。

1895年孙中山在广州失败以后，清政府就说孙中山是反贼。胡汉民听了，对人说："听见许多人传说孙某造反，便觉得有些愤愤不平。满洲人的统治已经到了罄竹难书的地步，现在去推翻它，正好是拨乱反正，怎么可以说是造反呢？"

革命成了胡汉民的一块心病：有心报国，报国无门；有心革命，无路可寻。

清竹蔽明月，噩运遮幸福，革命的路又在哪里呢？

东渡的枪手

蓬莱是神话中的仙境。

丰都是传说中的鬼城。

东京是革命党人的天堂。

胡汉民决定东渡，去寻找同路人。事情有些麻烦，去天堂需要善心，去东京需要路费。善心胡汉民一直不缺，胡汉民缺的是路费。

挣钱不是胡汉民的强项，既没有机会挪用公费，也不会碰瓷进财，更谈不上拍卖冠名权引资。胡汉民有的只是一支笔、在《岭海报》当记者时练就的一手好文章。

没有人相信胡汉民能写八股文章，正如白天不懂夜的黑，胡汉民不相信自己会走进科举考场一样。

第二年，胡汉民举人接到了邀请信，邀请他在乡试友情客串考生。

昨日重现，斩金六千，汉民东渡。渡口有人接，接人的是广东南海的冯自由，冯自由是革命团体兴中会的人。

胡汉民是梁启超的热心拥趸，梁启超在《清谈报》、《新民丛报》的文章胡汉民是每期必买、买了必看，只是一时找不到可以一起探讨心得的人，心中很是痒痒，就如炒了一手好菜无人品尝、唱了一首好歌无人喝彩。这次好不容易逮到机会，随口就说了出来："兄弟读《新民丛报》读了很久，都不知道梁公真正想说的意图是什么。等到我读到《新中国未来记》中假托激烈派李去病问答辞这个地方，才知道他的宗旨在民族主义，这和他的老师康有为是完全不同的。"

冯自由笑了笑，说："既然是激烈派，口口声声歌颂光绪皇帝是理所当然的，夸能夸死人的。"胡汉民想了又想，觉得他的话很有见地。

新意的东西之所以为新，在于它新鲜、少见。胡汉民感到留学的日子有一些苦闷，课程不是自己想要的，交往的圈子平淡而没有思想，即使是微弱的火星子都没有。

苦闷一直到了八月，火星子依旧没有，火花倒是碰撞了出来，但不是爱情的火花，而是愤怒的火花。碰撞的是留日学生和驻日公使蔡钧。

留日自费生蔡锷很是无奈，日本人做事真是一个萝卜一个坑，读陆军士官学校要读成城的预科学校也就罢了，进入成城还需要驻日公使开身份证明。证明不过是一个符号，难道没有它我就吃饭不香、睡觉不甜？

驻日公使蔡钧深深地赞成蔡锷，证明不过是个符号，真正重要的是符号后面的人，喜欢维新的人。维新是蔡公使一向所厌恶的，而尽一切可能阻止维新是蔡公使的最爱。

吴稚晖、孙叔方没有蔡锷的无奈，有的是死缠烂打的耐心，不给我开证明，老子带人天天在你使馆前等你，不信等不到你。

死缠烂打有时候是挺管用的，任坚心似铁，也有熔化的时候。只是蔡钧不想自己有被熔化的那一刻。他选择了报警，要求日本警察以妨碍治安罪逮捕吴稚晖、孙叔方。

日本警方的信访工作人员做得很到位，直接要吴稚晖、孙叔方等人从哪里来回哪里去，并派专人沿路护送。

离别是伤人心、断人肠的，但依旧有人来送别。吴稚晖很愤怒，只听说上访有遣送回省、回县的，没听说遣送回国的，这日本人做事太霸道了。到了神户，吴稚晖纵身从轮船上跳进大海，遣送是你的霸道，跳海是我的示威。

死是一种奇妙的东西，既可以让人悲痛欲绝，也可以让人怒火万丈。吴稚晖虽然没有死，却激起了留日学生的火焰，打人不打脸，逼人别逼死，胡汉民带头罢课，向日本政府和清朝驻日公使施压，要走一起走，要留一起留，我们也要退学。

日本政府见事态不好，态度有所缓和。但胡汉民主意已决，学无所进，寄人屋檐，仰人鼻息，不如回国。

胡汉民退学，只为离开平淡的学校。离开只为平淡，那么归国是不是有他所想要的激流汹涌呢？

文字狱

激流可以磨炼意志，文字狱功效则更好，磨炼意志自不必说，逼人家毁人亡也是家常小菜，随处可见。

文字狱是专为有文化的人量身定做的，而胡汉民偏偏是个有文化的人，梧州官府和士绅中有人已经忍他很久了。自从这姓胡的到梧州中学当了总教习，梧州风气从此就大坏：男生女生同校也就算了，学生们竟然还穿着西装祭拜孔子和孟子两位圣人，圣人的话更是丢到九霄云外，说什么人人平等、自由。

梧州知府程道源对胡汉民也是很有非议，人心野了，此人不除，不仅自己的日子不好过，整个梧州城都得受他连累。

胡汉民来了不久，学生"惹事生非"的本事大有长进。英国人侯岸无故辱骂殴打梧州某军官的卫兵，军官同志修养好，龟息大法练得炉火纯青，卫兵本人也是一个愿打一个愿挨，这些学生倒好，联名写信给英国驻梧州的领事，向他施加压力，结果侯岸不得不赔礼谢罪。这事幸好人家领事不和学生一般见识，要是一般见识，弄出什么事端就不是吃花生米那样简单。

这些家伙竟然不把康熙爷放在眼里，康熙爷的御墨好端端地放在传经书院，这些家伙也给毁坏了。不敬孔孟，二位老人家也不会跑出来问候他们；惹了洋人，洋人不见怪，算他们运气；蔑视康熙爷，圣上不追究就什么都没有，一追究，什么都有，砍头、发配、罢官，但穷学生有什么官可以罢，要罢也是罢我的官。

程道源一纸状文把胡汉民告到了两广学务张鸣岐那里，控告他提倡革命，诋毁孔孟，踩践圣谕。

学生本来就是无理也搅三分的主，现在一看人家踩到头上来了，哪还了得，罢课又有理由了，还派了十来个能说会辩的能手到广州告状，说程道源"蹂躏学务，玩视新政"。

程道源的本意是把胡汉民赶出梧州城，现在一看学生们跑到上面说自己坏话，心中那个气，三天不打，上房掀瓦，革命党现在最受老佛爷菜刀的青睐，这些学生就是革命党了。

杀人可是大事，杀的又是年纪轻轻的学生，两广总督岑春煊虽然有生死大权，倒也谨慎；捉贼拿赃，捉奸拿双。风过留声，鸟过留痕，狐狸再狡猾，也得有尾巴。

胡汉民是狐狸，但不是一般的狐狸，他的讲义规规矩矩，就连学生上课也要求他们"宁做君子，不做小人，宁可心累，不可手勤。"

岑春煊看过讲义以后，发了个电文严厉斥责程道源："胡汉民的讲义没有一个字和革命有关，你怎么昏庸到了这个地步。"

程道源刚在岑春煊那里挨了批，学生们又来找他的麻烦。诋毁孔孟可以，蔑视圣谕也行，污蔑我们胡老师那是万万不行；你程道源也是个正常的成年人，自己拉的屎自己擦，自己挖的坑自己埋。学生不依不饶，要求程道源辞职。

三年清知府，十万雪花银，辞职这事程道源不干。程道源不肯辞职，有人肯。学生要钱没钱，要势没势，辞了也不心疼，想要了随时回来都成。

走的人多了，也就成了路。辞职的学生多了，学校就成了仓库。猫是用来捉老鼠，鼠之不存，猫将焉附？学务处是用来督办学堂的，但如果无学可督、无堂可办，猫可以去当野猫，自己难道去当野人？

学务处把学生纷纷辞职的动向汇报给两广总督岑春煊，岑春煊本来就和程道源不来电，现在又看他是"花开花谢，人遇人践"，实在不忍心不踩上一脚，于是给程道源记了一个大过的处分。

胡汉民虽然侥幸过了关，但觉得梧州不是安身之地，就转往香山（今广东中山市）隆都，担任私立学校校长。据胡汉民回忆，后来辛亥年革命，"广西从事革命者，多半余当日之学徒也"。

无事一身轻，岑春煊松了口气，胡汉民这家伙还真是个刺头，走了就好。只是胡汉民是走出了梧州，却走不出缘。

1904年，岑春煊派学生去日本学习政法，胡汉民又上了岑春煊的船，跟着法政大学速成班在东京一学就是两年。

学习不是坏事，说明有上进心，只是胡汉民在学习的时候遇到了一座山，这才是大问题。

沿山而行

山一向是不动的，这就难免挡了愚公一家的路。因此有了愚公移山。

胡汉民遇到的可不是一般的山，而是孙中山。孙中山读过私塾，当过医生，后来爱上乾坤大挪移，要让满洲皇族从哪里来，回哪里去。

胡汉民一向欣赏孙中山的乾坤大挪移，1908年8月见到孙中山，更是一见倾心，再谈痴心。8月20日，中国同盟会在东京成立。9月1日，胡汉民不仅自己对同盟会"以身相许"，而且让自己的老婆和老妹也一同牵手同盟。

胡汉民加入同盟会以后，被推选为本部评议员，后任秘书，帮助孙中山管理文书，起草文件。孙中山对这位小老乡也很欣赏，所以胡汉民在同盟会的起点一开始就很高，接近领导层，走进核心圈。

同盟是同，夫妻同心，其利断金；兄弟同盟，必有纷争。同盟会刚成立，纷争就有了，还是老大级别的。

人的名，树的影，立了山头，当然要扯大旗，只是应该扯什么样的大旗，就有了说法。孙中山主张青天白日旗，顶天立地，好不威风。同盟会庶务长不同意，要拉"井"字旗。二人各不相让，闹得急了，黄兴就要拉起人马，自立门户。

黄兴反对用青天白日旗，表面上是认为青天白日旗没有个性、有点哈日的味道，骨子里实际是觉得孙中山想表现自己，同盟会刚成立就这么拉风。黄兴当然没有和孙中山说过，只是在给胡汉民的一封信中提到："名不必自我成，功不必自我立，其次亦功成而不居，先生何定须执著第一次起义之旗？"

黄兴与胡汉民差不多同时到日本留学，又是弘文学院的校友，所以二人关系极好。关系是极好，只是关系再好，比不上 super star，胡汉民站在 super star 的一边，劝黄兴站在革命的高度，先大家后小家，先革命后会旗，你就从良了吧。

友情开了路，革命上了纲，黄兴只好站在革命的高度，两眼一闭，就青天白日吧。黄兴这一站就不打紧，直到现在还站在长沙的五一广场，只是累不累就不知道了。

胡汉民搞定了黄兴之后，同盟会开始了孙中山的乾坤大挪移。大挪移这东西不是一般的困难，所以革命党人主张"两手都要抓，两手都要硬"，一手抓革命武装，一手抓革命宣传。

兵马未动，粮草先行，还没开打，舆论先起。中国人一向讲究先礼后兵，师出有名，同盟会也是如此。

黄兴把《二十世纪支那》报交给同盟会，说骂架得有地方，到这来吧，想骂就骂，骂得响亮。胡汉民一看这名字，《二十世纪支那》，没有群众基础，于是提议改名《民报》，作为同盟会的机关报，并在1905年11月正式创刊。开会要致辞，开店要剪彩，创刊当然要有发刊词，发刊词由孙中山口授，胡汉民执笔，发刊词中第一次提出了"三民主义"，后来成为同盟会的奋斗纲领。

同盟会要乾坤大挪移，南海圣人康有为和他的弟子梁启超等人则想要清朝王室行如风、坐如钟，所以要练移花接木神功，好保证光绪皇帝万万年。移花是手段，接木是目的。要想接木，当然是要移走对手，增强自身。

"戊戌六君子"在中国人的心里一直很有市场，所以每年到了六君子的祭日，在东京的移花接木神功传人都要举行"追悼戊戌庚子烈士"大会，缅怀先贤，宣传保皇党，顺便补充新血液。

10月6日，又到了六君子的祭日，孙中山就派胡汉民去"砸场子"。胡汉民说得好不好不知道，只知道胡汉民演说时"听众逾千人，拍掌狂呼，康、梁之徒，众皆瑟缩，不敢置辩，即席宣布此后不再会于东京，从此留学界渐以容保皇为耻辱矣"。

对胡汉民的发挥，同盟会吴稚晖曾经这么说："学生（指胡、汪）无先生不醒，先生无汪胡不胜。"这恰当地道出了孙中山与汪精卫、胡汉民的关系。

清朝政府也适时地对胡汉民的战斗力作出了评估：达到全国通缉水平，可以参加亡命比赛。评估是做出来了，只是孙中山、胡汉民等人跳出五行外、不在三界中，赏金虽然丰厚，倒也没有人有福气能够提着他们的人头来兑奖。清政府在伤心失望之余，觉得求人不如求自己，于是就和日本政府商量：你不帮我打老虎，帮我把老虎赶出山总行吧。

老虎出山一般是为了扑食，食物或者是阿狗阿猫，或者是男人女人。清政府只想老虎出山，却没有想到老虎出山的后果。

老虎出山

1907年，孙中山被日本政府驱逐出境。此处不留爷，自有留爷处，孙中山到了越南的河内，胡汉民陪着他一起到了河内。

从东漂一下子变成南漂，孙中山虽然有些失落，却是恢复得很快，启动了"经营南洋，边陲起事"的战略。经营南洋，就是请南洋的华侨有钱的捧个钱场，没钱的出个人场，没钱没人的出个口水场，平日里多讲讲革命那些事。边陲起事就是在广东、广西、云南各省发动起义，实现地方包围中央、南方一统全国。

为了掩人耳目，孙中山化名高达生、胡汉民化名陈同，他先后参加和组织发动了镇南关、河口、广州、黄花岗起义。镇南关位于中越边境，在这起义，胜可以向广东、湖南发展，败可以退越南境内，放心走自己的路，让追赶的人去哭吧。再说广西境内早就有了自己人。

黄明堂是名副其实的少数民族，既是壮族，又是少见的支持革命的一族。不过黄明堂在乡勇中间很有一些威望，要乡勇们上房，乡勇们不敢拆墙，要乡勇们革命，乡勇们不敢投降。孙中山很满意，以后镇南关都督就是你黄明堂。

黄都督不是一般的彪悍，说彪悍有点委屈都督。1907年12月2日，黄

胡汉民

明堂率领乡勇八十余人就里应外合地奇袭镇南关炮台,拿下了镇南、镇中、镇北三个炮台。

听到黄明堂发难,孙中山带着黄兴、胡汉民就从越南往镇南关赶。山路崎岖,胡汉民体质又弱,累得昏倒在地,但他没有中途退缩,醒过来后接着往镇南关赶。

清政府听到镇南关失守,立即从各地调了4000多人攻打镇南关。

黄明堂的炮台既缺药品,又少弹药,孙中山、黄兴和胡汉民只好又立即赶回河内筹款购买军火。

黄明堂在镇南关坚守了一周,清军枪多炮多,尿多屎多口水多,后来实在抗不住了,只好退入越南。

镇南关起义以后,孙中山就问胡汉民:在同行的人当中,你身体最弱,又有病,为什么还要奋力往前呢?胡汉民回答说:"党于党员,实有其牺牲献身之要求,吾人既矢志于革命,所谓知死必勇,更不愿于其时提出顾虑,致他人摇动。"

越南的法国殖民当局看到孙中山在河内又是枪又是炮的,怕带坏越南当地人,主张将孙中山驱逐出境。孙中山在越南待不住了,就前往新加坡,临走前把继续在广东、广西、云南发动起义的任务交给了黄兴和胡汉民。

按照孙中山的计划,黄明堂、王和顺率领从镇南关撤下来的义军进入云南,发动河口起义。胡汉民认为这两个人能力有限,难成大事,于是电请孙中山:"速令克强(黄兴),出统其军,前往指挥,更使知军事之同志,助之指挥,庶可进战。"

河口起义虽然失败,但规模较大,约有3000多人,清朝政府大为震动,这乱党是越杀越多,不能再放纵了,于是通电全国,悬赏缉拿:"伪总司令官"黄兴5000元,"伪总参谋"胡汉民4000元;汪精卫等四人2000元。为了逃避法国警察的搜捕,胡汉民在好朋友黄隆生洋服店的楼上一宅就是两个月。

风头过了以后,孙中山、胡汉民和黄兴在新加坡讨论起义屡战屡败的原因。胡汉民认为主要是会党缺少政治信仰、素质不高,不可依赖,并向孙中山建议发动清军中的新军起来革命。新军士兵时常受到的旗兵欺负,结怨很深,敌人的敌人可以转化为我们的朋友,可以加以利用。新军中下级军官和士兵出身都不太好,容易接受革命思想。最重要的是,新军接受过新式的军事教育,纪律性强,战斗力强。孙中山接受了胡汉民的建议,开始在新军中开展秘密的革命活动。

1909年5月,同盟会在香港设立南方支部,负责华南各省党务、军事起义等活动,孙中山指定胡汉民担任支部长这一要职。在此期间,胡汉民相继领导了广州新军起义和"三·二九"起义,但都没有成功。

广州新军起义的领导机关称统筹部,由黄兴、赵声担任正副部长,胡汉民为秘书长,胡汉民的老婆陈淑子负责秘密配送军火。统筹部制订了周密的起义计划,决定在香港挑选"先锋"800人,兵分十路进攻广州。

起义前夕,胡汉民将独生女胡木兰托给一位老人照料,并在一块布上写上自己的名字和籍贯,缝在木兰的衣服上。

新军起义一共牺牲100多人,因为其中的72名烈士被葬在广州黄花岗,所以又称黄花岗起义。

两广总督张鸣岐很是得意，革命又如何，不怕死又怎样，油门一响，黄金万两，枪炮一亮，丧命收场。得意是猖狂的资本，有资本，想如何都没问题，只是有得意，自然有失意。

情到浓时情转薄，失意该又在什么时候呢？

大都督

离别最好的季节，是风里透着凉意。当凉意上涌，再浓的得意也会慢慢冷却，再深的感情也会一点点地失忆。

张鸣岐的失意来得有点突然，甚至都让他没有一点心理准备。武昌起义爆发，湖南、陕西、山西、上海、贵州、云南、浙江、广西、安徽、福建纷纷脱离清廷，宣布独立。在中国沿海的南方，只有广东寂然无声。

胡汉民这个时候正在越南西贡，听到各省独立的消息，立即电令香港的革命党人加紧起义。革命党人李培基也不愿意"热闹是别人的，我什么都没有"，10月25日，当新任广州将军凤山的仪仗队走到广州大南门，早已等候多时的李培基上演了他一个人的精彩，用炸弹问候了凤山将军。

人是怕寂寞的，所以大多数都想得到亲友的问候，总督张鸣岐、水师提督李准、新军第二十三镇统制龙济光也是如此，只是他们都不太习惯炸弹的问候。

酒壮人的胆，李培基的精彩虽然不是酒，却也振奋了广州民众。问候的当天，广州商团的民众请求策划"联众自保"，张鸣岐一时没了主意，就假意认可了。

总督点了头，民众商团有了主心骨，在爱育善堂一商量，决定承认共和政府，派代表到香港和革命党商议独立的事。此议一出，广州城内，百姓竖起白旗，上写"广东民团独立"，商家店铺纷纷鸣放鞭炮，张灯结彩，隆重庆贺。

广东这边革命风生水起，湖北革命已是形势急下，北洋军已经攻入汉口。张鸣岐凉了的心又开始滚烫起来，11月1日，他下了一道戒严令："所有居民商店，立即掷去旗灯。倘若不知悔悟，有意抗命不遵，甚或聚众滋扰，则是冥顽不灵，唯有严加剿办，彼时良莠难分。各有身家性命，务宜一律遵守！"

张鸣岐调兵6000人入城，在卫边街和华宁里街口，竖起高墙，只留容纳一人通过的距离，又在新丰街筑起炮台，准备巷战。

胡汉民知道水师提督李准与张鸣岐一向不和，所以一方面发动民军进攻广州，一方面策反李准。说道理一向是胡汉民的强项，不容李准不服，胡汉民又承诺坚决不搞秋后算帐，揪他镇压"三·二九"起义的尾巴。李准再三权衡，终于决定在11月9日反正。

李准反了水，张鸣岐慌了手脚，有福同享，有难同当，同反同反，于是宣布广东独立，自称临时都督，龙济光任副都督。胡汉民不同意，现在反，早干嘛去了，不会是到红十字会献血救人去了吧，给他回了一句"鸣岐杀党人太多，须受审判"。

张鸣岐想死的心都有，同样是反水，差别为什么这么大，急忙向亲信龙济光求助，龙没有答应，你又不是光，我姓龙的救济你。11月9日，在民军逼近广州的形势下，张鸣岐只得交出大权，乘英舰"汉德"号逃往香港。临走前，将库银作为军饷发给龙济光军队。大小官员临逃时，又将官库洗劫一空大捞了一笔。

11月9日，广东各界开会，选举胡汉民为广东都督、陈炯明为副都督。在当时的局势下，胡汉民果断地决定组织军政府。政府要害部门的职务全由革命党人担任，不得不留用的技术人员等均归革命党人领导，这比武昌起义后的军政府几乎全为旧军官与立宪派掌握相比，无疑是一个重大的进步，也是极为正确的、必要的。

军政府成立后，国库只留1万多元，其他的都被张鸣岐带走了。国库没钱，广州城内外的革命军却是人要吃饭、枪要装弹，略微一算，急需的军饷就得20万。为解燃眉之急，胡汉民一面令财政部向香港商人借款40

万，许以三个月后数倍偿还；一面将库存官钱、银局纸币加盖军政府财政部印，发行1200万元，令商会店铺接受，由此，军政府安然渡过了财政危机。

当时，新军是革命主力，可广东全省只有新军两个团，一团由黄士龙率领驻守高州，另一团驻扎广州，还分出一个营驻守香山。广州城内外，驻扎清朝旧军队，总计七十二营，还有很多清兵上山做土匪，广州周边共有五十七支土匪武装，人数14万。胡汉民仔细审察各支部队的性质，令新军牢牢固守广州中枢，监视其他部队，旧军队和土匪武装得到有力震慑。

内政刚定，湖北前线传来噩耗，汉阳失守，武昌危急。胡汉民立即决心兴兵北伐，以壮声势，钳制清军。他令姚雨平组织北伐军，选择海陆军最精锐的武器装备北伐军。12月2日，南京光复，4日，黄兴被推举为大元帅，急电胡汉民，调请派兵支援。胡汉民接电，即令姚雨平部10日开拔，15日前后抵达南京，听从黄兴指挥。

为了稳固革命政权的根基，胡汉民和朱执信等人一起草拟"临时省会选举办法"。在120名议员名单中，20人由同盟会选举，男女代表各10人。这十位广东女议员，不仅是中国历史上第一批女政治家，也在亚洲开辟了妇女参政议政的先例。

孙中山回国后，胡汉民主张孙中山留在广州，积蓄力量再北上攻打袁世凯。但孙中山主张顺应各地民心，尽快推翻清朝政府，坚决要求胡汉民跟随自己到南京组织统一政府。胡汉民没有办法，只好安排陈炯明代理广东都督，统领广东部队，自己跟着孙中山北上。这一次，胡汉民只当了40多天的广东都督。

统一是幸福的，孙中山的喜悦写在脸上，只是并不是所有的东西都会写出来，比如人心。

真宰相

1911年12月29日，17省代表在南京举行临时大总统选举，每省1票。孙中山得16票当选，黄兴得1票。

孙中山就职以后，任命黄兴、胡汉民为临时政府秘书长，辅助自己执掌军国大事。

新店开张，胡汉民这个秘书长忙得不可开交。因为新开张，人手自然很缺，各路神仙削尖了脑袋想在政府弄个一官半职。胡汉民坚持孙中山的"唯才是称"的原则，尽量做到任人唯贤，杜绝私情。

为了解决军饷，胡汉民与孙中山、黄兴商量，准备将汉冶萍公司改为中日合办，好从日方手中取得一笔巨款，以解燃眉之急。实业总长张謇坚决不同意，见过卖国的，没见过胡汉民这么急着卖国的，当即就要辞职。胡汉民就给张謇写信："克强（黄兴）兄为了筹备军饷急得吐血，出此下策，实在是饥不择食，还请体谅。"

胡汉民致力于建立各项典章制度，并发布了大量的政策法令，如严禁刑讯体罚、禁止官吏非法扰民、禁止贩卖人口、严禁鸦片等。

胡汉民的堂嫂买了个丫头。有一天，丫头做了错事，堂嫂就给了她一顿暴打。丫头的父亲很生气，我卖女儿给你是来做丫头的，不是来练金钟罩、铁布衫的，就是要练，也只能在自己家练，于是到警察厅告状。警察厅长一看是胡汉民堂哥家的事，不敢做主，就去问胡汉民的意见，胡汉民很愤怒："现在都二十世纪了，还买卖人口？"堂兄很生气，买卖人口又不是一两天的事，几千年前就这样，怎么搁我这就不行，胡不理他，小丫头想回哪去哪。

对于胡汉民的工作，章太炎很是认可："临时政府成立以来，宪法未定，内阁既不设总理，总统府秘书长，乃真宰相矣。"

胡汉民曾经也很自负地对孙中山说："调和鼎鼐，协理阴阳，原是宰相分内的事，我虽无宰相之名，却有其实。"

胡汉民临时政府的秘书长工作做得不错，只是已经不认可临时政府和孙中山这位大总统了。

汪精卫作为同盟会的领导人，刚出狱就和袁世凯打得火热，坚决坚持以袁世凯为圆心，以总统府为半径画一个圆。同盟会的其他领导人黄兴、陈其美甚至认为清朝已经被推翻，民国已经建立，只要赞成共和、结束南北之间的战争，阿狗当总统也可，阿猫当总统也行，袁世凯虽然不在猫狗之列，当大总统也没问题。宋教仁则醉心内阁责任制，内阁一立，总统权力小得可怜，即使想有个什么风吹草动，也是有心无力使、有钱没命花。

对于妥协，孙中山进行严肃地批评，指出"元凶尚在，中夏未清"，"不去庆父，鲁难未已"。

袁世凯不急，手中有枪，有人慌张，萝卜在手，上当必有。立宪派此时打出拥戴袁世凯的旗号，任总统府枢密顾问的章炳麟亦与立宪派合流，他在由其主办的《大共和日报》上攻击临时政府，"以革命党人召集革命党人，是欲以一党组织政府，若守此见，人心解体矣"。

胡汉民同学也站了出来，力劝孙中山让位给袁世凯。当孙中山摇摆不定的时候，胡汉民给孙中山吃了一颗定心丸：谁能推翻满清，我就让位给谁。孙中山一听，这话怎么这样耳熟，怎么好像是自己说的。

兑现承诺最好的办法是从不承诺。袁世凯逼清朝皇帝溥仪退位，孙中山不会玩二人转，只好下台歇菜。

胡汉民在事后曾对这段事评论说："至举政权让之专制之余孽，军阀之首领袁世凯其人，则于革命主义为根本矛盾，真所谓'铸九州之铁，成此大错矣'。"

当歇菜已成定局，孙中山对身边人作了人事安排，推荐胡汉民做广东都督。孙中山的推荐评语如下："胡汉民先生为人，兄弟知之最深，昔与同谋革命事业已七八年，其学问道德，均所深信，不独求于广东难得其人，即他省亦所罕见也。前革命军起时，兄弟约其同到江南，组织临时政府，彼力为多。嗣兄弟蒙参议院选举为临时大总统，一切布施，深资臂助。迹其平生之大力量，大才干，不独可胜都督之任，即位以总统，亦绰绰有余。"

胡汉民本来想出国留学，因为舍不得的人是孙中山，却不过面子，只好留。退有退的苦处，留有留的用意。内外胁迫是孙中山退的苦处，胡汉民留，用意又是什么呢？

广东，又见广东

广东，又见广东。

又见广东，胡汉民已是广东都督、民政长、同盟会粤支部长。胡汉民这次督粤，就是想把广东当成"自留地"，把临时政府还没来得及实施的政策在广东省一一贯彻，把广东造成"模范省"。

经济方面，狠抓农业生产，严禁用农田种鸦片，设立省农林试验厂，进行科学研究；政治方面，经济上，遵照资质和诚信，重视基层政权建设，注意选拔德才兼备的人当县长，并发动民众监督检举，一经查实，立即惩处，以至于广东全省90余县，平均每县一年更换县长3次。

胡汉民当了都督，亲戚中有的人心就热乎乎的，就想要胡汉民在都督府给自己安排一个职务。胡汉民以"人事不宜"为由婉拒了。亲戚不死心，都督府不行，当个什么所的所长总成吧，胡汉民就问他："所长必有所长，你有何所长可任所长？"

为了试行土地国有，胡汉民提出了"地税换契案"，地税换契并没有触及或者改变土地所有制，只是向土地所有者征收税款，但是可以筹集资金，解决一些财政困难。尽管胡汉民已经是很小心，这些措施在不同程度上伤害了一些士绅的利益，引起他们的不满，手握兵权的陈炯明与胡汉民关系不好。

胡汉民还在5月25日通电各方，主张分权各省，提出中央与地方权限的划分：在立法方面，各省在不抵触中央所定根本法范围内，可以自定单行法；行政方面，外交权属于中央；财政方面，币制、关税、盐税、国内间接消费税属于中央，不足者由各省量力分担；司法方面，采取四级三审制，地方司法官由中央定其资格，省督任命。

胡汉民主张分权各省，忙于专权的袁世凯大总统却没有理他，在袁世凯的眼里，宋教仁才是他的唯一。

宋教仁这段日子风头正健，刚当了国民党代理理事长，又带领国民党在参政两院取得了压倒性的胜利，总理内阁唾手可得。

总理内阁，总统当然就得站在阁外。当热门变成冷门，热炕变成冷灶，老袁不敢想象那是怎样的场景。宁可站着生，不可跪着死，宁可自救，不可待毙。

50万元的银行支票递到了宋教仁的面前，宋教仁没有珍惜，纸片落了一地。袁世凯讨厌浪费，更讨厌拒绝，所以宋教仁死。

"宋教仁案"真相大白，全国一片哗然，国民党内也是热议如潮。孙中山认为"非去袁不可"，主张立即武力讨袁。黄兴等人则认为国民党的军事力量有限，讨伐袁世凯未必成功，不如诉诸法律。胡汉民再一次做了孙中山的铁人，他与李烈钧、柏文蔚决定兴兵。掌握兵权的陈炯明已经习惯和胡汉民唱反调，不肯出兵，主张以法律解决宋案。广东的绅商也不肯出钱，我认识姓宋的吗，要出钱给个理由先。胡汉民手中没枪，袋中没粮，只好无语问苍天，我的神啊，什么时候也赐予我力量。

神没有听见，英、法、德、日、俄等国银行团倒是听见了，他们赐予袁世凯力量，签订了借款2500万英镑的合同。团结就是力量，大团结已经能让人杀妻灭子，何况是2500万的英镑。

袁世凯腰也不痛了，腿也不抖了，胆气也粗了。他借口李烈钧、胡汉民、柏文蔚反对善后大借款，眼里没有中央，心中没有组织，宣布免去三个人的职务，并派兵进攻江西，南方数省因而宣布独立，二次革命爆发。

当反对成为习惯，反对就成为常态。有了第一次反对，自然就会有第二次，陈炯明再次反对，广东没有起兵。袁世凯一向是使离间计的好手，任命胡汉民为"西藏宣抚使"，任命陈炯明广东都督，说不说是我的事，斗不斗是你俩的事。

胡汉民不斗，性格决定命运，实力决定结局。胡汉民决定离开广东，但不是去担任"西藏宣抚使"。临行前,胡汉民从省财政拿出 200 多万元,100 多万元用来偿同盟会在广东发动新军起义和黄花岗起义时向海外华侨筹借的军费;另外 100 万元,以留学的名义发给高级官员,如发给朱执信 1 万元,廖仲恺两千元。

还钱没有问题,有问题的是外界舆论。《申报》称:"胡汉民解任拨还革命费 40 万,幕僚学费 10 万,议员、商会、军人反对。"一些港商则提出质疑:广东省民穷财尽,胡汉民没有经省议会公决,就擅自偿还革命费达百万元之多,不知道是私心违法,还是擅权已极。在这些舆论的影响下,有些不明真相的粤军将领也提出指责。

孙中山这一次出来当了铁匠,他说,有借有还,再借不难。胡汉民当初为了革命向华侨借钱,现在还给人家有什么不对。

袁世凯也有问题,不过袁世凯的问题不是钱,他的问题是如何拿到孙中山、黄兴、胡汉民这些国民党领导人的人头。

人头不是奢侈品,每天还得供吃供喝,相当的麻烦,但孙中山等人又没有送人的气概,所以只好亡命日本。

讨袁

亡命的日子不好受,头顶有重金,金子虽好,可惜是别人的,脑袋是自己的。

与其等着别人买命,不如拼命。

孙中山细细一想:花儿为什么那样红,是因为朵朵花儿向太阳;革命为什么这样惨,不是老袁太强悍,而是党人心涣散。人心齐,泰山移,要想灭了袁世凯,关键得有同心同德的人,而国民党已经是不可能。

孙中山新组建的政党叫中华革命党,与别的党不一样,孙中山要求"凡入党的人,须完全服从我一个人",并且须宣誓:"愿牺牲一己生命、自由、权利，服从孙先生再举革命"，并要求入党的人在誓词上印上指模，又把党员分为"首义党员"、"协助党员"、"普通党员"三种。

黄兴等人对这些要求持反对态度，满洲皇帝刚刚才退位，就又有人在惦记他的龙椅了。胡汉民虽然参加了组建中华革命党的筹备工作，但对这种带有浓厚宗派色彩的做法也不愿意认同。他既想维护孙中山的领袖地位，又想联合持不同意见的人，于是采取折中的办法，主张将誓词中的"服从孙中山再举革命"改为"服从中华革命党的总理"。他自己迟迟不肯加入中华革命党，直到1914年5月，才正式加入中华革命党。1914年7月，中华革命党正式成立。黄兴将反对的人组成"欧事研究会"，以到美游历结束了这场纷争。

中华革命党成立后，胡汉民任政治部长，同时任《民国》主编。《民国》是中华革命党的党刊，《民国》的宣传重点是声讨袁世凯背叛民国、专制的罪名，以捍卫真正的民国。

1916年4月，孙中山与胡汉民等革命党人秘密从日本潜回上海，胡汉民化名陈国荣，协助陈其美在上海策划反对袁世凯的军事行动。面对反对，袁世凯再一次夺人之美，派人杀了陈其美。胡汉民为此写了一幅挽联："其魄至弱，其魂至强，死者亦有知，豺狼当道岂能久；为道太厚，为身太薄，天下正多事，麟凤非祥若奈何"。

胡汉民正在为陈其美悲痛，杨度的筹安会跳出来为袁世凯称帝造势。胡汉民一股怒气正没地方发泄，看到有人至贱无敌、存心出来找骂，立即发表《警告杨度书》，指斥他"躐等求荣"、"卖文求禄"。

警告无效，1915年12月12日，袁世凯无敌到了极限，宣布恢复帝制，准备在1916年元旦废除民国纪元，改为洪宪法元年。

手中无刀，心中有刀，是刀法到了无敌的境界。身边有敌，心中无敌，要么是胆贼大，要么就是太大条，所以人类一思考，上帝就发笑，老袁一称帝，蔡锷就发飙。

蔡锷的想法很简单：你当你的皇帝，我独我的立，咱也不要讲什么江水不犯河水，该联系的联系，该问候的问候，北京云南虽然相隔千万里，我还是追寻着你，在枪林中，在弹雨里。

当情人难,当大众情人更难,贵州、两广、福建等省相继宣布独立,一路狂歌:千万里我追寻着你,你并不只在我梦里,弹雨中你是我的唯一。看到袁世凯成了大众情人,北洋军中的许多将领泄了气,称帝已是不易,争风又是何必。

相思太苦,无助太累,袁世凯不得不取消帝制,但还占着总统的位置。可惜相思太深会伤心,无助太累会伤身,1916年6月6日,老袁身心疲惫,从此呼呼大睡,一眠不醒。

春来如梦,袁去如风。风到之处,往往会带走一些东西,或者沙土,或者灰尘。袁世凯应该也是如此,比如对民国的蔑视、对《中华民国临时大约法》的摒弃。孙中山一脸期望。

胡汉民

护法

人走茶凉，人去却未必楼空。

袁世凯死后，北京政府就没有空，皖系首领段祺瑞一手操纵着北京政府。对于国会，他拒绝恢复；对于《临时约法》，显然已是往事，他也无意再提起。

往事可以不提，但"约法与国会，共和国之命脉也"，孙中山不能不提。段祺瑞没有纳谏如流，你说的可能有理，我不用未必不对。看到国会再次休闲、约法照旧孤立，孙中山举起了"护法"大旗。

孙中山一方面联合桂系、滇系军阀宣布两广自立，一方面派胡汉民、廖仲恺代表孙中山与总统黎元洪、国务总理段祺瑞进行谈判，同时积极争取国会中原国民党议员的支持。胡汉民还到两广积极活动，会晤当地实力派，陈述西南联合护法的必要，利用军阀间的矛盾，以达到宣布两广暂时自立的目的。

1917年9月，孙中山在广州成立护法军政府，自任陆海军大元帅，护法运动正式开始。胡汉民被任命为交通部长，负责联系各方力量。南北对峙局面形成。

西南军阀乐于参加护法运动，老段要一统江湖，这架迟早得打，有帮手和没帮手两个样，护法运动既可以抵制段祺瑞武力统一中国，又可以扩大自己的知名度，保存和扩大自身实力。

老段不傻，只要自己不动手，西南那些老大并不是真的想干架，想干架的是孙中山，眼珠一转：得了，咱们别打了，免得伤了和气。孙中山不肯讲和，国会不立，讲和我不干。

西南那些老大不理他，没枪没炮，一边玩去，操纵国会，改大元帅制为总裁合议制，选举唐绍仪、孙中山、任廷芳、林葆怿、陆荣廷、岑春煊、唐继尧等人为总裁，选举岑春煊为主席总裁。孙中山没有枪没有炮，又不会自己造，现在大元帅的职位也没了，一气之下，离了广州，直奔上海。

正当孙中山因护法运动的挫折而处于苦闷之中时，北方吹来十月的风，苏联革命的胜利使他看到了希望。1919年10月，他将中华革命党改组为中国国民党。

为便于在新形势下更有力地推动革命，孙中山建立陆海空军大元帅大本营，开始紧张的军事工作。1921年6月，胡汉民回到广州，被任命为总参议，孙中山出征期间，就由胡汉民主持大元帅府的日常工作。

一天，孙中山来到胡汉民的办公室，顺手打开一个公事箱，发现里面有好几份自己签发的手令。孙中山当即怒火冲天，大声斥责胡汉民："你胆子太大了，连我的手令都敢擅自扣发！"胡汉民不声不响，等孙中山不骂了，就问："先生你骂完了吗？"孙中山气消了一些："你还想听啊？"胡汉民将公事箱里的东西全部倒出来，拿起手令一件一件地解释：这是用人不当，那是时机不合，那又是思考不周。解释完以后，胡汉民提高了语气："别说是你，皇帝的命令也有被驳回的时候。唐太宗想派给事中郭承嘏到华州当防御使，给事中卢载直接毙了圣旨，理由很简单：郭承嘏公正守道，放在朝廷更能发挥他的长处，至于防御使，那是有军事才能的人做的事。唐太宗欣然接受，收回了成命。先生还记得你在起草中华革命党的誓词也有'慎施命令'一条吗？"孙中山一下断了电，无奈地说："说来说去还是你对，我说不过你。"胡汉民不依不饶："先生应该说一句'你是对的'才合理。"孙中山不说话，看着胡汉民。

办公室所有的人都不作声，就在这个时候大挂钟响了起来，一个叫李宗黄的参议走过来圆场："走，今天我请客，太平馆吃肥鸽去。"孙中山借坡下驴："好啊，一齐去。今天是我的错。应该由我做东。"胡汉民笑着说："太平馆吃客多，太杂乱了，先生不宜。若先生真想吃，我让太平馆送外卖吧。"

孙中山曾经对人说："余与汉民论事，有许多时候出现争论。多数情况下都是汉民正确的。"因为胡汉民直言上谏，孙中山虚怀若谷，两人关系反倒愈争论愈加密切。

胡汉民和孙中山的关系愈加密切，可和"太子"孙科闹得特别僵，都起了离职的念头。孙中山知道以后，赶紧写信给孙科，要他无论如何要挽留胡汉民，信中说："汉民纵不能代我办事，必能代我任过；否则，各种之过皆直接归在父一人身上矣。展堂之用,其重要者此为其一,故不能任彼卸责也。汉民去留,甚有关于大局之得失成败也。"

事后胡汉民对人说,孙科有三种脾气:第一,他是孙中山的儿子,有革命脾气;第二,他在国外长大,有洋人脾气;第三,因为他是独子,有大少爷脾气。而这些脾气,有时发作一两种,有时三种一起来,谁也受不了。

对方听罢反问:"那您有什么脾气?"胡汉民回答:"只有追随孙中山的革命脾气而已。"

代理元帅

1924年9月,直奉战争爆发。孙中山知道卞庄刺虎的故事,所以从广州赶到韶关,准备北伐。临行时,孙中山将广东的一切事务委托给胡汉民全权处理,由他代行大元帅的职权。

大权在握,胡汉民心中却不轻松,广东商团的事实在是有点咬手。

广东商团成立于1912年,最开始是商人的自卫组织,一向是本分做事,不敢惹是生非。可等到队伍大了,势力强了,心开始野了。

如果说蜡烛流泪是火柴惹的祸,商团则是心野种的根。商团军联防这事发生在1924年5月下旬,广东商团的代表在广州集会,成立了商团军联防总部。商团的总部到了广州,广州政府的主力部队却已经到了韶关,不禁让一些人的想象力丰富起来。

1924年8月上旬,商团私自购买长短枪约近一万支,子弹三百多万发,由悬挂挪威旗的丹麦船"哈佛号"偷运到广州。私运军火,广州政府当场就把这批军火扣留。

大师傅没有烧火棍,医博士丢了手术刀,什么花样都玩不出来,光有想象解决不了实际问题。联防总部的总长陈廉伯坐不住了,让商界人士提前休年假,邀请佛山、花县、三水等十四个城镇的商团到广州接受政府的阅兵活动，并派出商团军两千多人到大元帅府请愿，要求发还枪械。

广东省长廖仲恺都要被气疯了，不追究你私运军火已经是法外开恩，现在还和政府耸鼻子、瞪眼睛，真的是老虎不发威，当我是病猫，于是在8月20日公布了陈廉伯、陈恭受等"私运军械"、"纠集土匪"、"勾结北方军阀，图谋内乱"等罪行，通缉陈廉伯和陈恭受，同时调动军队进入广州市，以防不测。

廖仲恺红了眼，汪精卫、伍朝枢等人却是主张大家有话好好说，动刀动枪会破坏感情、伤了和气。滇军军长范石生、师长廖行超也出来做和事佬，实际上是帮助商团索还被扣军火。廖仲恺铁拳打在棉花上，有劲使不出，自己觉得没什么意思，放了自己的假，这省长爱谁是谁。

廖仲恺撂了挑子，代理大元帅胡汉民只好接手处理商团事件。胡汉民和广东的商人在广东光复前后合作过，感觉就三个字：倍轻松。和廖仲恺不一样，胡汉民认为商团事件的发生只不过是少数商人所为，广东商人总体还是好的，这并不是群体性事件，所以他的态度比较温和：

第一，取消对陈廉伯、陈恭受的通缉令，发还他们的个人财产。

第二，政府在10月10日发还商团长短枪四千支，商团则命令各商店立即开市，并拿出二十万元现金和全市一个月的房租捐给政府做军费。

孙中山为了顾全大局，就批准了胡汉民的解决商团事件的两项措施。不过孙中山也留了一手，要黄埔军校校长兼粤军参谋长的蒋介石立即成立革命委员会，以防备不测事件。

10月10日，商团以保护接领枪械为名，在长堤西濠口一带实施戒严。因为是"双十节"，所以广州市工人、农民、学生召开欢庆大会以后，又举行游行活动。当游行队伍来到长堤西濠口，商团放出的步哨竟不允许游行队伍通过，并向群众开枪，当场打死二十余人，受伤和被捕亦有数十人。

孙中山在韶关听到"双十惨案"的消息以后，立即指示胡汉民要严加处理商团，并宣布革命委员会在此期间代表政府全权负责。

在革命委员会成立初的六名成员中，没有胡汉民。孙中山没有让胡汉民立即参加革命委员会，主要是想留有余地，一台戏不能光有"黑脸"，还得有"红脸"。

有枪的感觉真好，开了枪，伤了人，商团的胆气壮了，在广州市内到处张贴传单，煽动商人继续休假，邀请东江的陈炯明会师，号召北江一带的商团武装阻击回广州的北伐军，齐心协力"驱逐孙文"。孙中山怒了，人无伤虎心，虎有伤人意，这虎不打不行。

10月14日，黄埔军校学生全校出动。商团有枪，却是摸惯了钞票的手、点惯了货物的心，开枪还真不是他们的强项。不到半天的时间，手还是摸惯了钞票的手，心还是点惯货物的心，枪已经是黄埔军校学生的枪。

商团事件尘埃落地，广州政府恢复了平静，但遥远的北京城已经不再平静，除了枪声不止，还有人心也不平静。

谁的枪响，谁的心不静，胡汉民浑然不知，但正是这不静的心让他登上了顶峰。

顶峰

枪是冯玉祥的枪。

不平静的心有冯玉祥的，也有张作霖、段祺瑞的。

当总统曹锟开始整天喝茶的时候，冯玉祥和张作霖、段祺瑞的心就已经不平静，联手掌舵北京政府不假，心里总有些许不安：猜忌、贪欲、恐惧。三是一个很奇妙的数字，三国鼎立，联孙抗曹，一不留神，就会做了孟德兄。

打破一个格局最好的办法是引入外力，造成平衡，所以他们各怀不同的目的，电邀孙中山北上共商国是。至于平衡不平衡，那是以后的事。

一纸电文从北京到了孙中山的手中，邀请他北上共商国是。为求得全国统一，孙中山毅然北上。

孙中山北上，胡汉民则留守广州，胡汉民不仅代行大元帅的职权，还兼任政治、军事委员会主席,风景真是一片独好。

孙中山出了广州城,北伐的谭延闿和朱培德在江西又吃了败仗,将无战心,兵无战意。广东东江一带的陈炯明心开始活泛:要人命,趁人病。开会,招兵,1925年1月7日,"援粤军总司令"陈炯明会同林虎、方本仁各部从潮洲、潮头分三路进攻广州,号称十万大军。

胡汉民一边和廖仲恺、许崇智、蒋介石、杨希闵等人组成军事委员会东征,一边和陈炯明玩起了锤子、剪刀、布,任命杨希闵为总司令,也分三路阻击。

要人命,趁人病,这话一点不假,不过陈炯明还是少算了一点:黄埔军校的学生军。蒋介石当了黄埔军校的校长以后,特意强调学生们成为奉行三民主义的革命军人,要求他们勇猛威严、外危如安、不怕死。陈炯明来势如虎,黄埔学生军却是初生牛犊。

蒋介石率领的初生牛犊在这次东征战斗中表现英勇,不占百姓一树一草,也不踩坏群众的一根葱、一根蒜,更别说让群众给自己割草赶蚊子,所以深得群众的拥戴。黄埔学生军一路上攻无不取,战无不胜,先后攻下淡水、平山、海丰,又在棉湖重创叛军主力,奠定了第一次东征胜利的基础,陈炯明军队只好败退到闽赣一带。

初生牛犊们在东征中散发出诱人的青春,孙中山在东征结束之前走到了自己的人生尽头。1925年3月12日,还来不及和冯玉祥等人商谈国是,孙中山就在北京逝世。

孙中山在世的时候,广东革命政府内部还能有条件地团结在孙中山的大旗下,孙中山这一不在,有人就打起了小算盘。

滇桂杨希闵、刘震寰两支部队不仅和北京政府以及东江的陈炯明拉上了关系,也和云南的唐继尧有了盟约,对广东政府下了手。

刘震寰与杨希闵曾经在驱逐陈炯明出广州的战争中立下大功,刘震寰还在驱陈战斗中负伤,因此,刘、杨二人在孙中山再次回广东建立革命政权后的地位很高。东征的时候,杨希闵部为东征的左翼,刘震寰部为东征的中路,孙中山一死,二人就把部队集结在博罗、惠州一带,训练踏步踏,还不断地向广州政府索要军饷。

4月26日，杨希闵的部队包围广州和石井兵工厂，滇、桂军开始移防。刘震寰与杨希闵的异动引起了大元帅府的注意，回想一起走过的日子，考虑到孙中山刚走人心不稳，胡汉民就试图安抚他们，希望他们放下屠刀、回头是岸。

1925年5月初，胡汉民答应杨希闵的要求，将政府属下的兵工厂改为委员制，并任命杨希闵推荐的夏声为委员长。接着，他又派邹鲁去劝说杨、刘二人回广州，并许以官职。

刘震寰与杨希闵也想成佛，佛爷很好，两个人却受不了口中的那份清淡。6月4日，刘震寰与杨希闵的部队占领广东省长公署、财政厅、市公安局等机关。杨希闵自称滇桂联军总司令，发表通电，指责广东政府勾结俄国人，想共产共妻。

想要的花儿不开，等待的船不来，却等来了枪炮和指责，胡汉民也只好放下谈和的心，下令免去滇军总司令杨希闵、桂军总司令刘震寰所有的职务，并谴责他们目无革命，阴谋造反。随后，胡汉民调动粤军与谭延闿、朱培德的部队平叛。谴责来得迟了些，胡汉民对杨、刘的暧昧态度，已经影响了他在国民政府中的地位。

刘震寰这哥们敛财是把好手，不仅把税收据为己有，还从来不给士兵发军饷。士兵们闹饷，刘震寰就笑骂道：不说你们傻你们还不知道，手里有枪就有钱，这还要老子教你？

滇军司令杨希闵除了垄断税收，还喜欢当馆长，比如赌馆、烟馆的馆长。为维护私人利益，杨希闵还自办滇军干部学校，培养亲信，对抗黄埔。

从6月6日起，东征军开始平叛。滇桂军平时少不了向老百姓借些鸡鸭鱼肉，帮老百姓用一用口袋装不下的银元，老百姓碍于大家都是孙先生旗下的人，问候几下也就算了，并不敢对他们动手动脚。

政府动了手，老百姓也就上了心，不怕政府知道，就怕政府认真菜刀、锄头一起上。政府这一认真，刘震寰与杨希闵还真抗不住，撒腿跑进沙面租界。

刘震寰一战尘埃落地，国民党内却已经是暗战迭起。暗战本来可以避免，只是因为没有答案，所以有了暗战。

失势

日出之后是日落，黑夜之后是白天，地球人都知道。

总理之后谁老大？没有人知道。

孙中山可能知道，但他没有说，而且现在也没有机会给他说。

杜康不可一日无酒，党不可一日无头。孙中山这一逝世，愁坏了国民党的大员们，这频道只一个太单调，频道多了，又不知道看哪个台好。同是中山三杰，这选台真是难死人。

胡汉民：孙中山北上时，胡汉民代理大元帅，行使党政军最高权力。虽然不支持联俄联共，大元帅的工作做得也算是中规中矩。不足之处是没有外援，在当时国共合作的情况下，得不到苏俄与中共的支持，和军队的关系不密切。胡汉民与革命军的主要领导许崇智关系也不好。从为人来讲，胡善于调和，缺少果断与魄力，又加说话常常伤人，党内的支持率不高。他的长处是擅长理论。

廖仲恺：孙中山联共的忠实拥趸，积极协助孙中山改组国民党，坚决执行联俄、联共、扶助农工的三大政策，很受苏俄与中共的青睐。缺陷是可能会受到国民党反共势力的阻击。

汪精卫：刺杀摄政王的英雄，总理遗嘱的起草人与亲承人，太极心法的宗师，左手写满了苏俄与中共的好感，右手写着有军事实力的许崇智与蒋介石的支持。

1925年6月15日，国民党中央召开全体会议，会议决议将大元帅府改组为国民政府。汪精卫当选为国民政府主席，廖仲恺为财政部长，胡汉民当选为外交部长。

代理大元帅一下子成为外交部长，胡汉民受不了飞流直下三千尺的刺激，生气地说："我不懂英语，当什么外交部长？"一怒之下，收拾行李就要出国，后来大家劝解这才留了下来。

胡汉民的日子不好过，廖仲恺却已经没日子过。

1925年8月20日上午，廖仲恺身中4弹，倒在国民党中央党部门前。

廖仲恺被刺后，国民党中央执行委员会、国民政府委员会、军事委员会即召开紧急联席会议，决定成立由汪精卫、许崇智、蒋介石三人组成的特别委员会，处理廖案。并决定党部、政治会议、国民政府各机关职权等，一律交由特委会统制。后来一查，廖案最大的嫌疑人是胡汉民的族弟胡毅生等人。

廖仲恺被暗杀，胡汉民很是气愤。廖仲恺和胡汉民关系一向不错，廖仲恺的女儿还是胡汉民的干女儿，何况事情还牵涉堂弟胡毅生，胡汉民就去找汪精卫，谈了自己对廖案的看法：一是军阀的破坏，被打倒的军阀不满，未被打倒的不安，这种不满与不安使他们决定采取行动。二是廖仲恺亲共，孙中山一死，反共势力猖獗，控制了国民党，廖仲恺自然成为被清

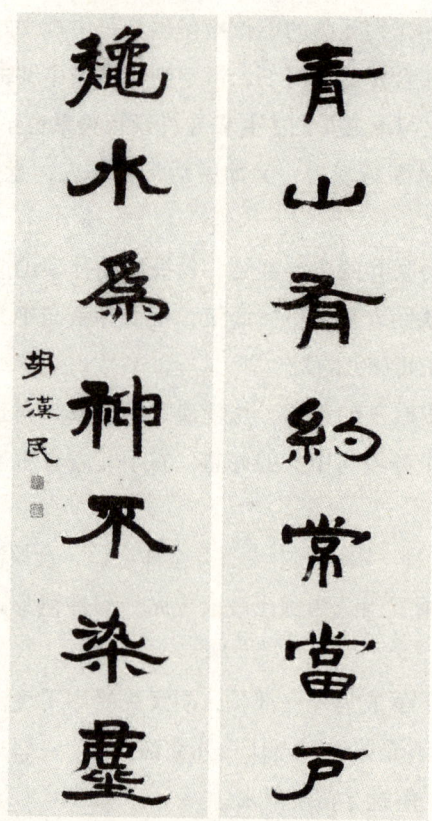

胡汉民书法作品

除的对象，对廖这种地位很高的党国元老，只有采取暗杀的办法除掉。

汪精卫对胡汉民洗耳恭听，不作任何反应。胡汉民又去找特别委员会委员蒋介石谈心，蒋介石不像汪精卫那样沉默如金，他对胡汉民说了一句话："胡先生的三点意见，我以为第一点尤属事实。"

8月25日晚上，一伙人直扑胡汉民大哥胡青瑞的家中。胡汉民刚刚躺下，就听到门外嘈杂的脚步声，赶紧下床，披上衣服就从后门向外溜。因为事出突然，跑到街上就不知道该往哪里跑。后来咬牙一想，就断定此事极有可能是与汪精卫有关，一时性起，直奔西华二巷的汪精卫家。

汪精卫的老婆陈璧君看到胡汉民这么晚了还来串门，还上气不接下气，很是惊讶。听了胡汉民的苦水，陈璧君怒不可遏，立即打电话给汪精卫，质问道："胡先生究竟犯了什么罪，你要派人深夜前去缉捕？"陈璧君怒不可遏，汪精卫怎么这么糊涂，就算是全天下的人都要捉胡汉民，也轮不到他汪精卫动手。1910年3月，在新加坡的胡汉民听闻汪精卫暗杀未遂被捕，流涕大呼："精卫死矣！精卫死矣！"随后又四处筹款准备上京营救，因为数目不够，于是陈璧君带了百金到澳门赌场碰运气，结果输得只剩下两个大活人回去。孙中山知道以后，就批评胡汉民："忠于感情，而失却辨理力，我不意子亦如是也。"

汪精卫正在等手下人的好消息，以为胡汉民不是束手就擒便是被就地正法，心中得意："反动派就要捉，捉了就要杀，这样做是大快人心。"陈璧君看了胡汉民一眼，压低声音："胡先生现在我们家里。"汪精卫一听，气得摔下话筒。陈璧君怕出意外，当夜便让胡汉民住在家中。

抓捕胡汉民的信息传扬出去后，汪精卫、蒋介石顾虑到右派势力，暂时将胡汉民的事搁置起来。在古应芬等人的保护下，胡汉民住到黄埔军避风，时间长达一个月。

后来，蒋介石告诉胡汉民，根据鲍罗廷的建议，希望他去俄国休息一个时期。要胡汉民出去走走，这明显是中国历史上屡见不鲜的败放手法。胡汉民觉得出去总比软禁好，就同意了这一要求。

9月22日，胡汉民带着朱和中、李文范、杜松及女儿木兰等5人乘船去苏俄。

胡汉民走后不久，国民党中央党部发表第196号通告，通告说："胡汉民同志（因）乃弟毅生为廖案要犯，颇感不安，曾赴黄埔回避数日，政府以汉民同志毫无关系，仍根据7月初之决议派赴欧美。"

其实胡汉民到俄国休息，既是蒋介石的意思，也有苏俄顾问鲍罗廷的用意。

廖仲恺被杀，蒋介石奉军事委员会的命令，以广州卫戍司令的身份全权处理广东事务。蒋介石这次可是大义灭亲，许崇智是他的老上级，又是他的结拜兄弟，可一知道许崇智的部下参与廖仲恺案，蒋介石就想办法迫使他辞去总司令的职务。胡汉民的堂弟也有嫌疑，胡汉民不走那是不可能。如果都不走，一个是总司令，一个是敢说敢做的骨灰级人物，想发展的空间根本没有。他们不走，蒋介石就得一潜到底。

鲍罗廷对胡汉民一直很头痛：这家伙对国民事业一往情深，可对共产事业竟然一脸漠视，漠视也就算了，还时不时地对共产事业下个绊脚石、说个风凉话什么的。下个绊脚石也可以原谅，个人行为，无关共产事业大局，偏偏这家伙位高权重，说话杀伤力太大。不过，现在鲍罗廷头不痛了，当麻烦出了门，下雨心中都会有太阳。

太阳懒洋洋地照在海面上，也照在"蒙古号"轮船上，却也有遗漏的地方。

补牢

汪精卫很够意思。

汪精卫的意思是一封亲自署名的信。

汪精卫还签署了一封给苏联共产党和苏维埃政府的信，信中有这样的字眼：胡汉民同志现为本党中央执行委员及政治会议委员，……其在本党之历史的关系想已为诸先生所深知。至于汪精卫所谓的深知，可能是胡汉民的光荣事迹，也可能是"事出有因，查无实据"的谋杀。

胡汉民心中明白，不得已而为之考察，无论说得多堂皇，都不过是一场变相的放逐。阳光慵懒，本是开心大睡的时候，自己却要远走他乡，无限伤心事化做诗一首：

> 稚子牵衣上远航，送行无赖是秋光；
> 看云遮处山仍好，待月来时夜渐凉。
> 去国屈原未憔悴，鸠人叔子太荒唐；
> 浮屠三宿吾知戒，不薄他乡爱故乡。

"蒙古号"是忧郁的，海参崴却是灿烂的，灿烂得出乎胡汉民的意料：苏俄当地政府、党部和驻军及工人团体、学生团体以及中共、中国侨民大约两万人夹道欢迎这位远方的来宾，海参崴在胡汉民的心里本来应该是：天是灰的，心是凉的。

苏联外交人民委员会远东代表范斯亭曾私下对胡汉民说："不说中国北京政府的外交人员，就是英、日、法、美使者也从未享受过这样盛大的款待。"海参崴的灿烂多少安慰了胡汉民的忧郁，在写给国内的信中，胡汉民称苏联接待"感情之热烈，礼谊之隆重，肴食之丰美，同行者均谓平生所未遇也"。高兴，炫耀，或者都有。

莫斯科接站的标准是元首级别的，苏联红军竟然派了一个团的仪仗队恭候胡汉民的大驾，苏联政府则组织六万多人举行隆重的欢迎仪式，共产国际主席团主席之一片山潜也到车站迎接并致欢迎词。各大报纸纷纷巨幅刊登胡汉民来俄、胡汉民的历史、胡汉民的演说，要不是总编查得紧，胡汉民上厕所的小照都上了头条。

苏联的报纸有点疯，不过他们不疯不行。对于身处热恋的人而言，最难得的是有情人在身边；对于挚爱共产主义的人而言，最难得的是对共产主义的高度赞美。胡汉民在为《真理报》所写的《俄国十月革命的感想》称赞：苏俄十月革命是二十世纪的第一件大事；是无产阶级解放的第一声；是宣告帝国主义死刑的第一法庭；是世界被压迫民族的第一福音；是实现马克思主义革命成功的第一幕；是人类真正历史的第一篇。朱和中就说："俄国共产党所崇拜者马克思主义，顾真识马克思论者，几廖如晨星。惟胡先生则深明马克思之要旨，每一谈话，如数家珍，或且加以评论，俄人尤为佩服。"每次胡汉民发文章，都有俄、德、法、英四国文字的转译。

更让俄国人抓狂的是，第三国际执行委员会第六次扩大会议的开幕那天，胡汉民表示中国国民党愿意与第三国际联络，提出了国民党加入共产国际的请求。

俄国人抓狂，胡汉民心中却是静如水：非常之时，必得有非常之谋。从大元帅到外交部长，从外交部长到"廖案"的委屈，有党内的争权，更有共产风自始自终的影响。国内革命运动日益高涨，"左"的论调在中国大行其道。与其斗勇，不如斗智。如果国民党加入第三国际，就能保持国民党的独立自主，不受共产党的操纵和愚弄。

胡汉民的转变不是一两天，早在离国之前，胡汉民就向鲍罗廷和汪精卫提议国民党加入第三国际。为了改变形象，胡汉民在访苏期间经常给国内汪精卫等写信，谈及自己在苏的活动和观感。这些颇得国内党人的好感。

1925年12月，国民党右派不顾广州国民政府的劝阻，在北京召开西山会议，要求分共。胡汉民与西山会议派的老大们私交一向很好，这一次却勇敢地站在了广州中央党部的一边，并发电说："诗云：吾爱朋友，吾尤爱公理；兄弟则更愿附加一语：吾爱朋友，不如吾之爱革命。"

1926年1月，国民党第二次全国代表大会在广州召开。

在大会的最后选举中，胡汉民在未出席的情况下，上演了王者归来，他以248票全票当选为中央执行委员会常务委员、中央政治委员会委员，并被任命为中央党部工人部长。

王者归来，胡汉民无数次想过王者归来的风光，却没有想过即使是王者，归来也必须在合适的时间、合适的地点。而他，已错过了最好的时机。

时机

时机是稍纵即逝的，蒋介石很明白这个道理。

气跑汪精卫，重挫共产党，打击苏联顾问团，蒋介石想不佩服自己都不行：一箭双雕固然厉害，一石三鸟才是境界，中山舰这事干得实在漂亮。现在是收获的时节了。

收获时最烦人的事情就是有人打扰了，尤其是有威胁的人出现，在蒋介石眼中，胡汉民就是这样的人。

对于火灾，最好的办法是在火没燃起来之前就远离火星。蒋介石让苏联顾问团向俄国打电报，借口中国国内形势不稳等原因，劝胡汉民暂缓回国。胡汉民不为所动，还是踏上了开往中国的轮船。

不久，中国国内的各大报纸发表了一封信，信中有一段这样写道："革命委员会当要马上成立，以对付种种非常之事，汉民、精卫不加入未尝不可。盖今日革命非学俄国不可，而汉民已失此信仰，当然不应加入，于事乃为有济；若必加入，反多妨碍，而两失其用，此固不容客气也。精卫本亦非俄派之革命，不加入亦可。吾党今后之革命，非以俄为师，断无成就，而汉民、精卫恐皆不能降心相从。"

信是孙中山在商团叛乱时写的，商团叛乱发生在1924年，时间有点远，不远的是孙中山的权威：胡汉民不是我辈中人。

不归是星光灿烂，归来已是泼墨一片。

胡汉民在上海闲居就是一年，靠译述著作维持生计，自称"日惟闭启读书，冀补年来学殖芜落之憾"。胡汉民不是甘于寂寞的人，他只是在等待合适的机会而已。

等待，是胡汉民的无奈，出击是蒋介石的风光。这一年，蒋介石可以说是光芒四射，不说是红太阳，至少也是小火星。

1926年4月16日，在国民党中央党部和国民政府联席会议上，蒋介石被国民选为军事委员会主席。当上主席的蒋介石就是右派的大克星：取消

孙文主义学会，免去吴铁城的公安局局长的职务，由左派李章达就任公安局长。苏联顾问们很是欣慰，蒋主席就是我们需要的人

欣慰的苏联顾问们没有欣慰多久，蒋介石又有了新动作。在国民党二届二中全会上，蒋介石与谭延闿、孙科等人提出了四个"整理党务的提案"，并得到了会议的通过。此提案是排斥共产党、限制共产党活动的。根据此提案，共产党人不得担任国民党中央机关的部长职务，在国民党高级党部中任执行委员之数不得超过三分之一。巧合的是，胡汉民在这个时候提出了"党外无党，派外无派"的口号，表明他同蒋介石"清党"的立场是一致的。

整理党务的提案一出，原来在国民党中央任组织部长的谭平山、任宣传部长的毛泽东、任农民部长的林伯渠、任中央秘书处书记的刘芬海不得不辞职。蒋介石一手接过了组织部长的职位，把一部分党权掌握在自己的手中。

6月5日，国民政府任命蒋介石担任国民革命军总司令，并授权他组建北伐军总司令部。按国民政府司令部组织大纲规定，北伐出征令下达后，即为战争状态，凡国民政府所属军、政、民、财各机关，均须受总司令指挥。

7月1日，国民政府发出《北伐宣言》，蒋介石以军委主席的名义下达了"北伐动员会"。其实早在4月26日，蒋介石在"统一两广特别委员会"会议上就提出了"应早定北伐大计"的主张。只有通过北伐才能不断提高自己的影响力，从而将自己作为军事最高负责人推上政治最高点。

北伐是成功的，不到半年时间，国民革命已经从两广推进到了长江流域。蒋介石也是成功的，一下子成了焦点：1926年，戴上了"不负众望的革命家"等光环，更重要的是，他的势力越来越大。

1927年4月12日，蒋介石撕下了"蒙那里傻"的面纱，让一大票看好他是"了不起的革命家"的石粉们失望了，原来忽悠是这样来的。

清党

18日，蒋记南京国民政府成立。南京国民政府的建立，标志着武汉国民政府的分裂。这样，在中国南方的大地上，出现了两个国民政府，两个国民党中央。宁（南京）与汉（武汉）对立局面形成了。

蒋介石要想和武汉方面抗争，除靠军事实力之外，还需要政治上的号召力和旗帜，而在国民党内资历、影响足以与武汉汪精卫相抗衡的，唯有胡汉民一人。蒋介石将胡汉民推到前台，让他出任南京政府党政军三个主席。

对于自己到南京帮助蒋介石"清党"，胡汉民解释说："我当时从苏俄回国，在上海从事著述。十六年（1927年）春，共产党在武汉益形猖獗，一批莫名其妙的同志，还曲解总理的所谓三大政策，高唱着联俄和容共，党亡国危，很多同志来找我商量大计。我在苏俄六月，深知苏俄破坏中国革命的阴谋，便坚决说，非以壮士断腕的决心反共清党不可，询谋佥同，我才入了南京，帮各同志的忙，彻底反共。"对自己的反苏反共言行，胡曾辩解说："兄弟对于马克思主义理论或许有几分赞成，但决不赞成苏联共产党。"

开张本来是讲究大吉大利、和气生财的，胡汉民却总是觉得是共产党逼死了他老爹，所以任职后所签署发布的第一号命令——《秘字第一号令》就是针对共产党的。第一号令中云：

"共产党窃据武汉，破坏革命之进行，数月以来，肆行残暴，叛党叛国，罪恶贯盈，……缘其所为，祸有甚于洪水猛兽，瞻念前途，不寒而栗。……并致训令国民革命军总司令蒋中正，于最短期间肃清叛乱。查此次谋逆，实以鲍罗廷、陈独秀、徐谦、邓演达、吴玉章、林祖涵等为罪魁，以及各地共产党首要、次要分子，均应从严拿办。着国民革命军总司令，各军长官、各省政府通令所属一体严缉，务获归案重办。"

胡汉民还为国民党确定了带有政策性的"清党"原则六条，并明确指出："我们过去的清党只是把不良分子清出党外就完了，我们这次的清党是要进一步把共产党的死灰都要送还给俄罗斯，不能让它遗留在中国的土地上。干脆地说，这次的清党，就是要消灭中国共产党！"

为了保证"清党"活动取得圆满成功，胡汉民还对"清党"的具体方式、步骤作了详细的指导。1927年5月5日，胡汉民与吴倚伦在中央常务委员会上提出了六条"清党"原则：

（一）在清党时期中停止入党；

（二）所有党员经过三个月之审查再发党证；

（三）土豪劣绅、贪官污吏、投机分子、反动分子及一切腐化、恶化分子，前经混进本党者，一律清除；

（四）所有党员，须每半个月向所属党部报告其工作，无故一月不报告工作者，一律加以警告，三个月不报告工作者，取消党员资格；

（五）海外清党办法另定之；

（六）任邓泽如、吴倚伦、曾养甫、何思源（旋改为萧佛成）、段锡朋、冷欣、郑异组织中央清党委员会。

胡汉民特别解释了恶化分子：如渗入本党之共产分子及其勾结利用之一切恶劣分子，为恶化分子。

对于"清党"工作，尤其是思想理论上的"清党"，胡汉民全力以赴，"为文演说，目不暇接"，一时间，胡汉民成为反共理论的中心人物。

南京政府成立后，武汉与南京双方之间坚持君子动口不动手的原则，口水白泡满天飞，也不知道是张飞打赢了岳飞，还是岳飞打赢了张飞。菊花茶虽然可以去火，嘴仗打久了也会起泡，所以两边都在北方撒了一把野，武汉方面北伐军攻占了河南，南京方面北伐军深入到江苏北部。

撒野放了火气，却解决不了宁汉之间的矛盾，该正视的还得正视，该斜视还得斜视。武汉方面正视的冯玉祥，斜视的是南京方面；南京方面斜视的是武汉方面，正视的是冯玉祥。冯玉祥赞成革命，最重要的是这家伙拥兵十万，在宁汉双方半斤对八两的情况下，他站在哪边，哪边就赢。

对于冯玉祥，民国总统徐永昌曾批评冯玉祥历来是"论变不论常"。

1922年，直奉战争爆发，吴佩孚以推举冯玉祥当"库仑都护使"为名，将他逐出京城。

冯玉祥和吴佩孚一向不和：一是因为冯玉祥枪杀了吴佩孚的亲信鲍德全；一是因为他在河南任上将赵倜的财产全部充公，并拒绝了吴佩孚见者有份的要求；最重要的是，冯玉祥练兵有方，手下战斗力特别强，因此成了吴佩孚的眼中钉、肉中刺。

冯玉祥也知道这次恐怕是肉包子打狗，眼珠一转先去保定见曹锟。到了曹锟那儿，话没说一句，先就跪在地上一顿大哭。曹锟慌了手脚：男儿有泪不轻弹，只因不到伤心处；男儿膝下有黄金，只因没找到钻戒。我这可全是水泥地，没什么金刚石、钻石，赶紧问他什么情况。冯玉祥就说："吴玉帅对我毫不体谅，动不动就找我的岔子、揪我的小辫。"曹锟看到他视黄金如粪土，深为佩服，向他再三保证不让这种事情发生，冯玉祥才平静离开。

1923年，曹锟贿选总统，作为曹锟一派，冯玉祥没有直接参与贿选操作，但是以"索饷"、辞职等等举动，逼得黎元洪出走、张绍曾内阁辞职。

1924年9月，直奉战争爆发，在喜峰口与张作霖大战的冯玉祥回师北京，请大总统曹锟整天喝茶。据张作霖的亲信副官马炳南透露，冯玉祥反曹，只不过是他给冯玉祥带了一份厚重的结婚贺礼——一批军火和150万的军饷。

冯玉祥知道宁汉双方都很正视自己，愈发显得端庄，越不容易得到越珍贵。

1927年6月10日，武汉方面道行浅，先沉不住气，和冯玉祥在郑州举行了相亲会。为了得到"冯美人"的青睐，武汉方面决定把唐生智部队拼了老本占领的河南省全部让给冯玉祥。

眼看着武汉就要抱得美人归，蒋介石不肯干，这事不仅是面子问题，还是人身安全的大事，率领文武大臣亲友团就往徐州赶，为了赢得"冯美人"的好感，蒋介石提前三天就到了徐州，恭候冯玉祥的芳驾。

胡汉民大打反共牌，对冯玉祥讲共产党的种种谬误，如"共产党在学理上主义上的不对，在革命事业上的不对，在两湖盘踞巢穴，各种情形的不对，以及最近也打官话，办清党，一班共产党和跨党的分子，仍旧戴起

胡汉民

假面具来,进行他们工作的不对"。

共产党的谬误对不对冯玉祥不关心,冯玉祥关心的是苏俄方面援助的数目对不对、有没有后续的跟进。胡汉民也知道冯玉祥事不关己高高挂起的想法,想了又想,要想"美人"动心,还得加强她的危机意识,也不和她说八大纪律、五项注意,就和"冯美人"说了两点:

一、共产党寄生在国民党内部,目的是借国民党的力量一统中国,这是他们基础的计划。

二、共产党想借北伐损耗国民党的实力,他们现在是怎样对付蒋介石,将来就会怎么样对付你冯玉祥。

蒋介石在一旁插不上话,也顾不得男女授受不亲,一个劲地往冯玉祥裤袋里塞红包:五十、一百万、一百五十万、二百万。不知道是胡汉民的危机意识起作用了,还是每月给西北军二百万元的包月费起作用了,反正"冯美人"的心动了。

相亲成功，蒋介石和冯玉祥联合发表爱的宣言，声明："中正、玉祥与数十万将士为三民主义信徒。谨偕全国革命军誓为三民主义而奋斗，……必期尽扫帝国主义之工具，以完成国民革命之使命而后已。"

6月19日，冯玉祥与蒋介石、胡汉民等南京方面要人召开徐州会议，鼓吹"宁汉合流，联蒋反共"。23日，冯玉祥致电汪精卫、谭廷闿等人，"力促他们与蒋介石合作，制裁工农群众过火行为，并建议武汉国民政府命令邓演达出洋，鲍罗廷立即回国。"蒋介石和冯玉祥的合作使武汉政府更加孤立。在这种情况下，汪精卫的日子很不好过。

胡汉民回到南京后，则积极为冯玉祥筹措军饷。为了向冯玉祥表明南京政府对与之合作的诚意，7月4日，胡汉民与吴稚晖联名致电冯玉祥："同人自徐回宁，无日不以尊处饷需为念。已设法筹拨现洋百万元，想已收到，军米一时采购不易，当陆续购办。"

徐州抱得美人归，只是自古红颜如祸水，胡汉民不知道的是：抱得美人归之时，即已注定了他胡汉民要离开南京。

千里之堤的崩溃是从蚁穴开始，胡汉民的离开是从抱得美人开始的。

和谈

7月15日，汪精卫在武汉分共。

武汉"分共"对南京来说既是好事，又是坏事，好的方面是反共有了帮手，坏的方面是虽然是由对立冲突转化为人民内部矛盾，可还得争谁才是国民党正统。

南京方面指汪精卫是勾结共产党的祸首，企图将汪精卫排斥于国民党中央之外。为了贬低武汉的反共地位，胡汉民相继写了《武汉方面的三种反共与三种心理》、《今日两湖的情况》等文章，进一步分析了武汉方面分共的心理动机：一，潜伏动机。受共产党的领导，以退为进，潜伏在国民党内部,伺机而动;第二种,怨妇心理,人老珠黄,被共产党抛弃后想重回党内;第三种,被动型,武汉军民觉悟后将他们推到了反共的位置。

汪精卫、唐生智等人则指责蒋介石:"挟持党军,遂进而挟持党部,……使国人知有蒋中正,不知有党。"称蒋介石"罪大恶极,罄竹难书。使蒋一日存在,即一日无国民党。国民党与蒋势不两立。"

在蒋介石清党反共、建立南京政府的过程中,桂系李宗仁等人立下了汗马功劳,但蒋介石一直不待见他。北伐之后,各军纷纷扩大编制,蒋介石想尽办法抑制桂系的发展,不给编制,不给枪支弹药。"四·一二政变"之后,蒋介石曾经密令何应钦找机会灭了桂系人马。何应钦考虑到自己干不过李宗仁,就没有动手。李宗仁、白崇禧知道老蒋的打算以后,从此打消了和蒋介石穿同一条裤子的念头。

武汉方面捕捉到了桂系和蒋介石不和的信息,组织东征军向南京进军。蒋介石亲自前往徐州督战,大败。

蒋介石寻求和谈,并希望冯玉祥为自己说说话。冯玉祥同意宁汉合流,但他又说:"宁汉双方公认负咎之人应自动下野。"汪精卫虽然愿意和谈,但坚持一个条件,那就是蒋介石下台。

蒋介石辞职,离开南京前往上海。胡汉民同蔡元培、张静江、吴稚晖到沪挽留,但此时蒋已回到奉化老家。胡汉民因为有蒋介石铁他,所以在南京占了一之地,蒋介石一下野,胡汉民也隐居上海,暂时不问江湖事。

1928年1月,胡汉民同孙科、伍朝枢前往南洋、欧美各国考察。

考察

胡汉民此次出国考察的目的有三,一是考察各弱小国家人民的生活状态,"对于先进诸国之优点,亦顺为采择,以为吾国或其他弱小民族一助";二是考察文明之国的政治、经济,取其所长,并宣传废除中国的不平等条约,另订新约;三是慰问长期支持国民党的海外华侨,"并接洽一切,以期内外合作,建设中国今后之新事业。"用一句话讲,胡汉民这次是出去采风,拉亲友团,争取废除中国的不平等条约。

胡汉民很早就注意土耳其的发展进程,曾经写过《就土耳其革命告我国军人》的文章。第一次世界大战后,土耳其的资产阶级在基马尔的领导下,通过武装斗争,在1923年建立了土耳其共和国。胡汉民认为土耳其的国情与中国的国情有许多相似之处,其成功经验很值得中国的国民革命借鉴。

在土耳其,经过胡汉民的努力,土耳其政府表示愿意向南京政府派出使节,在当时北伐尚未完全成功的情况下,有这种意向的国家不多。胡汉民非常高兴,随即把这个消息写信告知了南京政府。

在巴黎期间,胡汉民曾与法国上议院院长杜美讨论过废除中国不平等条约的问题。对于胡汉民提到的废除中国不平等条约的问题,杜美原则上同意,但一进入到实质上的援助等问题,杜美就面有难色,不肯再谈下去。

在德国,胡汉民公开发表谈话,指出列强各国如想继续保持过去在中国的特权,已是不可能。他还同德国国务院秘书长许伯商谈建立中德邦交问题。在英国,胡汉民会见了英国外相张伯伦、工党领袖麦克唐纳、自由党领袖劳合乔治,同他们谈得最多的仍然是废除中国不平等条约问题,他们三人表面上都附议胡汉民的主张,表示愿意为废除不平等条约而努力。

胡汉民在西欧的一系列外交活动,宣传了国民党的政策,争取国际社会对国民党的支持,为国民党找国际上的朋友,"求吾国人民与世界诸大国处于同等地位",试图废除各国在华的不平等条约,凡此种种,都是从国民党的整体利益出发。

6月15日,南京国民政府发表对内、对外宣言,宣布中国统一大业"正告完成","此实结束军政,开始训政之时也"。

恰在北伐正告成功之际,胡汉民于6月3日由法国巴黎致电给国民政府主席谭延闿,提出了"训政大纲"提案。这个提案包括"政治会议纲领"和"国民政府组织纲领"两大项。在这个提案中,胡汉民规划了国民党完成北伐之后实行训政时期的蓝图。

6月18日,胡汉民在德国柏林给国内寄来了《训政大纲说明书》,对

"训政大纲案"内规定的原则和制度作了进一步的补充说明，其主要内容为：国民党夺取政权后，应以政权保姆自任，以政权最终付诸国民为归宿；国民党应训练国民的能力，直至能够管理政权；训政时期的国民政府应由行政、立法、司法、监察、考试五院组成，而国民党的政治会议是全国训政的发动与指导机关，它发挥着"连锁党与政府的关系"。

按照孙中山的建国思想，一旦北伐完成、全国统一，革命党人掌握全国政权，中国就自动进入训政时期。他适时地提出了"训政大纲"，固然有实现孙中山的建国思想的意图，也是"挟遗命以令诸侯"，为自己在政治上争取主动。

此外，胡汉民还对北伐胜利后的外交人员的使用任命问题，写信给国民政府，陈述自己的意见：

（一）北洋政府驻外各使节，腐败者居多，应彻底更换。从党国中有资望者，选择任派，以提高国民政府的国际地位。

（二）吸收民国初年外交上的教训，不必太在意各国名义上对国民政府的承认，要从自己的实际做起，自己的事情做好后，各国就自会承认了。

胡汉民此次出国访问，虽以外交事宜为重，但他对国内政治的主张，对当时国民党内乃至以后都产生了深远的影响。尤其是"训政大纲"的提出，成了相当长一段时期内国民党统治中国的理论基础。

访问是有期限的，胡汉民也知道这是他该回去的时候了。

秋水是对久候不至的恋人的渴望，很有挫折感的蒋介石也在渴望，他的渴望又是什么呢？

甘露

中国香港。

1928年8月29日。

> 建设中国，彻底实施五权宪法，自属紧要。而全体同志尤须一致团结，若徒以抨击左派为事，则与实行共产党之策略正同。乃真正国民党之所不取，至撤废政治分会一事，余尚有一言，盖政治分会，乃因军事时期，应运而生者，所谓过渡办法也。现在既入于训政时期，当无再存留之必要。
>
> ——胡汉民

政治分会当无再存留之必要。蒋介石的病一下轻了很多，真是甘露啊，洞房花烛夜、金榜题名时、他乡遇故知算什么人生三大喜事，还不如这甘露淋得爽快。主啊，就让甘露来得更猛烈些吧。

政治分会的事已经压抑蒋介石很长时间了。

1928年2月，蒋介石在国民党二届四中全会上担任了中央常务委员会主席、中央政治会议主席兼军事委员会主席，从此建立起独裁专制的政权，成为无人再可与其平起平坐的"领袖"。

蒋介石本应该是春风得意马蹄疾，可惜偏偏地上有绊马绳，绳子不仅多，而且特别结实。

各地政治分会，本来只是为了适应战时的政治需要、争取实力派的支持而设立的，现在竟然成了地方实力派与自己抗衡的护身法宝、斗争的杀敌利器。怪只怪当初没整明白，范围有点宽，权力放得有点大：中央在广州、武汉、开封、太原、北京五地设政治分会，在特定区域指导并监督最高级地方政府，在不抵触中央政治会议之决定范围内，得行政治处分。政治分会遇非常事变，得于委员出席人数三分之二以上之决议，为紧急处分，但应于最短时间呈请中央政治会议追认。

北伐本来就是想一统中国，现在中国倒是统一了，地方的大佬却把自己的人马滚雪球一样越滚越大，进行的同时，现在不算东北、云南、四川，全国就有军队220万人，每年光军费4亿多元，而全国每年的财政收入还不到5亿元。

想当家，难度太大，有枪的人太多，听话的人太少。

二届五中全会上才提出取消各地的政治分会，就直接被否了，冯玉祥、李济深更是振振有词：一，二届四中全会已经决定地方政治分会应当保留到国民党第三次全国代表大会召开才解决,现在取消,就是和二届四中全会的精神相违背。二,各地分区需要"剿共",如果取消政治分会,就会削弱"剿共"的力量。

被否在情理之中,不否才是异动非常,蒋介石心中倒有几分准备,要命的是外面风传胡汉民要在这非常时期捅上一刀,策动两广造自己的反。胡汉民乘船抵达香港,广东省的首要人物陈济棠、陈铭枢、林云陔等几百人在码头上迎候。

蒋介石的心情太好,陈济棠等人的脸色却是铁青。陈济棠们到香港恭候胡汉民,是想请胡汉民留在广东和他们一起搞蒋介石的路子,最不济也要阻止胡汉民去南京支持蒋介石,在上海当在野党的领袖。

胡汉民的老朋友邓泽如也拦不住胡汉民,认为胡汉民加入南京政府必受蒋左右,于是在竹笼内装了一只小黄雀赠给胡汉民,暗示胡汉民就是那只小黄雀。

胡汉民一声叹息:又有谁能懂我的心?

伊斯墨

胡汉民刚到上海的时候,有人就劝他不要到南京为蒋介石所利用。

胡汉民回答说:"自古武人只能马上得天下,没有文人就不能马上治天下。汉高祖还有一个叔孙通帮他定朝仪。现在只要做到不打仗,就可以用法治的力量来约束住枪杆子。我即使不去南京,也自会有人受他利用。""我到南京,不是帮助个人,而是想帮助中华民国,完成中国国民党的使命"。

胡汉民口中的"有人"指的是汪精卫。胡汉民和汪精卫曾经有深厚的兄弟情份。汪精卫刺杀摄政王被关进牢房子,一向视赌如仇的胡汉民为了筹集银子救汪精卫,竟然身入澳门赌博。但自从汪精卫借廖仲恺案逼走胡汉民以后,两个人就如桌面上的平行线、星空中的双子座,只有怒视,没有亲密。

胡汉民在回忆这段经历时曾谈到,他入京是出于以下两方面考虑。

其一,中国通过北伐统一很不容易,要继承孙中山总理的遗志就是要按照孙中山的建国方略一步一步地走下去,而建国需要一个健全的中枢,需要有人辅助。

其二,国共之争以来,党和国家都遭受到了很大的损失。现在全国统一,大局方定,国民党内再不能起纷争了,必须维持一个统一的局面,设法推进今后的建设。

基于以上两方面的考虑,胡汉民说了一些很动感情的话:

我是一个数十年的中国国民党党员,久经患难,在掺和着血泪的党的奋斗历史的回忆中,我想不出已统一的垂成之局,该重行分裂的理由,人之好善,谁不如我?此时自己的同志不肯帮助,结果南京必须找军阀官僚的余孽来帮忙。这不是愈趋愈歧?数万革命将士的肝脑涂地,与数十万革命同志的奋斗牺牲,所为何来?我在极苦闷的状态中,一再考虑,并决定了主张和办法,才毅然入京。

毅然入京,毅然入地狱。青青南山,幽幽我心。青山人知,谁懂我心?

胡汉民的心,别人不懂,但蒋介石不是别人,所以他懂:胡汉民自己主政,让蒋介石主军。纯粹一个"伊斯墨"。

胡汉民很赞赏土耳其总统基马尔的作风,这个人带着人刚把希腊打得落花流水、低头认输,就放下枪杆拿酒杯,喝着美酒抱着美人,只问山水何处有,不问世间风云事,把国家交给只有一只眼的内阁总理伊斯默去管。

土耳其的这种政治格局非常合胡汉民的心意,称赞土耳其的政治"达到完善的境地"。

胡汉民归国后大谈土耳其基马尔革命,称赞基马尔。到南京后,他还多次演讲了访土耳其的感想,以至于他身边的人都听得厌烦了。王宠惠就曾因之对胡汉民直言过:"胡先生何妨随和些,你天天讲欧美,讲土耳其,讲建设,又讲军队与财政,这批人懂些什么呢?"

听弦歌而知雅意,蒋介石并不在意,胡汉民到底能不能做伊斯墨,还不是自己说了算。就是给他做，那也是以后的事情。人最重要的，是活在当下。

蒋介石现在最想做的事就是裁兵削藩，扩大自己的势力，但这需要国内有声望的人来帮助自己，为他的裁兵削藩寻找"理论"的根据，而胡汉民就是他要找的人。胡汉民是国民党骨灰级的元老，水平高，影响大。如果争取到胡汉民的合作，从一定程度上说，就是在舆论上争得了主动。

蒋介石派张群等人到上海迎接胡汉民，向胡汉民表示合作的愿望。胡汉民先后与吴稚晖、李石曾、李济深、李宗仁举行了会谈，蒋介石也特意到上海与胡汉民长谈。

胡汉民到南京后，国民党中常会将他与孙科增补为中央执行委员会常委，并通过了胡汉民所提议的《中国国民党训政大纲》、《中华民国国民政府组织法》，行政、立法、司法、监察、考试五院的组织法，以党治国的统治体制和中央政治会议的性质、权限等。有人评论说："中央组织之初具规模，训政纲领之明确厘定，以及各种规章之树立，（胡）先生擘画之功亦甚显著。"但蒋介石深深懂得，中国军权高于一切，只要掌握着军权，就掌握着一切。只要不动自己的军权，他就不担心不能独揽大权。至于五院制，只不过一种所谓的民主政治的形式罢了，它可以掩护自己的独裁。利用五院制的形式，组织新政府，把各地方实力人物都笼络到中央五院供职，可以乘机达到裁兵削藩的目的，利用这个机会来削藩，就会减少许多麻烦。

国民政府成立大会上（左二起：许崇智、汪精卫、胡汉民、孙科、廖仲恺）

10月8日，国民党中央常务委员会批准蒋介石任国民政府主席，胡汉民任立法院院长、国民政府委员，从此蒋介石开始与胡汉民的二次合作。

胡汉民是个妙人，他知道蒋介石想把火引向哪里。蒋介石是个好强的人，在哪里跌倒就在哪里爬起来。

裁兵

蒋介石上一次跌倒在裁兵的问题上。

国家的财政已经无力供养太多的军队，老百姓饱受战乱之苦，也渴望和平，蒋介石于是想借势裁兵。

北伐胜利以后，国民政府发表"对内宣言"，称北伐成功之日，即应为兵工政策实施之时。蒋介石通电宣布辞职，通电中称："北伐完成，即当正式辞职，以谢去年弃职引退之罪，……恳予明令批准，将国民革命军总司令职权解除，并准辞去军事委员会主席。所有各军，悉令复员，此后军权统归政府军事委员会办理，以一事权，而专责成。"

在上海召开的全国经济会议上，有人提出了《请政府克期裁兵从事建设案》，要求政府从国家的财政考虑裁军，全国只保留五十个师，每师一万人。

群众的呼声要注意，合理的需要得满足，蒋介石不敢怠慢，赶紧向国民政府提出设立"裁兵委员会"。两天以后，国民政府召开国民政府委员会议，设立裁兵善后委员会。上海商会也很关心国家大事，成立了"国民裁兵促成会"，督促政府裁兵。

民意难违背，蒋介石开始了实施裁兵的具体行动。

碧云寺祭奠孙中山总理的时候，各军政要员当然都得到场。蒋介石向各位元老讲了人民群众的要求裁兵的心声以后，提出了裁兵的要求，随后拿出早已准备的《军事善后案》：全国三百个师中要裁汰下去二百五十个师，留下五十个师，每师一万五千人，全国共留八十万军队；全国划分为十二个军区，每个军区按比例保留军队；各集团军分头办理。

国家财政困难，民众心声，桂系、冯玉祥、阎锡山当然不敢反对，众怒难惹，用脚趾头想都能想明白。桂系、冯玉祥、阎锡山一致同意，裁军很容易，这两个字师娘教过，也都会写。但他们都不同意蒋介石提出的裁兵方案，他们提出了自己的裁兵方案。

冯玉祥建议中央应组织裁兵委员会，明定裁兵条例为："枪支不全者裁，老弱不堪用者裁，纪律不佳者裁，训练太乏者裁。"而且他强调，不可令各集团军平均或按比例裁汰，在裁兵之前应严禁招兵及收编敌军残部为扩充一己实力之用。

桂系的李宗仁、白崇禧则鼓吹实行兵工政策，化兵为工，平时在工厂当工人，一有战事，操起家伙就是军人。诸葛亮在四川的时候就是这样干的，很有成效，既不误了做农活，也不降低战斗力，还有一句话没说出来：一有机会，向北向南都可以打。

阎锡山是山西人出身，饥饿销售法用得极是顺手，好东西就得珍惜，要限价、限量、限购，所以提出限定兵额、分期裁减的办法，然后头痛难忍、先走一步，养病去了。

大家都这么不上路，蒋介石一时没有好的办法可想，只好把这事暂时放在一边。

胡汉民也支持蒋介石的裁兵编遣主张，为他制造强大的舆论攻势。

蒋介石于是请胡汉民、戴季陶、蔡元培、李石曾、张静江等党国元老参加编遣会为其助威。

1929年1月1日，全国编遣会议召开，胡汉民这位非军事人物以党国元老身份列席助蒋，由于各军阀的抵制，会议连编遣实施办法这个实质性的问题都未讨论，胡汉民大为不满，他在中央党部纪念周上有针对性地发表《贯彻始终以求实现》的讲话，但也只是说说而已。

伊斯墨不是光当总理不做事，现在基马尔遇到麻烦，当然得伊斯墨出手。

12月21日，胡汉民在中央无线电台秀了一把激情，发表了关于《整理军队的十大意义》的讲话，指出整理军队的很多好处：增强战斗力，消除军阀，防共防匪，完成国家统一，巩固国防，减少国家开支，提高人民的幸福指数，最后呼吁各地的军事首领要把人民的幸福放在首位，认真对待裁军的事情。

胡汉民还亲自给学生李济深发电报，劝他先大家后小家，"为党国效忠"，不要轻信外面谣传，"一切谣诼，惟持中央之团结，足以胜之"，希望带着他的忠心、带着李宗仁到南京来。

胡汉民这边搞得很有气氛，蒋介石的边鼓敲得也挺欢：先是让陈立夫组织成立全国编遣委员会，接着又操纵国民党中央政治会议通过《全国编遣会议条例》。

裁军关系到人民的幸福指数，各方老大虽然不知道人民是哪路神仙，但也知道最少在表面上不能自绝于人民，所以浩浩荡荡地开进了南京城。

为了让各位老大向"中央"一致看齐，胡汉民在会上会下深入群众，和大家谈心。美人计用不来，斗地主玩得特别溜，让李济深联手蒋介石，斗来自西北的冯玉祥老财。

人民的幸福是重要的，但总不能就此幸福着你的幸福、郁闷着我的郁闷。编遣会议热闹了二十多天，各位老大打着饱嗝离开了南京城，打一打饱嗝，不带走一片云彩。

胡汉民大为不满，他在中央党部纪念周上发尽牢骚，仅此而已。

蒋介石看到甘露倾盆也带不来望眼欲穿的裁军，很是失望，甘露倾盆还是不如电闪雷鸣。

编遣会议以后，桂系李宗仁非但不缩编，反而不断扩兵，成为拥兵十万的军事集团，成为蒋介石的心腹之患，再加上蒋桂矛盾较深。远有桂系逼蒋介石回家种田之仇，近有桂系将领对蒋介石不敬之恨，所以桂系很幸福地被雷击。

蒋介石动了手，胡汉民跟着动了口，邀请李济深到南京来调节蒋桂之间的矛盾。李济深是广西梧州人，与桂系的老大李宗仁、白崇禧、黄绍竑很有交情，在政治上倾向于桂系。李济深雄霸广东，财力充裕，但士兵的战斗力不强；广西士兵骁勇善战，但广西穷得响叮当。蒋介石生怕李济深做了李宗仁的送财童子。

李济深进了南京城，蒋介石欢呼"孟德兄，燕人张翼德在此恭候多时了"。

李宗仁败！

冯玉祥败！冯玉祥抵挡得住胡汉民说他"背叛中央，破坏统一，割据地盘，勾结异族"的指责，抵挡不住蒋介石对他部下的收买。

单兵作战不行，只能抱团取暖，阎锡山积极联系桂系、冯玉祥以及汪精卫派、西山会议派，组成以他为中心的反蒋联盟，与蒋介石开战。

1930年2月10日，阎锡山首先发难，提出"礼让为国"，要求蒋介石与自己同时下野。3月15日，冯玉祥部鹿钟麟等人通电，拥护阎锡山为陆海空军总司令。自然，南京国民政府视此为叛逆，下令通缉阎锡山，并于5月1日发布讨伐令，持续6个月的中原大战由此展开。

汪精卫等在《联名宣言》中指责蒋介石："背叛党义，篡窃政权"，将民主集中制变为个人独裁。宣言称："本党目的在扶植民主政治，蒋则托名训政以行专制。人民公私权利剥夺无余，甚至生命财产自由一无保障。"8月7日，再次发表宣言，指责蒋介石借党治名义实行独裁，"号称训政，于今三年，而约法一字亦未颁布"。

胡汉民无条件地站在蒋介石这一边，通电斥责反蒋联盟，不服从编遣的，就是新军阀，也是反革命，只能走向灭亡。蒋介石在前线指挥战斗，胡汉民则在南京主持党务政务，维持后方。

东北的张学良出手，反蒋势力败走，蒋介石一统全国。胡汉民心中一喜，基马尔，有了。

只是请帖肯定，基马尔未必。

樊哙

请贴来自蒋介石。

邀请他到司令部一聚。

胡汉民准时到会，进了屋，屋子里无茶、无酒、无菜，也无别人。

南京市警察厅长吴思豫递给胡汉民一封信，胡汉民很纳闷：什么时候了，老蒋还玩藏宝游戏。打开信一看，不禁又惊又怒。

蒋介石在信中称胡汉民"近来反对政府，反对介石，无论在党务政治方面，处处与他为难"，并列举了胡汉民的五条罪状：一，勾结汝为（许崇智）；二，运动军队；三，包庇陈群、温建刚；四，反对约法；五，破坏行政……信的结尾署的是蒋介石的名字。要求他辞职。

两天后的晚上，胡汉民才见到逮捕他的蒋介石。"你近来有病吗？"胡汉民劈头问道。蒋不知何意，连忙说："没有啊。""那很好，我以为你发了神经病了！"胡氏紧追不舍，胡对蒋强加在他头上的"罪状"一一批驳，双方唇枪舌剑至次日凌晨。

胡汉民嘴上依旧强悍，心中却是无限懊恼：江湖漂了这么多年，身边连个樊哙都没有。樊哙是个人才啊，至今思樊哙，笑啖彘肉间。怪只怪这暴风雨来得太突然了。

其实，蒋介石已经忍了胡汉民很久了。

蒋介石2月9日日记云："见人面目，即受刺激，小人不可与共事也。纪念周时几欲饮泣，而又耐止，何人而知我痛苦至此耶！"

10日日记云："胡专欲人为其傀儡而自出主张，感情用事，颠倒是非，欺罔民众，图谋不轨，危害党国，投机取巧，毁灭廉耻；诚小人之尤者也。余性暴气躁，切齿胡某，几忘其身矣。"

18日日记云："近日性躁异常，恐将偾事。"

25日日记则称："今日之胡汉民，即昔日之鲍尔廷（鲍罗廷）。余前后遇此二大奸，一生倒霉不尽。"

25日日记云："为胡事又发暴怒。"

26日日记云："在汤山俱乐部痛述某之罪状，几为发指。"当日中午，蒋介石与邵力子谈起胡的"罪状"时，再次动情，"心为之碎，自知失态。"

也就在25日，蒋介石制订了一个处理胡汉民的14点计划：一，请胡私邸；二，派监视护兵；三，令警察监视胡的寓所；四，请孙科往见，在"公开审判"和"自行辞职"两者中间胡自愿；同时要胡保荐立法院正副院长，并要胡函慰立法院各委员，使其安心供职；最后将胡迁往中山陵。以上各项对胡，以下各项为善后，计有：明告中央委员；开国民党中央临时政治会议；开中央常务会议，推任立法院院长；由监察委员提起弹劾，令国府紧急处分，严重监视；监察院提起政治弹劾；通告各地党部与各军队等。当然，蒋介石也没有忘记控制新闻，"令各报不准登载中央未发表之消息"。其中还包括"请立法委员组长明午吃饭"一条，考虑得相当周密。

蒋介石的出手，实在是因为胡汉民挡了他的权路，甚至要凌驾于他的头上。

蒋介石雷击冯玉祥等人以后，就建议召开国民会议，制定约法。胡汉民对此很敏感，老蒋一旦制定约法、当上总统，肯定要从自己手里抢夺对国民党的控制权，到时自己别说做伊斯墨，说不定连给伊斯墨提鞋的机会都没有了。于是采取一切可行的方法，阻止召开国民会议。

蒋介石不理他，爱我所爱，无怨无悔，一定要将国民会议进行到底。

国民会议眼看着就要召开了，无怨无悔的蒋介石出了一身冷汗：如果确定要举行总统选举的话，在全国各省市党部中，蒋介石只能获得选票的32%，剩下的则倾向于胡汉民。

蒋介石派胡汉民的好友吴稚晖出马，劝胡汉民退出江湖，不问总统事。胡汉民立场坚定不动摇，还痛斥蒋介石无耻。

在被软禁的当天夜里，胡汉民就以身体衰弱为名辞去党部与政府职务，并给蒋介石写信说："我平生昭然若揭，日月而行，你懂的。"

蒋介石懂不懂没有人知道，只知道第二天蒋介石主持国民党中央常委会，会上通过了召开国民会议、制定约法的提案，同意胡汉民辞去各项职务。

关人很解气，尤其是关一个自己恨不得咬上几口肉的人。胡汉民不仅是蒋介石想咬上几口肉的人，他也是一个有能量的人。有能量的人多会呼风唤雨，带来风暴。

风暴

长江的源头在格拉丹东，风暴的源头在广州。

蒋介石软禁胡汉民消息一传出去，古应芬和陈铭枢就有了反应，联络各路英豪，一致反蒋。

4月30日，中央监察委员邓泽如、林森、古应芬等联名通电弹劾蒋介石，指出他有三大罪名：一，起用政学系杨永泰斗之流；二，坑害老上级许崇智；三，扣押胡汉民。

汪精卫得知胡汉民被扣，立即发表了一篇《为胡汉民被囚重要宣言》，指责蒋介石："一面摆酒请客，一面拔枪捉人，以国民政府主席而干出强盗绑票之行径，较之青霜剑中之狗官，有过之而无不及。"并表示与胡汉民尽弃前嫌，合作反蒋。

5月3日，陈济棠以第八路总指挥的名义，率领所部陆海空各军将领联名通电，要求蒋介石"引退"。

11日，桂系李宗仁、白崇禧率张发奎等全体将领通电，声援陈济棠等，声称"本军业经下令动员"，愿与各方袍泽"趁时奋起，会师长江，抵定金陵"。

5月28日，反蒋势力宣布成立广州国民政府，汪精卫任主席，与南京对视。

广州国民政府和蒋介石对视，南京内部就有人给蒋介石添乱。

司法院院长王宠惠到汤山探望胡汉民，看门的卫兵虽然没唱"此山是我开，此树是我栽"，却高唱"不开不开我不开，妈妈没回来，谁来也不开"。王宠惠是出了名的老好人，这回使出浑身的解数也 hold 不住，抡起拐杖就打，回来后提着箱子就要走人，提出辞职。监察院院长于右任称病，都撂挑子不干了。

孙科原是蒋倒胡依靠的人物，后来由于看不惯蒋介石的作为，离开南京赴沪到了上海，消极抗议。5月5日，孙科致电蒋介石，称："历代各国元首罪己，事本平常"，要蒋"自讼自劾"。21日，秘密偕唐绍仪、许崇智、陈友仁离沪赴港，和汪精卫、白崇禧等会面，讨论两广合作讨蒋问题。到了最后，他成为西南反蒋阵线中最激烈的人物，曾经说："蒋不是寻常老鼠，是一个疫鼠，传染甚速，倘我们不忍些痛，急扑杀之，则全国皆亡不可！"孙科不是一般人，既是孙中山的儿子，也是蒋介石的姨甥。

桂系的李宗仁、西山会议派等也加入反蒋的联合阵营中，至此两广反蒋局面形成。

在上述各方势力压迫下，蒋介石采用软招子，请胡汉民出席5月5日的国民会议，但遭到胡汉民的拒绝："我身体不太好，不能出门；况且有卫兵监视，也无法出门。即使出席，怕也不好看吧！"蒋介石骑虎难下，只好硬着头皮召开了国民会议，并操纵会议通过了《中华民国训政时期约法》。但在这种形势下，蒋介石没敢当总统，而只能继续当国民政府的主席。

6月8日，蒋介石公开表示，胡汉民可以走出南京，走出中国，走向全世界，"大江南北，山明水秀，处处可由胡自择"。

"九·一八"事变爆发后，宁汉双方由怒视走向合作，胡汉民也因此获得自由。

自由是难得的，胡汉民呼吸着自由的空气，心中却是着实不爽，蒋介石竟然又和汪精卫牵手，自己被抛在一边了，成了政治在野派。

伊斯墨已成往事，但胡汉民也并不想做基马尔，放下枪杆拿酒杯，喝着美酒抱美人，他成了战斗佛。

战斗佛

软禁成为胡汉民一生的痛,胡汉民从权力顶峰一下跌入低谷。离开南京后,胡汉民就决意与蒋介石决裂,从在朝走向在野。

政治上的对立与个人的恩怨,使胡汉民对蒋介石恨之入骨。处于在野地位的胡汉民,政治态度与处理事情的方式都有很大的变化。他为西南制订了"对中央行为均表反对"的基本策略,几乎在一切方面都与蒋介石对着干,有时甚至是蛮干。

胡汉民在南京当伊斯墨的时候,竭力维护"中央权威",而在野之后,则尽可能联合一切力量,利用一切机会反对"中央权威"。

蒋介石在日记里曾骂胡汉民是:"无人心至此"及"小人难养","与鸟兽不可同群",据说这是蒋介石最痛恨到了极点骂人的话。而胡汉民也公开说,蒋介石祸国殃民,应"自杀以谢天下"。

胡汉民在南京时曾强烈主张"统一",专门对李济深提出的"分治合作"口号进行了批评,支持蒋介石镇压各路抗命的地方实力派。沦为在野派后,他却明确主张"均权",以"分权"对抗蒋介石的"集权",他写了《论均权制度》、《再论均权制度》、《军权与均权》等文章,为依托西南地方实力派、反对南京政府的政治活动提供理论依据。胡汉民主张西南各省联合,"以西南结西南,……既以自保此干净土,亦为来日推进大局地"。

为了扩大反蒋力量、加强西南势力,胡汉民在其政治主张受阻于广东实力人物陈济棠之时,曾十分热衷于联络驻福建的19路军共同"反蒋抗日",并促成福建与广东广西达成了"抗日、反蒋、实现三民主义的建设"的盟约。1933年底19路军以"抗日反蒋"为目标发动"福建事变",并计划"实行粤桂闽大联合,共同倒蒋,推胡汉民出面组织独立政府"。举事前一天,陈铭枢、李济深等致电胡汉民等称,"嬴秦无道,陈涉发难于先;定国安邦,沛公继起于后",期望能获得支持。胡汉民获知详情后,却立即指示西南执行部:"闽变真象已明,背叛主义,结纳匪党,以组织农工政府相号召,请迅以西南党的立场及不能雷同态度，电示海内外党部，以正观听为要。"接着，他发表了《对时局宣言》，对福建与南京都进行批评，表现出"超然"的第三者立场："余对宁闽抱绝对反对之政策，如宁方不能放弃其独裁卖国之政策，闽方不能痛改其叛党联共之谬举，则无言宁闽，不仅为本党之叛徒，亦为国人之公敌。"

对于国民党，胡汉民也提出严厉的批评："吾国民党执政四年，毫无建设，平日钩心斗角于对人问题，以至于弄到如此，太对不起国民。若是这种甲起乙仆，对人不对事的观念不矫正，就是做到和平统一，依然不能免于亡国。"

胡氏遭此大挫，对蒋切齿恚恨。政见的抵牾以及个人恩怨，促使他从此与蒋公开决裂，站到了国民党内失意、"在野"的反蒋人士一边。不久，国民党四届一中全会决定在广州设立中央执行委员会西南执行部和国民政府西南政务委员会，委托胡汉民负责主持。胡抓住这个机会，南下寓居香港，凭借着粤、桂地方实力派的支持，在港埠遥控西南（主要是两广）事务，俨然一副"半独立"的姿态，同南京分庭抗礼。也差不多就在此时，胡汉民与邹鲁等人开始着手组建他们的那个"隐蔽的'新'国民党"。

胡汉民认为，当时的国民党在蒋介石把持下，已经完全丧失了早先的"革命精神"，堕落成为军阀工具。如今，"外患急迫，国家之亡已在旦夕"，南京当局仍"以无办法、无责任、无抵抗，为应付日本之惟一方针"。在这样的情势下，"我人如不起来推翻军阀统治（亦即'倒蒋'），不能救党以救国，则整个中国将重心失陷，前途危险之极"。

胡汉民进而开列了"拯救本党"的办法，首要一条，必须"重新建党，使党成为真的革命组织"。胡汉民所谓的"重新建党"，实际就是要在国民党内以"抗日"为旗帜，吸引反蒋力量，结成一个秘密集团；然后蓄势待发，条件成熟便驱蒋而代，控制最高权力，以图国民党的"复兴"，"重荷救国责任"——正是基于这么一种策略，胡汉民将自己"自东北事变发生以还，对国内政治厥持之三义（主张）"，确定为"新国民党"的行动旨要："曰抗日、曰剿共、曰反对军阀统治"，重心落在前者与后者。

1932年春，"新国民党"正式诞生，胡汉民任主席，"新国民党"的各级机构皆称"干部",相当于其他党团的"委员会"或"支部"。有人推测,这是因为胡汉民希望纠正国民党机关的官僚习气,强调"新国民党"的组织应是"干事的部门",简而名之:"干部"。"新国民党"拥护胡汉民的抗日、倒蒋、剿共三大主张。

胡汉民要求"新国民党"发展党员务必"秘密推进",只许"反蒋最坚决的人"加盟,重点在吸纳各地有实力有影响、又受到南京排挤的非蒋系人物。这些人,多数在反蒋和抗日问题上,与西南、与胡汉民有一定的共同点,他们期望新的政治靠山,也需要经济后援,而胡汉民方面则急于邀风聚云,壮大倒蒋阵营,冯玉祥、阎锡山、程潜以及柏文蔚、蔡廷锴、宋哲元、韩复榘、王家烈、方振武等一批国民党军政界的中上层角色,都先后成为"新国民党"的党员。

胡汉民曾竭力倡导"党外无党,党内无派",在全国范围内不许国民党之外的政党存在,在国民党内不许派系出现,这是他"清党"的重要理论基础。建立"新国民党"有悖于胡汉民的一贯主张,所以他尽力否认。

1933年底,北平法文《政闻报》记者当面问胡:"常见报载先生有新国民党之组织,内情如何?"胡断然否认:"绝无其事。余感觉以往老党员多能牺牲,富有革命精神,皆抱义务思想,故余惟恐国民党员之不旧,更希望新党员皆有老党员之精神,由此可见新字绝非余之主张也。"这是目前所见胡就"新国民党"唯一的公开讲话。他利用提问的限制,巧妙地以"新党员"、"老党员"之别,回避了有新的组织这一实质。无论别人怎样看,在胡的心目中,他的组织就是最正宗的"国民党"。

日本侵华以后,胡汉民高举抗日旗帜,他并将"不抗日"与"对日妥协"当成蒋介石与南京政府最大的罪恶,不遗余力地公开抨击,宣称要推倒"不抗日"的蒋介石。

上海"一·二八"抗战爆发后,胡汉民首次提出了武装抗日的四项要求:切实援助19路军,将日军完全驱出上海;切实组织民众,使其成为抗日中坚;迅速檄调部队,收复东北失地;严整沿海各省之防卫,为长期抵抗作准备。

胡汉民反对蒋介石等人对日妥协的态度,反对他们要求国际联盟解决日本侵略问题。胡认为,"国联只是一些帝国主义者的剧院,只是世界一些弱小民族的屠场,国联不会有正义,不会有公道,本身更不会有能力。"这个见解还是很深刻的,国联派了所谓调查团到东北走了一番不是于日本帝国主义丝毫无损吗?胡还尖锐地批评政府:"继续以无办法、无责任、无抵抗之三无主义为应付日本之唯一方针,则必国亡种灭而后已。"

胡汉民固守"抗日"立场,一方面是其民族主义思想使然,另一方面则是出于现实政治的考虑:"抗日"口号是当时中国鼓动民心、动员民众最有力而简捷的工具,几乎所有的在野政治势力都借用,尽管他们的政治目标很不一致。

胡汉民和西南要抗日反蒋,蒋介石对西南的威胁时时存在,而日本势力远在东北华北,对西南暂无威胁,且出于分化中国的目的,还不断拉拢西南,因而胡汉民等就有了利用蒋介石与日本矛盾,"联日制蒋"的可能。1934年1月25日,萧佛成写信给胡汉民,认为"以区区之两省之力,抵抗全国之兵"是不可能完成的任务,于是提出接受日本的亲善表示以"济眼前急需"的建议,但同时顾虑与日本联合后,不能控制,"支节更多,为患更钜耳"。

尽管如此,西南与日本的联合仍有相当程度的进展。1935年初,日本关东军开会决定秘密支持西南反对蒋介石的运动,特务机关长土肥原贤二等专程南下,与胡汉民、陈济棠等见面,商谈合作事宜。胡汉民等在指责日本侵华政策的同时,也同意双方进行"经济合作"。根据"胡汉民往来函电稿"中透露的信息,日本人和知、铃木、宇都宫等多次到广州,双方的实际合作包括日方借款帮助西南建立"华侨银行"、提供军事装备等;而西南方面,则允诺撤销当地取缔日货的机关等。

胡汉民斗志昂扬,整个一个战斗佛孙悟空,但即使强如孙悟空,也有他怕金箍咒的软肋。胡汉民的软肋又是什么呢?

下棋而亡

一文钱难倒英雄汉,更何况是寄人篱下。

胡汉民在经济上受陈济棠的接济,陈济棠对胡汉民的各项政治主张并不感兴趣,只是想利用胡汉民这块牌子更好地保住自己"南天王"的地位,有时还设障碍。1935年,他们之间的矛盾加深,蒋介石乘机向胡汉民表示友好,再次希望胡到南京参加政府。蒋介石之所以一再有此表示,因为蒋、汪、胡是国民政府的三驾马车,少了一驾终究少一份力量,在舆论上也讲不过去。在此情况下,胡汉民的好友邹鲁认为,随着国内形势的变化,与蒋介石合作也有可能,建议胡汉民以养病为由暂时出国,以观形势发展,胡同意了。7月份,他离开香港到欧洲去。

1935年11月,延宕多时的国民党第五次全国代表大会在南京召开,在中央常会的选举中,尚在法国的胡汉民被推为中常会的主席,蒋介石出任副主席,给胡相当尊崇的地位。会议结束,立即由国民党中央将结果告诉胡汉民,促其归国。财政部长孔祥熙给胡寄去四万元,并称"此系介公(蒋介石)特汇旅费,已嘱原行再送,万祈勿却"。胡回国之际,蒋先是派魏道明为私人代表,持亲笔函远赴新加坡迎接。接着又派司法院长居正及许崇智、叶楚伧等到香港,准备直接迎胡北上。国内引起了不小的迎胡热潮,广东各界专门组织了"欢迎胡先生回国主持救国大计大会"。

蒋介石这一系列动作,原因较复杂,其中确实有对胡忍让与迁就的因素。胡汉民虽然最终未能再北上南京与蒋介石合作,但此后对南京政府与蒋介石的态度大为缓和。

正当大家以为胡汉民有机会大权重掌、获得党国信任的时候,胡汉民却是大难临头。5月9日晚上,他到陈融家吃饭,饭后与陈家的教书先生潘景夷下中国象棋,他突然就一头从椅子上栽了下去。

家人将胡汉民扶起,当即打电话请杨子骧、陈翼平两医生前来诊治,测出右侧脑溢血。10时许,胡汉民神志尚清,似自知不起,召集有关人员

及妻子家属等到病床前,口述遗嘱。临终遗嘱如下:

"余以久病之躯,养疴海外,迭承五全大会敦促,力疾言还。方期努力奋斗,共纾国难。讵料归国以来,外力日见伸张,抵抗仍无实际,事与愿违,忧愤之余,病益增剧,势将不起。自追随总理,从事革命三十余年,确信三民主义为唯一救国主义,而熟察目前形势,非抗日不能实现民族主义;非推翻独裁政治,不能实现民权主义;非肃清共匪,不能实现民生主义。尤盼吾党忠实同志,切实奉行总理遗教,以完成本党救国之使命。切嘱。"

胡汉民生前曾自制挽联云:"抱道独能坚,险阻半生完大命;救亡空有愿,归来万里负初心。"1936年正值日寇大敌当前,胡汉民虽在抗战纲领上签了字,但突然死去,恰是"救亡空有愿"之应。当晚西南执行部和西南政务委员会致电国民党中央并通电全国,宣布胡汉民的死讯,而后成立了由邹鲁、陈融、林翼中组成的治丧委员会。

胡汉民去世后,国民党中执委西南执行部、国民政府西南委员会,举行了隆重的追悼大会。后将胡汉民安葬于广州市郊龙眼洞师山山腰。胡汉民除了大量的理论著作之外,还著有《不匮室诗抄》八卷、《游欧诗草》一卷,被誉为诗人革命家。

戴季陶在胡汉民去世时写的一副挽联或许可作为对其一生的总结:

立大节而不可摇,定群疑而不可惑,操危虑深,共仰良工心独苦;
尊德性则为明师,道向学则为益友,生离死别,怆怀今我泪偏多。

蒋介石
大国领袖,败走台湾

他追随总理,黄埔起家,发动北伐功不可没;然而,从发动"四·一二"政变清党、五次"围剿"红军,到国共开战"戡乱",他不但没有消灭共产党,反而以优势兵力被共产党逐出大陆,其败落原因,发人深省。

小 档 案

姓名字号：蒋介石，名中正，字介石
籍　　贯：浙江奉化
生卒年月：1887年10月31日—1975年4月5日，卒年88岁
毕业院校：东京振武学校
最高职务：中华民国总统

家　　世：
祖先——蒋浚明，宋朝政治人物，被封为"金紫光禄大夫"。
曾祖父——蒋祁增，以务农为业。
祖父——蒋斯千，弃农经商，开设"玉泰盐铺"。
父亲——蒋肇聪，继承父业，其精明能干，盐铺生意兴隆，蒋家成为溪口镇十甲户之一。发妻徐氏，病故，续娶孙氏，死于时疫，续娶王采玉。
母亲——王采玉，溪口镇葛竹村人，初嫁于跸驻乡曹家田竺某，不久竺某病故，入金竹庵带发修行，23岁还俗，嫁给蒋肇聪。
兄弟姐妹——哥哥蒋介卿（同父异母）；姐姐蒋瑞春（同父异母）；弟弟蒋瑞青（早夭）；妹妹蒋瑞莲、蒋瑞菊（早夭）。

妻子儿女：
发妻毛福梅，生长子蒋经国。
妾室姚冶诚，收养次子蒋纬国。
妾室陈洁如，无子女。
妻子宋美龄，无子女。

简 历

1887年——10月31日，出生于浙江省奉化县溪口镇。

1903年——入奉化凤麓学堂。

1905年——入宁波箭金学堂。

1906年——赴日，入东京清华学校。

1907年——考入保定陆军军官学校，主修炮科。

1908年——保送至日本东京振武学校。

1910年——入日本陆军第13师野炮兵第19团，为士官候补生。

1911年——回国，任沪军部团长。

1913年——加入筹建中的中华革命党。

1914年——参与讨袁军事行动，拟夺取上海，任第一路司令官。

1916年——任中华革命军东北军参谋长。

1918年——任援闽粤军总司令部作战科主任。

同年——晋升为粤军第2支队司令。

1920年——任粤军第2军总参谋长。

1922年——任北伐军第2军总参谋长。

同年——赴难"永丰舰"。

1923年——任大元帅府行营参谋长。

1924年——任黄埔军校校长兼粤军参谋长。

同年——任陆军军官学校校长、长洲要塞司令。

1925年——被选为八名军事委员会委员之一，任国民革命军第1军军长、广州市卫戍司令等职。

同年——在第二次东征时，任东征军总指挥。

1926年——任国民革命军北伐总司令。后任国民党中央执行委员会主席。

1928年——任南京国民政府主席,国民革命军总司令兼军事委员会主席。

1932年——任军事委员会委员长兼军事参谋部参谋长。

1935年——兼任国民政府行政院长。

1938年——任中国国民党总裁。

1939年——任国防最高委员会委员长。

1942年——任中国战区最高统帅。

1943年——任国民政府主席兼陆海空军大元帅,继续兼任军事委员会主席和行政院长。

1948年——在"国民大会"上当选为"总统"。

1949年——任国民党非常委员会主席。

1950年——复任"总统"。

1952年——连任国民党总裁。

1954年——连任"总统"。

1960年——第三次当选"总统"。

1966年——第四次当选"总统"。

1972年——第五次当选"总统"。

1975年——4月5日,在台湾台北病逝,享年88岁。

君命

金竹庵虽然名气不大,香火却是极旺,信男信女多了,好奇的人不少,但像这个老头这样的,王采玉却是头回见。

老头一副道骨仙风,围着她转了又转,半小时没开言。

"大贵之相!姑娘大贵之相!"

王采玉心中一惊,微微不悦,好奇倒也上来了,"出家人何贵之有!"

"出家未必,嫁人那就大贵!"老者说完,轻拂美髯,飘然离去。

王采玉看着老头的背影,若有所思。

王采玉18岁嫁人,19岁生子夭折,丈夫也一命归天。无奈之下,她返回娘家,家里却也不太平。父亲过世,两个弟弟一个好赌,一个有病。生活没有着落,她只好出家修行,到庙里混口饭吃。

王采玉出家修行本来就是情非得已,现在听老头一说,不久就还俗回家了。

奉化县溪口镇的蒋肇聪前后死了两个老婆,听说王采玉有这回事,立马上门提亲。

大贵大富不知道,至少长期饭票有了,王采玉嫁,不嫁白不嫁。

王采玉进了蒋家的门,风水师也莫名其妙地多了起来,都来看蒋家的祖宅。

蒋家祖宅是一幢二层楼房,内有房屋十多间,叫做"素居",后改名"丰镐房"。其大门正对着一个山峰,名笔架山。民间有言,"对着笔架山,代代儿孙会做官"。

但在风水师看来,仅仅是对着笔架山还不够,这里面还有诸多讲究,比如位置、高低、大小等等。风水师围着蒋宅转了三圈,绕着大门前看、后看、左看、右看,仔细研究一番之后,两手一拍,称:

"奇!神奇!这大门各方面都恰到好处,蒋宅必出高官无疑!"

风水师源源不断，和尚也来凑热闹。一位化缘和尚来得不早不晚，就在蒋介石出生的那天中午。

1887年10月31日午时，王采玉刚刚在自家经营的玉泰盐铺楼上生了一个儿子，一个和尚就走了进来。

既是来讨喜钱的，主家就没有理由吝啬，何况蒋家的玉泰盐铺生意红火。

和尚得了喜钱，一时高兴，开口称颂说：

"此子非凡人，乃真龙天子也！"

真龙天子的梦蒋家人从来没有做过，所以这话让新生儿的父亲、祖父惊得面面相觑，半晌无语，最后当然是喜上眉梢。

祖父拿来笔墨纸砚，请和尚算命。和尚提笔写下四句话：

"八八春秋如梦云。事事不遂惹忧惊。龙腾虎跃定中原。瑞元福星照门庭。"

蒋家遂为新生儿取名"瑞元"。

瑞元谱名周泰，学名志清。新生儿也就是后来的蒋介石。

小新郎

和尚断得如何，蒋家人不知道。事事不遂，却是立马见效。

瑞元7岁那年，祖父蒋斯千过世；8岁，父亲蒋肇聪因病暴卒；11岁，弟蒋瑞青夭折。

瑞元本来生性顽皮，这连串的不幸袭击，任性顽皮有所收敛。但在他大婚那天，却闹出一场大笑话。

1901年，蒋介石14岁，迎娶本县岩头村19岁的毛福梅。

那天，花轿到达蒋宅门口时，爆竹巨响，一大群看热闹的孩子拥到天井里抢爆竹蒂头。

蒋介石一看,肥水不流外人田,跑去和孩子们一起抢爆竹蒂头。

毛福梅坐在轿子里,听到周围有人大叫"新郎官抢爆竹蒂头",当时就直掉眼泪。奉化一向有"新郎拾蒂头,夫妻难到头"的俗话,还没入洞房就出这么一档事,毛福梅心头很是不安。

大年初二,执照惯例,新郎瑞元带着肩挑礼物的佃户到岳父家拜岁。

刚出村口,瑞元就迷上了蒋氏家族花灯会,不但与民同乐,而且将佃户肩挑的礼物献出,放进向各村族长拜岁的红包堆里"充了公"。

毛福梅的老爸这天也起了个大早,杀鸡宰鸭,精心准备了一大堆好吃的,就等着新女婿上门。可左等右盼,不见蒋介石人影。

太阳落山,花灯会"串演"到了岩头村,毛福梅的堂弟一眼就看见了花灯会中的瑞元。

听说瑞元在"花灯会"里,毛父脸色立时都变了。

毛家在岩头是望族,女婿却混在"打秋风"的队伍里走街串巷,初二

蒋介石

还不上岳父家拜岁,这不是丢毛家的脸嘛!

毛父正在上演变脸,蒋介石上门了。

两手空空不说,崭新的黑缎袍上泥渍斑斑,西瓜皮帽下那条大辫子也快散了。他一边走,一边从怀里掏出一个大爆竹,点火,然后向空中一抛,动作娴熟,一气呵成。

毛父成了红脸关公,青龙刀没有,却将蒋介石拦在大门外,斥责道:"你这个没出息的东西!蒋、毛两家的门风都被你败光了!"

蒋介石正玩得高兴,突然被老岳父臭骂,面子丢尽,极是不爽,二话不说,当场转身离去。

回到家中,蒋介石将一腔怒火全都发泄到毛福梅身上。毛福梅相貌一般,蒋介石对她本无太多好感,此后更是处处挑剔与指责。

毛福梅性情随和,待人宽容大度,对蒋介石的无理毫不计较,还在生活上对他百般照顾,学业上时刻关心。随着时间的推延,蒋介石渐渐被打动,加上毛福梅对王采玉孝敬至极,也让蒋介石心怀感激,他开始觉得,娶到这么一位性情温顺的妻子,还是很不错的。

1903年,蒋介石去奉化凤麓学堂读书时,携妻同行,并将毛福梅送进奉化女子学堂。1905年,蒋介石转入宁波箭金学堂,又带着毛福梅住进宁波植物园内一所幽静的住宅。

蒋介石此时心情大好,不仅为毛福梅雇来一个梳头娘姨,还邀请一位同学的妹妹来家与她做伴。

晚上回家,蒋介石一面复习功课,一面教毛福梅识字,节假日,还带着毛福梅到处游览,这是毛福梅一生中最甜蜜的时光。

东渡行

1906年4月,蒋介石东渡日本,准备入东京清华学校学习。毛福梅回到奉化溪口，侍奉婆婆。

蒋介石到日本来是想学习军事的，但到了这个岛国后，他才发现自己根本不可能有机会学习军事。当时的清政府早就和日本政府达成协议：只有清政府陆军部的保送生，才可以进日本的军事学校学习。对于无组织无纪律的自费生，就是用钱砸，也没有一所军校会收留他。

空手而归，蒋介石不甘心，只好先到清华去学习语言。

这所学校是日本为中国留学生特意办的，主要就是帮助留学生补习日文。梦已碎，蒋介石感到生活一片黯淡，不知道今后该何去何从，直到他遇见一个人。

这个人叫陈其美，是蒋介石的同乡浙江省人，家就在浙北的归化。陈其美1878年1月17日出生，比蒋介石大10岁，有弟兄三人，他居老二。

他们陈家，祖上殷实，陈其美父亲陈延在去世后，家庭生活日渐短绌。这年，陈其美15岁。为此，他在石门的善长典当了12年学徒。1902年春天，陈其美的弟弟陈其采从日本留学回来，一番外面大千世界的见闻，使他决心到大都会上海去长长见识。

当时的上海，是个思想活跃的地方，陈其美到上海后，在新思潮的影响下，常去中国公学与进步青年、革命志士频频交往，受到很多革命思想影响，一发而不可收，开始渴望见见更大世面，于是东渡日本留学。

到日本东京后，陈其美先是进入东京警监学校学习警政法律，随后转入东斌陆军学校学习军事。在东京，陈其美结识了很多革命志士，深受革命思想的影响。

不久，他毅然加入中国同盟会，组织起"军事体育会"，渴望学好军事知识，练成强壮体魄，为将来的起义和暗杀行动作好充分准备。

蒋介石在凤麓学堂的老师周淡游此时在警监学校读书，与陈其美是同窗好友。一天，蒋介石正在街上走，碰巧遇上了周淡游。师生异国他乡遇上，分外亲热，于是频频交往，不久，经过周淡游的介绍，蒋介石结识了陈其美。

当时的蒋介石对清廷已是相当反感，陈其美则早有推翻满清的心。一番谈话之后，蒋介石动了真情，说："真是苍天有眼，让我认识你。如蒙你不嫌弃，就让我叫你一声大哥。"

陈其美点点头说："我很高兴有你这样的弟弟。"

蒋介石谈到眼前的迷茫，陈其美鼓励说："有志者事竟成。你这么年轻，暂时不能学军也没什么关系，你眼下把日语学好，然后回国，重读军校，再找机会派送日本。到时候，一切都会顺顺利利。"

之后，蒋介石与陈其美交往越来越频繁，经常在一起谈天说地，聊人生、谈时局。年底，蒋介石按照陈其美的建议回国，又按照陈其美的指引，1907年，考入保定全国陆军速成学堂。

糟糠妻

又是寒假。

蒋介石回乡省亲。毛福梅正在怀孕待产。或许因怀孕脾气有了改变，或许因怀孕有了恃宠而骄的心态，总之，毛福梅对蒋介石竟然不再百般忍让，为了一点琐事，两人竟争吵起来。

蒋介石历来脾气暴躁，一时火起，抬脚便踢，正踢中毛福梅的肚子。毛福梅闷哼一声，抱着肚子倒在床上，顿时冷汗直流，哀泣不止。

母亲闻讯赶来，对着吓呆了的蒋介石大喊："快去请医生！"

医生赶到后，赶紧给毛福梅服下安胎药，采取一切挽救措施，却没能保住腹中胎儿。当夜，毛福梅流产了。

失掉了孩子，毛福梅的世界从此塌了天。蒋介石却考取了清政府选派的留学生，于1908年春再次浮槎东渡，进入清政府为留日学生设立的"陆军预备学校"——东京振武学校。

蒋介石在第一次赴日之初,便已与求学日本的同乡陈其美相识,并结为莫逆。此次来到日本,即由陈其美介绍,加入孙中山领导的中国同盟会。1909年暑假,蒋介石奉陈其美之命,返回上海,联络革命党人。

王采玉听闻儿子回国,立刻与毛福梅前往上海,与儿子团聚。王采玉目的明确,便是要让毛福梅再次怀孕。

蒋介石的朋友经常来做客,作为妻子,毛福梅自然要出来应酬一下。不出来不要紧,一出来坏了事。

毛福梅生长在山村,见识短浅,没见过大场面,不说与留学归来的新式青年格格不入,就是在其他男人面前也是脸红脖子粗,失礼是常有的事。

上不得场面,蒋介石对毛福梅越发嫌恶,拒绝与她同房。

王采玉看不下去了,对蒋介石严加斥责:"你现在发达了,就不要糟糠之妻了!当初要不是你作孽,儿子早就满地跑了。你要是不还我一个孙子,我就去跳黄浦江。"

不孝有三,无后为大。蒋介石一向孝顺,立刻跪倒在地,并发誓善待毛福梅。

1910年4月27日,蒋介石之子蒋经国在奉化溪口丰镐房降临人世。这年,蒋介石23岁,毛福梅28岁,距两人结婚已将近10年。

风尘女

1910年冬,蒋介石从振武学校毕业,以士官候补生身份分配到日本北海道高田联队实习,实习期一年,合格后将升入日本士官学校,成为正式士官生。

1911年10月,辛亥革命爆发以后,蒋介石奉陈其美之命紧急回国,留学生涯从此中断。

10月23日，蒋介石回到上海，组织发动了杭州起义。陈其美出任沪军都督后，蒋介石被任命为第2师第5团团长。

1912年初，蒋介石奉命收买杀手，杀害光复会领袖陶成章，随后被迫逃亡。在"二次革命"中，蒋介石参加了攻打军事要地江南制造局的战斗。

"二次革命"失败后，蒋介石在上海过着东躲西藏的日子。在此期间，一个偶然的机会，结识了生命中的第二个女人——姚冶诚。

姚冶诚名阿巧，来自苏州，在法租界一家妓院里做娘姨（女佣），在一场宴席上邂逅了蒋介石。

阿巧虽出身低微，职业也不光彩，但天生的美人坯子，又刻意逢迎，令蒋介石很快拜倒在她的石榴裙下。

蒋介石将阿巧纳为侧室，改名姚冶诚，住在法租界浦石路新民里13号蒋介石的秘密住所。

当时，蒋介石与湖州（今浙江吴兴）南浔镇四大豪门之一张静江过从甚密，姚冶诚拜张静江为干爹，蒋介石在上海的活动经费和个人生活费用，全赖张静江资助。

在张静江的资助下，蒋介石和姚冶诚过得衣食无忧，夫妻恩爱，生活安逸。

但到了第二年，蒋介石忙于开展反袁斗争，经常奔波各地。为了不让姚冶诚跟着吃苦，决定将她送回奉化老家。

丑媳妇总要见公婆，而姚冶诚要见的，不仅仅是婆婆，还有正室毛福梅。她姚冶诚知道自己身份卑微，又是职场新人，整个一个弱势群体，生怕受王采玉和毛福梅的轻视和欺负，心怀忐忑地进了蒋家的门。

男人纳妾本属正常，可蒋介石毫无预兆地带回一个女人，姚冶诚的突然出现，王采玉与毛福梅还是大为惊诧。

毛福梅沉浸在做母亲的幸福中，对蒋介石的冷漠态度也早就无视。但见丈夫带回一个女人，心中酸涩那是一定的。不过，当她看到姚冶诚怯生生地赔着笑问候自己，怜悯之心油然而生。

毛福梅性格宽厚仁慈，于是对姚冶诚嘘寒问暖。

蒋介石原本以为今天会有大风暴，没想到是春风和煦，心中倒是不安。

儿是娘的心头肉，王采玉原本担心毛福梅发飙，如今毛福梅接受了姚冶诚，自然更不会多事。

姚冶诚心里总算一块石头落了地。此后，她孝敬婆婆，尊敬毛福梅，三人相处融洽。

1919年的一天，三人行的平静生活被打破，蒋介石带回来一个人。

与上次不同的是，蒋介石带回的不是女人，而是一个男人，未来的男人——三岁的小男孩。

见到这个男孩，所有人都认定一个事实：蒋介石又有女人了！

姚冶诚当时就有怒意，自己跟了蒋介石六七年都没开花结果，男人却与野女人有了孩子。但王采玉和毛福梅不发话，轮不到她说话。她只有压抑一腔怒火，恨恨地瞪着蒋介石。

毛福梅先是一惊，然后就用略带嘲笑的口吻说："怎么，又有新人了？"

王采玉则抱起男孩亲个不停，蒋家人丁不旺，蒋介石就蒋经国一根独苗，现在又多一个大胖孙子，真是祖宗保佑。

蒋介石直接把老太太打回原形："孩子是朋友的，他不方便抚养。"

蒋介石这句话，毛福梅与姚冶诚信。蒋介石是孝子，在这种事情上，讨母亲高兴还来不及，又怎会故意否认！

蒋介石带孩子回来，是准备交给姚冶诚抚养的。毛福梅身边有蒋经国，姚冶诚身边无子难免寂寞。他让孩子叫毛福梅"娘"，称姚冶诚"养母"。

姚冶诚一下子乐翻天，32岁都没个一子半女，突然天上掉下个大儿子，自然视如己出，从此吃饭睡觉寸步不离。

代桃僵

戴季陶惧内，不是一般惧内。

戴季陶的老婆钮有恒是有名的才女，曾以总分第一名毕业于吴兴女中，在戴家也是里里外外一把手。她比戴季陶大4岁，戴季陶对她又敬又惧。据说有次国民党召开中央会议，戴季陶发言时滔滔不绝，没完没了。任会议主席的胡汉民急得头上直冒汗，又不方便直接制止，情急之中忽然灵机一动，悄声对戴季陶说："你姐姐来了。"话音一落，戴季陶的发言戛然而止，与会者无不哑然失笑。

老实和尚都有不老实的时候，戴季陶却还没有老实和尚那么老实。

"二次革命"失败后，戴季陶再次东渡，亡命日本。由于他仪表堂堂，原本风流倜傥，又在逃亡中情绪低落，妻子不在身边，一位日本女子的关照与抚慰，使他很快坠入爱河。1916年10月6日，日本女子生下一名男婴。

戴季陶在离开日本之前，对日本女子海誓山盟，当时确有将其纳为侧室之心。但回国后一见到老婆，这段风流韵事那是打死我也不说。

1919年，戴季陶在上海证券交易所做投机生意。蒋介石前些日子在援闽粤军中担任第二支队司令，由于永泰作战失利，战争停止，感到无聊，请假两个月回到上海，和换帖兄弟戴季陶合伙在交易所做投机生意。

蒋介石与戴季陶年龄相仿，又情况相近，都是早年丧父，都曾留学日本，尽管一文一武，但都接受了资产阶级民主革命思想，萌生了反清志向。相同的境遇与共同的追求，拉近了两人的关系，也就是在这一阶段，两人有了密切接触，并缔结金兰。

感情深，一口闷。蒋介石与戴季陶虽然没有一口闷，却是都住在环龙路44号。蒋介石住楼下，戴氏夫妇住楼上。

有天早上门铃骤响，蒋介石开门一看，是一位日本女子和一个3岁左右男孩。

日本女子是来找戴季陶的。

听说女人找戴季陶，蒋介石将她打量一番，再看她身边的小男孩，面熟的紧，不就一个小戴季陶么。

蒋介石心中雪亮，赶紧将母子俩让进屋内，然后悄悄上楼通知戴季陶。

戴季陶一听说日本女子来找，顿时脸色大变，赶紧关闭书房门，搓着双手，走来走去，嘴里直嘟囔："天塌了，天塌了！"

蒋介石知道他惧内，给他出主意：就算不留大人，孩子总该留下。

戴季陶面有难色，真要留下儿子，跪的只怕不是搓衣板，而是菜刀。

蒋介石将情况如实转告日本女子，日本女子又哭又闹，非要讨个公道。

戴季陶本来就舍不得儿子，听说女人哭闹，更是眼泪横流。哭了半晌，终于表示："我试试看，你先把他们母子安置一下，等我消息。"

戴季陶作好跪菜刀的准备，妻子钮有恒不给他机会：纳妾、认儿子，除非我死。

作为把兄弟，蒋介石当然不能只在道义上支持。蒋介石双手往胸口一拍，把事情揽了下来：孩子留下，由我抚养；大人我掏安家费，打发她回日本。

戴季陶差点没给蒋介石跪下，孩子交给盟兄，他一百二十个放心。他知道姚冶诚膝下无子女，孩子进了蒋宅，等于进了蜜罐。

蒋介石为养子取名蒋纬国，从此丰镐房里有了经、纬两儿。

十三妹

1921年4月6月，王采玉去世。

毛福梅一向把婆婆当做亲生母亲，当时就觉得塌了半边天。

办完丧事不久,另外半边天也塌了,蒋介石的一纸"休书"递到手中。

毛福梅的天塌了,亲戚乡邻出面顶她,毛福梅就是蒋家的大媳妇。众怒难犯,蒋介石不敢再提休妻的事。

蒋介石休妻,并不是要把姚冶诚"扶正",而是因为他遇到了生命中第三个女人——陈洁如。

陈洁如出生于1906年,比蒋介石小19岁,籍贯浙江镇海。

陈洁如13岁那年,蒋介石在张静江家遇到了她。陈洁如是张静江续弦夫人朱逸民的密友,经常出入张府。

蒋介石那天陪孙中山到张府,正好遇到陈洁如坐在客厅里。张静江指着陈洁如向孙中山介绍说:

"珍妮陈(陈洁如英文名字),逸民的朋友。她不但中文好,英文也是一流,您不妨考考她。"

陈洁如受到张静江的夸赞,既高兴又有些不好意思。

孙中山却是和蔼可亲,他向陈洁如问道:

"你做过什么有利于国家的事吗?"

1938年,蒋介石在国立武汉大学检阅国军

陈洁如细声回答：

"我现在只是一个在校女生，还没有机会为国家做什么。但我希望，毕业后可以做一个对国家有用的人。"

孙中山听后大笑："后生可畏！青年人，就应该想着以后如何报效国家；每个中国人，不分男女，都要对国家尽到他的责任。陈小姐聪敏过人，也是女中英才。"

蒋介石当时就眼前一亮：新女性就是新女性，知书达礼，拿得起中文，说得出洋文，有内涵啊！

想到家里那位，蒋介石眼神又暗淡下来：姚冶诚人长得不错，但出身风尘，好玩好赌不说，吵起架来十足一个泼妇。

有妻莫如陈洁如，蒋介石下决心非追到手不可。

机会是等出来的，虽然这个机会对陈洁如太残酷：1921年，父亲因心脏病猝死，陈家陷入困顿。

蒋介石向张静江求助，请张静江的妻子朱逸民保媒。

陈洁如的母亲吴氏人穷志不短：蒋介石已有妻妾，本人无养家财力，还是无业游民，娶我女儿，万万不可能。

妻子，休书就行，母亲去世，谁也管不住我；姚冶诚只是侍妾，离异也只是分分钟的事。

休妻虽然没成，但决心日月可鉴，蒋介石又请张静江亲自出马，向吴氏说明蒋介石是只潜力股。

吴氏信任张静江，终于点头答应了这桩婚事。

1921年12月5日，蒋介石和陈洁如在上海永安大楼大东旅馆举行了婚礼。

师遁

美人在怀，蒋介石大乐。

大乐只是极高兴的乐，毕竟不是常乐。

纳陈洁如为妾后，蒋介石把大部分的时间用来打理交易所的生意。

上海交易所刚开业，生意十分火暴，蒋介石等人也是赚得盆满钵满。但到了1921年冬，交易所也进入了冬天。上海交易所出现"信交风潮"，大批交易所先后倒闭，蒋介石参加的"恒泰号"经纪行是巨额亏空，到了1922年春，蒋介石已是百万负翁。

蒋介石苦着脸，债主们却是阴着脸，开始找黑道中人收账，欠债还钱，不还，往死里打。

蒋介石东躲西藏，没个出路。无奈之下，蒋介石找到素有往来的交易所理事长虞洽卿，希望他能指条出路。

没钱可还，又不想挨揍，虞洽卿琢磨了下，说了一个办法：拜黄老板为师。

黄老板不是一般的老板，他是法租界华探、上海滩的黑道大佬。蒋介石听说过他的大名，却是无缘相识。

黄金荣收蒋介石为徒，不仅因为与虞洽卿素有交情，他更看重的，是蒋介石多年追随孙中山这一事实。

虞洽卿将事情和黄金荣一说，黄金荣一口同意。同是浙江老乡，帮一把以后在浙江老乡面前也有个光彩。蒋介石是孙中山的红人，此时不帮，以后发达想找机会都不可能。

1922年5月，黄金荣在钧培里黄公馆为蒋介石举行了开香堂仪式。

黄金荣端坐在太师椅上，蒋介石递上一张拜师帖，上书"黄老夫子台鉴，受业门生蒋志清（蒋介石的学名）"，然后行一跪三叩之礼，整个拜师仪式便结束了。

从此，蒋介石正式成为了黄金荣的门生，称黄金荣为"先生"。拜师仪式结束后，蒋介石向债主们发出请柬，请大家到虞洽卿府上赴宴。

债主们不知道蒋介石葫芦里卖的什么药，欠债还钱，请吃饭不知是何道理。待赶到虞公馆大厅，发现酒宴上在座的不仅有蒋介石、虞洽卿，还有法租界权势熏天的黄金荣。

黄金荣呵呵一笑，开门见山地说："志清是我黄某人的门生，他欠各位的债，就由我替他还了，大家随时可以到我府上领钱。"

到黄金荣府上要债，只怕是有命拿钱、没命花。与其没命，不如做个顺水人情，债主们满脸堆笑：我们是志清的兄弟，兄弟间谈钱，伤了感情。咱们以后只谈风月，不伤感情。

蒋介石坐在黄金荣身边，重重地松了口气，自己眼中塌了天的事情，在黄金荣那里就压根儿不是事。

蒋介石放心大睡，得好好补几天觉。

6月18日，蒋介石的好梦被惊醒，他在奉化接到汪精卫从上海发来的电报，电报称：

"惊悉粤变，尤幸总理无恙。"

当天，孙中山发自广州的电报接踵而至：

"事紧急，盼速来。"

蒋介石很焦急，孙中山可是自己的第二个贵人。

蒋介石的第一个贵人是陈其美。陈其美引导他走上了革命之路，又在"二次革命"失败后的1913年12月，第一次介绍他在日本谒见孙中山先生。

1916年5月陈其美在法租界遇刺身亡，蒋介石闻讯失声痛哭，随后赶往出事地点，为陈其美料理后事。

陈其美的离世，使孙中山失去一个得力助手。亲信的亲信就是潜在的亲信，孙中山把对陈其美的信任挪到了蒋介石的身上。从1916年7月到1921年间，孙中山先后任命蒋介石为中华革命军东北军参谋长、大元帅府参军、粤军第2支队司令、粤军第2军总参谋长等职。

期间蒋介石多次使小脾气，多次请假、辞职，孙中山对他一直是悉心培养、信任有加。

贵人有难，当赴难。

赴难

孙中山有难，发难的是陈炯明。

陈炯明与孙中山一直政见不和。早在1921年5月，孙中山在广州就任非常大总统之初，就与陈炯明翻过脸。

陈炯明广东省省长，粤军总司令、内务部总长三职集于一身，喜欢模范起信，联省自治，两广的地盘小是小点，毕竟是自己的一亩三分地，种什么庄稼、什么时候施肥浇水都是自己说了算。想严禁军队干涉司法，军队不敢吱声。要大力禁烟禁赌，价值四十万元的鸦片烟说烧就烧，想实行义务教育，就可以兴建免费公立学校。

联省自治遭到孙中山的反对，穷则独善其身，达则兼济天下，联省自治不过是小农意识。

要兼济天下，就得出兵北伐。打仗是件麻烦事，操心不说，后方得烧钱，前方得烧人，即使打下北京城，估计也分不到一根半根骨头，于是陈炯明借口"后方不稳"、"保境息民"等，不愿出兵。

蒋介石发现陈炯明有谋叛之心，多次建议孙中山讨伐陈炯明安定后方，然后再考虑北伐。孙中山只是听，一听而过。

陈炯明发难。1922年6月16日凌晨，陈炯明下令4000人的部队围攻总统府，炮轰孙中山在观音山麓的住地粤秀楼。

孙中山仓皇突出重围，逃入停泊在江上的宝璧舰，次日登上永丰舰，同时电令蒋介石南下救驾。永丰舰是孙中山所掌握的少数军队之一，是海军总长程璧光在1917年7月响应孙中山广州护法运动起义后开赴广州的一艘钢木结构的军舰。舰长65.837米，宽8.8米，其排水量不足千吨。

陈炯明占领广州后，自任粤军总司令。陈炯明手中没有海军，看着永丰舰上孙中山想得不行，把孙大炮抓住，大事就成功了。

孙中山被困在永丰舰，手中还有7艘军舰可以调用，于是决定先由舰

晚年的蒋介石

队讨伐叛军,同时电令北伐诸军回师广东,"水陆并进,以歼叛军"。

水陆并进,以歼叛军,北伐军还在回师的路上,舰队内部就开始出现叛变投敌的苗头。

6月29日,蒋介石登上永丰舰。

孙中山执手相看,亲信的亲信果然是亲信,立即把海上指挥全权交给蒋介石。对于蒋介石的军事才能,孙中山很是认可,精神抖擞地对前来采访的外国记者说:"蒋君一人来此,不啻增加二万援军!"

领导信任,蒋介石拿出十二分的精神做事。他坐镇舵楼,指挥士兵检查装备、做好战前工作。他和水手们一起洗涮甲板,又亲自上岸采购食物,以联络感情、鼓舞士气。

蒋介石用心良苦,却仍挡不住叛变的心。

8月初,舰队内三大巡洋舰一齐叛变。祸不单行,北伐军第1师也跟着变节,回师救援的北伐军被拖住。

援兵迟迟不到,舰队人心不稳,指不定睁开眼睛发现陈炯明笑吟吟地站在面前。

除了提高陈炯明的开心指数以外,孙中山继续留在军舰上已毫无作用了。

君子不立危墙,蒋介石建议孙中山离开广东到上海去。

8月9日,在蒋介石的护卫下,孙中山安全撤离永丰舰,乘英国"摩汉号"炮舰赴港。10日,转乘"俄罗斯皇后号"邮船抵达上海。

42天生死与共,使蒋介石在孙中山心目中的地位迅速攀升。后来蒋介石所著《孙大总统广州蒙难记》,便由孙中山为之作序,序称:

"陈逆之变,介石赴难来粤,入舰日侍于侧,而筹划多中,乐与予及海军将士共死生。兹纪殆为实录。"

掌军

孙中山的上海行很愉快,但时间却不长。

1923年2月,粤军将领许崇智以及滇、桂军击败陈炯明,孙中山重建大元帅府,任命蒋介石为大元帅府行营参谋长。

12月,蒋介石走人,不干了。永丰有难想起我蒋介石,好事就想不起我蒋某人。

4月,孙中山策划组团到苏联考察军事,为建立新军作准备,认死了就是廖仲恺带队。如果不是廖仲恺抽不开身、我蒋介石主动给大元帅府秘书长杨庶堪写信毛遂自荐,"孙逸仙博士代表团"肯定轮不到我蒋介石带队。

军事考察完毕,孙中山准备仿照苏联的模式建立一所军官学校。蒋介石作好了当校长的准备,苏联考察军事团的团长,对苏联军事的了解,我不敢说第一,谁敢说他第二。

孙中山筹办黄埔军校,让蒋介石出任军校筹备委员长。

筹备,说白了就是嫁衣做好了,新娘不是我。蒋介石对军校筹备委员长不感兴趣，给孙中山寄了一份《游俄报告书》，回奉化老家度假去。

军校招生、考试正需人手，蒋介石却在关键时刻度假走人，孙中山急得不行，连发6封电报，催他速回广州。

1924年1月16日，蒋介石慢吞吞到广州复命。

蒋介石这一走一回，大有深意。会哭的孩子有奶喝，1924年1月，国民党国民党第一次全国代表大会要在广州召开。

蒋介石私下揣摩：凭自己的资历，当中央执行委员有点难度，当个候补委员问题该不大，现在再逼老孙一下，让他知道自己已经不开心。

大会如期召开，选出24名中央执行委员，除胡汉民、汪精卫、廖仲恺一些国民党要人外，蒋介石的把兄弟张静江、戴季陶都名列其中。

要人当选，理所当然；自家兄弟当选，没有最好，只有更好。

17位候补中央委员名单出炉，共产党人林伯渠、毛泽东、张国焘、瞿秋白等人名列其中。

蒋介石找来找去找不到自己的名字，十分窝火：没天理！我蒋介石跟了你这么多年，连个候补中央委员都没捞到；共产党和你才合作几天，倒混上候补中央委员。

心中憋得难受，蒋介石勉强在军校筹备委员长的岗位上撑到2月下旬，又辞职走人，返回上海。

张静江见怪不怪：这家伙肯定又是到上海躲债来了，军校3月21日就要举行入学考试，这家伙不应该有时间到上海串。

蒋介石大倒苦水：孙先生是既想马儿跑，又想马儿不吃草。办个军校，没钱没粮不说，连个校长的名份都没有。名不正言不顺，出去办事，说话都不响，碰壁是经常的事。

盟弟受了委屈，张静江挺身而出：我马上给孙大炮写信，校长就是你蒋介石，换别人我跟他急。

张静江是孙中山的早期革命活动经费主要赞助人，也是孙中山改组中华革命党的积极支持者，新晋的国民党"一大"中央执行委员，说话自然底气十足。

张静江给孙中山写信，蒋介石也给孙中山写信，信中有这么一句话：

"若夫赤忱耿耿,蹈白刃而愿牺牲,无难不从,无患不共,如英士(陈其美字),恐无他之人矣。"

蒋介石重提陈其美,当然是想给孙中山提个醒:陈其美是你的老部下,对你可是没得说。我是陈其美的老部下,你怎么着也得照顾点。

蒋介石的最终目的,就是希望孙中山信任自己,重用自己,不要被国民党左派以及共产党人所左右。

筹备黄埔军校的事务蒋介石撒手走人,廖仲恺叫苦不断。新手上路,连个业务交接都没有。想管事,只有代理权,没有决策权。

廖仲恺实在扛不住,催蒋介石回广州接手事务。

蒋介石回电积极,回归却是迟迟不动身。廖仲恺向孙中山诉苦。

张静江的面子、陈其美的忠诚、廖仲恺的诉苦,孙中山不能不理,也不能不看;黄埔军校的混乱、蒋介石的个人能力,孙中山不得不考虑。

孙中山派粤军总司令、蒋介石的结拜兄弟许崇智出马,到奉化请蒋介石出山。

给脸不要脸,那就是打自己的脸,蒋介石同许崇智一道回广州。5月3日,蒋介石被正式任命为黄埔军校校长兼粤军参谋长。

蒋介石的黄埔军校校长来得容易,可当得确实也是不错。

1925年2月1日,蒋介石率黄埔军校教导团、粤军一部,东征讨伐陈炯明;6月中旬,蒋介石率黄埔军校学生军与各路联军配合,平定杨希闵、刘震寰滇桂军叛乱。

好戏连台,精彩迭出,蒋介石的政治地位不断攀升。

渔得利

蒋介石出彩,国民党却是陷入一片混乱。

1925年3月12日,孙中山突然在北平病逝,国民党群龙无首,很快内讧迭起。

孙中山逝世后，为了争夺国民党的最高领导权，内部展开了明争暗斗。当时，有可能继承孙中山地位的主要有三个人，也就是他麾下的"三杰"。

汪精卫，行刺摄政王，舌战梁启超，执笔写遗嘱，孙中山曾经这样赞扬他：真正跟着我革命的人不过二十人，精卫就是其中之一。

胡汉民，国民党党内的理论权威，策应过黄岗起义，平定过陈炯明叛变，代理过大元帅，但他反对孙中山的联俄联共、扶助农工的政策。孙中山曾经称赞他"即位以总统，亦绰绰有余"。

廖仲恺，"三杰之首"，陪先生亡命日本，积极协助孙中山改组国民党，推动国共合作很积极。

三雄相争，要想成为党的最高领导人很是不容易：一要党内人脉好，二要背后火力足，手中无枪，心中惊慌；三要党外有人顶。国共两党合作后，许多共产党员以个人的身份参加国民党，得到苏俄代表和中国共产党人的投票很是关键。

竞争有了结果，汪精卫胜出，理由很简单：长袖善舞，细节决定成败。

廖仲恺联俄联共，遭到国民党右翼的抵制，直接用脚投票。

胡汉民为人尖酸刻薄，好骂人，和党内群众不够亲近。虽说距离产生美，但不健康的美不一定是好事。

7月1日，广东国民政府在广州成立，汪精卫任主席，胡汉民任外交部长，许崇智任军事部长，廖仲恺负责政府政务。

胡汉民竞选党的最高领导人落败，手气够背，总算还有手气。廖仲恺手气没有更背，却只有最背。

8月20日上午，廖仲恺携妻子何香凝乘车前往国民党党部开会，直接被枪手点杀。

情杀？仇杀？都已经不重要，重要的是死的人是国民党的大佬，得对党内外有个交待。

广东国民政府成立"特别委员会"，由国民政府主席汪精卫、国民革命军第一军长蒋介石、粤军总司令许崇智担任"特别委员会"委员,全权追查此案。

水落石出,一切都是国民党右翼做的好事。

看着共产党在国民政府干得风生水起,和廖仲凯为首的左派陷入"热恋",国民党右派集团是极为不满:这样下去,党将不党,国将不国,偌大的一份家业就要毁在廖仲恺这些败家子手里。

"攘外必先安内,安内必除家贼。"在右翼的眼中,廖仲恺无疑是一等一的头号"家贼。"

香港英国政府对国民政府联俄联共的作风很是担忧,答应出二百万元买廖仲恺的命。

钱财动人心,朱卓文、梁鸿楷、魏邦平等人都打了鸡血,利党利己,当然更得干了。

案情已经明朗,接下来的事情就很简单,缉凶。汪精卫下令逮捕廖仲恺一案的嫌疑犯林直勉、张国桢、梁士锋、胡毅生、林树巍、梁鸿楷、招桂章、杨锦龙等人。

胡毅生是胡汉民的堂弟,在与汪精卫商议之后,蒋介石派人将胡汉民带到黄埔军校,以保护安全为名将其软禁,不久即令胡汉民辞职赴苏联考察。

胡汉民堂弟涉嫌谋杀,所以胡汉民不得不避嫌远走。那么如果有亲信参与,是不是也说不清道不明。

许崇智是结拜兄弟,也是国民政府中掌握军权的大佬,手中兵力远在蒋介石之上。天空的极限是无限,国民党军权却是有限的。

朱卓文与梁鸿楷是廖案嫌疑犯,也是许崇智的得力部下。

汪、蒋联手,和许崇智谈心:胡汉民可以走,你呢。

许崇智辞职,远走上海。

许崇智辞职,蒋介石接过了他手中的军权。

蒋介石的日子开始写意起来。

1925年10月,国民政府进行第二次东征讨伐陈炯明,蒋介石由东征军参谋长晋升为东征军总司令。

1926年1月，国民党"二大"召开，蒋介石当选中央执行委员、中央常务委员、国民革命军总监。

山阻

写意的人一般是心存高远。

蒋介石也是如此，写意的蒋介石主张完成孙中山未完成的事业：北伐。

苏联首席军事顾问季山嘉直接否决蒋介石的北伐主张，理由是北伐时机并不成熟，革命力量还不够强大。

蒋介石的写意一下被击个粉碎。季山嘉不是一个人，他的背后站着斯大林及共产国际东方部，和季山嘉掰手腕，以自己目前实力胜算不大。

军事委员会忽然也和自己过不去，削减已定好的黄埔军校经费，并把削减部分的挪给第1军第2师。第1军第2师师长王懋功，与季山嘉关系密切！

季山嘉在捣鬼，有意在我的嫡系中培植自己的力量。蒋介石一口断定。

防火未燃，蒋介石立即扣押王懋功，派亲信刘峙接任第2师师长，并要求汪精卫免去季山嘉的职务、遣送回国。

汪精卫一向和苏联顾问团走得很近，知道季山嘉这事做得有些过火，就给他圆场："季山嘉已经知道错了，而且他也有回苏联的打算，你不用担心，以后不会有事了。"

季山嘉没有辞职，回国那更是不可能。

蒋介石再找汪精卫谈话，发现汪精卫的口风完全变了，听不进自己的话不说，还帮季山嘉说话。

蒋介石坐卧不宁，如果汪精卫与季山嘉、共产党强强联手，自己在国民政府别说有话语权，只怕想混个风生水起都没有机会。

蒋介石与宋氏三姐妹

风生水起,只因有动,所以才有风声,才有水流。蒋介石也动。

1926年3月18日,黄埔军校交通股长兼驻省办事处主任欧阳格到海军局传达命令:蒋介石总司令调中山舰开赴黄埔候用。

3月19日,中山舰开抵黄埔,蒋介石声称并没有下达调遣该舰的命令。舰长李之龙就请示蒋介石应该怎么做,随后把中山舰开回广州。

3月20日,蒋介石宣布广州全城戒严;逮捕了李之龙,占领中山舰;并派兵包围苏联顾问团住宅和省港罢工委员会;以防止中山舰"有变乱政局之举"为借口,拘留第1军第2师中的左派党代表和政工人员40人。

蒋介石等着苏联顾问团的发难,该来自然会来,不必躲,也不能躲。

苏联顾问团没有发难,正在广州视察的苏联军政代表团团长、时任苏共中央书记的布勃诺夫反而将季山嘉等人调走,从而改变了苏联顾问控制国民党的局面。

汪精卫倒是反响强烈,这么大的事情,竟然把我政府主席蒙在鼓里,这不明摆着要造反吗。

汪精卫以军事委员会主席的身份召集国民革命军其他几个军的军长，要求他们扣留蒋介石。

汪精卫只能听到自己的声音，几个军的军长态度出奇的一致：说白了你就一张嘴皮子，得罪人的事让我们去做，我们又不是刚出道的菜鸟。

心急，气闷，手中没有听话的枪，军事委员会主席又如何？

汪精卫病，与其自取其辱，不如称病隐退。

季山嘉走，汪精卫病，共产党呢。

5月15日，国民党二届二中全会召开。蒋介石提出"整理党务案"，限制共产党在国民党内担任高官，减弱共产党人对国民党的影响力。

中山舰事变的发动和"整理党务案"的通过，不仅使蒋介石一跃成为国民党头号军事政治强人，集党政军权于一身，同时，再没有人能够反对他进行北伐了。

1926年7月1日，广东国民政府发布《北伐宣言》。

7月9日，蒋介石就任国民革命军总司令，正式誓师北伐。

不到三个月时间，北伐军从珠江流域打到长江流域，吴佩孚主力被歼。

北伐军攻下武汉以后，全国革命的中心转移到长江流域，蒋介石提议迁都武汉。

党争

迁都，我反对！

鲍罗廷话不多，眼神却绝对坚毅。

蒋介石一愣："整理党务案"他都默认，限共他也认可，迁都却和我唱反调？

鲍罗廷是有备而来的，他今天不想再忍了，也不能再忍。

鲍罗廷是苏联代表团中政治总顾问，季山嘉和蒋介石斗气的时候，他刚好辞职回国。等他重返广州，发现自己已无法左右蒋介石，只能智取，不能力取。鲍罗廷认为，党权才是最重要的。蒋介石北伐远离广州，自己对国民党最高权力中心施加影响，正好削弱和剥夺蒋介石对党政的控制权。

计谋已定，鲍罗廷忍，"整理党务案"得以顺利通过，一城一池的得失算什么？

蒋介石提议迁都武汉，鲍罗廷掌控党权的计划当然会泡汤，他不得不第一个坚决反对。

鲍罗廷很快意识到，迁都武汉又是个机会。武汉是地方军阀唐生智的地盘，唐生智对蒋介石一向就不服气，再把汪精卫请出山，自己无形中就多了很多帮手。

12月，国民政府迁都武汉。

到达武汉第二天，鲍罗廷立刻实施倒蒋计划，马不停蹄地召集谈话会，提议在中央执行委员会政治会议迁到武昌之前，先由中央执行委员和国民政府委员组织临时联席会议，行使"最高职权"。

12月3日，联席会议在武昌组成。身为国民党党政军最高领袖的蒋介石，还有蒋在北伐期间委托代理其中央常务委员会主席职务的张静江，均被排除在"最高职权"之外！

联席会议行使"最高职权"，蒋介石并不反对，如果联席会议掌握在自己手中。问题是，联席会议由苏联顾问一手操纵。

蒋介石在庐山召开军事会议，力主迁都南昌。武汉我斗不过你，在我的地盘上你还能翻天。蒋介石的总司令部，便驻扎在南昌。张静江、谭延闿等中央执行委员北上武汉路过南昌，蒋介石就在南昌召开中央政治会议第六次临时会议，劝说与会者同意将最高权力机关暂时设置于他直接掌控的南昌。

最高权力机关移到南昌，联席会议肯定就会自动作废，更别说限制蒋介石。该出手时就出手，风风火火闯九洲，鲍罗廷与蒋介石摊牌。

国民党左派领袖和共产党人发起"恢复党权运动"，以打倒"昏庸腐朽分子"为名,矛头直指张静江与蒋介石。

3月10日,联席会议免去蒋介石中常会主席、中央组织部长等职,蒋在党政方面的权力被全部消除。

蒋介石冷笑,中常会主席、中央组织部长的职务可以免去,但实力呢,军队呢?

实力不能免去,军队不能免去,反而会带来很多东西。

3月26日,蒋介石抵达上海,在取得江浙财团和青帮势力支持后,开始了"清党"的准备工作。

4月11日,蒋介石在南京发出密令,要求所控制的各省一致"清党"。

4月12日,上海帮会打手向工人纠察队发起进攻。随后,新成立的淞沪戒严司令部正副司令白崇禧、周凤岐,以制止械斗为名,将工人纠察队缴械。对于次日总工会组织的示威游行、罢工罢市,白崇禧则下令军队开枪。这就是举世震惊的"四·一二"政变。

与此同时,粤浙赣苏闽等地相继"清党"。

4月18日,蒋介石在南京成立国民政府,与武汉国民政府分庭抗礼。

下野

蒋介石开了蒋记南京政府,但南京只是南京,不是天下。

5月初,蒋介石在南京召开军事会议,南京政府兵分三路,挥师北上。5月下旬,已过江大军即开始进攻徐州、山东。6月上旬,三路大军均到达陇海线,向山东发起全面进攻。

武汉国民政府虽然怒视蒋介石的分裂行为,但也没有当场追究责任,而是继续北伐。

到了7月上旬,武汉国民政府发起"东征"讨伐蒋介石,老窝都要被人端了,蒋介石急忙调北伐的主力回师南下。

直系军阀孙传芳与奉系张宗昌本来被南京方面的北伐军打得溃不成军，听说北伐军南撤，立即杀了个回马枪，不但收复失地，还在7月24日攻陷徐州。

徐州失守，蒋介石面子上挂不住，自己跑到前线指挥，想夺回徐州。孙传芳打了胜仗，士气正高，迎头就是一阵猛冲锋。北伐军一路溃败，连淮河一线也无法防守了。

蒋介石败退，南京陷入困境。孙传芳的军队随时打过江来，武汉"东征军"唐生智的军队更是大兵压境。

武汉方面的汪精卫与唐生智没有直接开战，而是提出和谈条件——蒋介石下野。我们就是冲着蒋介石来的，不关风月，也不关其他事。

新店才开张，店家当然不想立即关门，而且这店又不是一般的店。

蒋介石在总司令部召开紧急会议，手下的重要将领全部到场，广西方面的李宗仁、白崇禧出席会议。

蒋介石给会议定调子，怎么攻打东征军和孙传芳。

李宗仁不接他的茬，站出来说："都是党内同志，如果开战，伤了同志间的感情。"

不开战，当然就得和谈，武汉方面的和谈条件就是蒋介石下野。四·一二政变期间是李宗仁与蒋介石合作的蜜月期，但南京政府一成立，两个人的矛盾就开始显现。现在老天给了这么好的机会，如果错过，那是要遭天谴的。

蒋介石对李宗仁的表态并不意外，李宗仁与武汉方面信函往来他是清楚的，他不露声色地说："如果你们非要和的话，那我就走开，让你们去和好了。"

蒋介石原本出于要挟的目的，将李宗仁一军。殊不料，白崇禧却顺势说："此时为团结本党，顾全大局计，总司令离开一下也好。等我们渡过眼下难关，再请总司令回来行使职权。"

白崇禧的话令蒋介石大出意外，尽管白崇禧与李宗仁同属桂系，但蒋介石对白崇禧有提携之恩，照理白崇禧不该在此关键时刻与他公开对抗。

但转念一想，李、白毕竟不是自己的嫡系，本就不能信任。蒋介石环顾左右，只有嫡系将领何应钦可以出来救场。但无论他怎样示意何应钦，何应钦都低着头，一言不发。

显然，何应钦的态度是对白崇禧意见的默认。他与白崇禧私交甚好，此时两人已达成一致，有备而来。

何应钦的态度令蒋介石深感意外，同时大失所望。而他话已出口，既然无人出来"救场"，他只能履行"诺言"辞职。

无人可战，无人愿战，蒋介石拂袖而去。

8月13日，蒋介石发表"辞职宣言"，通电下野，在对军事、政治作了一番安排后，返回溪口老家。

中美之合

下野并不可怕，可怕的是高飞的心从此坠地。

蒋介石知道有件事必须得处理，这件事已经拖了五年。一个人能够高飞自然是人才，但有助力可以飞得更高更省力。

蒋介石的助力是个女人，姓宋，名美龄。

宋美龄容貌出众，风姿绰约，举止超凡脱俗，一出场便可以攫住所有在场男士的注意力。蒋介石是男人，而且是个好美的男人。

1922年12月2日晚上10点，蒋介石第一次见到宋美龄。

宋美龄出生于一个富裕的传教士家庭，富裕的传教士家庭简单，不简单的是宋美龄的背景：二姐宋庆龄是孙中山的夫人，大姐宋霭龄嫁给大财阀孔祥熙，哥哥宋子文更是理财高手。她在美国生活了十年，受过系统和正规化的美式教育。

貌美，背后站着权力、财神，蒋介石一见倾心。

蒋介石找到孙中山，请求他搭桥牵线。

孙中山与妻子宋庆龄商量，宋庆龄一口否决：有妻有妾，十足的花心大萝卜，妹妹当然不能嫁给他。

蒋介石也知道时机尚未成熟，但绝不死心，你可以否决我的邀请、约会，但否决不了执着的心。

五年，五年的时间不长，但也不短，时间不能改变一切，但绝对能改变有些东西。

在这五年时间里，蒋介石迅速崛起。英美的一些报刊称蒋介石是"最年轻的革命领袖"，美国《时代》周刊也以蒋介石为封面人物，全世界的主要国家都在纷纷建立"蒋介石档案"。

宋霭龄对蒋介石很是认可，蒋介石十有八九会成为未来的国家领袖，与之联姻，对孔宋两大家族有百利而无一害。

1927年3月26日，蒋介石北伐到达上海后，首先奔赴西摩路宋宅，重申求婚之意。

在宋霭龄的撮合下，宋美龄答应与蒋介石在焦山约会。

焦山位于长江之中，来往必须乘船。山上有个大庙，和尚不多，游客也不多，环境非常幽静，尤其适合情侣约会。

两人的约会十分愉快，蒋介石对宋美龄百般奉承，宋美龄则为蒋介石的博闻强识和绅士风度所倾倒。

宋美龄接受蒋介石，宋美龄的母亲倪桂珍却极力反对：蒋介石年龄偏大，比宋美龄大十岁；蒋介石有妻有妾，不专一，不是居家的必备良药。

天大，地大，没有丈母娘的认可大，蒋介石做好功课，飞往日本拜见倪桂珍。

倪桂珍听说蒋介石要来，直接不给机会，立马坐飞机离开长崎，飞往镰仓。

蒋介石团结可以团结的人，找宋霭龄出面，倪桂珍最终答应在神户接受蒋介石拜见。

到了神户有马温泉有马大旅馆，倪桂珍正在室内研究《新约圣经》。蒋介石首先递上见面礼。

见面礼不贵，但很合适。倪桂珍出身富贵，什么珍奇玩意没见过。蒋介石的见面礼很简单，三张报纸，9月27日、28日、29日三天的《申报》。

倪桂珍好奇地瞄了一眼，目光迅速集中起来。三天的《申报》新闻不同，但头条却都是相同的一则《申明》："民国十年，原配毛氏，与中正正式离婚。其他二氏，本无婚约，现已与中正脱离关系。现在除家有二子外，并无妻女。惟传闻失实，易滋淆惑，专此奉复。"

礼轻，情意重，当然是对自己女儿。倪桂珍合上书，问蒋介石："你是否愿意成为基督教徒？"

提出新条件，有戏。蒋介石心中一喜，笑着说，"我对基督的教义很感兴趣，希望能够接受主的教诲。"

能不能接受不要紧，关键是过了眼前这关，做人不能死心眼。就拿离婚这事来说，对姚冶诚，自己负担其全部生活费用后，让她带着蒋纬国去了苏州。

对陈洁如，以情动人，劝她到美国留学。

至于毛福梅，多年夫妻，没有功劳也有苦劳，《离婚协议书》虽然已经签了，但"离婚不离家"，协议不就是一张纸。

倪桂珍点点头，十分满意蒋介石的回答。

蒋介石见时机成熟，向领导提出：我想娶美龄为妻，希望您能批准。

婚，人家离了；上帝，人家信了；权势，潜力在那儿。倪桂珍同意了。

11月26日，蒋介石在报上发表他与宋美龄的结婚启示。

12月1日，蒋介石与宋美龄在上海举行了隆重婚礼。婚礼分两次进行，一次是基督教式婚礼，一次是中国传统式婚礼。

基督教式婚礼在西藏路慕尔堂按基督教仪式举行，由中华基督教青年会全国协会总干事余日章做证婚人；中国传统婚礼在戈登路大华饭店举行，证婚人是南京国民政府大学院院长蔡元培。

横扫

新婚是甜蜜的，嫁妆也是丰富的。

蒋宋大婚，等于宣布蒋介石为孙中山的合法继承人；外国驻上海领事的纷纷到场，代表了对中国局势的政治态度，力挺蒋介石复出。

1928年2月2日，国民党二届四中全会在南京召开，蒋介石当选军事委员会主席、国民革命军总司令；随后，又当选组织部长、中央政治会议主席。

重出江湖的蒋介石再度北伐，联手冯玉祥、阎锡山、李宗仁讨伐奉系军阀张作霖。

张作霖大败，在退往关外的途中被日本人炸死。

12月29日，继张作霖掌控东北的少帅张学良宣布易帜，南京国民政府完成全国统一。

全国统一，蒋介石想兴奋，却提不起精神。国民党内派系林立不说，光身边的几位大佬就让人睡不好觉。

冯玉祥集团据有山东、河南、陕西、甘肃，阎老西阎锡山把持山西、察哈尔、绥远、河北和北平、天津，李宗仁的桂系雄踞两广和两湖，手里都捏着几十万的人马。

睡眠不好，有两种改善方法：一，吃安眠药；二，清除一切惊扰好梦的不确定因素。

吃安眠药效果不错，可惜对身体不好，太委屈自己。

蒋介石不想委屈自己，当然只有委屈别人。失眠是因为地方兵多将广，最直接的办法当然就是裁兵，尽一切可能裁别人的兵、削别人的势。

蒋介石先以"裁军建设"为号召，要求各路大佬为国家财政奉献爱心，削减人马。枪炮为王的年代，削减人马纯粹就是找死，冯玉祥、阎锡山、李宗仁立马拒绝。

大家没有爱心，蒋介石也没有时间对他们进行爱国主义教育，只好以利相诱。蒋介石给各实力派首领高官发信,邀请他们到中央做事。职位,首领们接受;上班,派副手顶缸。各位大佬心里雪亮:离了地盘和枪,自己什么都不是。

群众积极性不高,蒋介石觉得有必要提高群众的认识。

1929年元旦,蒋介石召开了一个全国军队编遣会议,要求国民党中央执监委员、各集团军总司令、总指挥,一个都不能缺席。会前,蒋介石带领大家一起在中山先生遗像前庄严宣誓:

"敬以至诚,宣誓于总理灵前:委员等遵奉总理遗教,实行裁兵救国。对于本党之一切决议,竭诚奉行,不敢存丝毫偏私、假借、欺饰、中辍之弊,如有违犯,愿受本党最严厉之处罚。"

宣誓之后,蒋介石趁热打铁,很快让与会者通过《国军编遣委员会进行程序大纲》,会上随即成立"编遣委员会",由蒋介石兼任委员长。

《国军编遣委员会进行程序大纲》规定:全国一切权力收归中央,正式取消国民革命军总司令部、各集团军司令部、海军司令部。各集团军无权自行调动与任免军官,驻扎原地,听候点编。

规定是人定的,承认它就有效,不承认、不执行当然就无效。各地的大佬一口承认,但绝对不执行。

谈不拢,只有打!蒋介石首先拿桂系的李宗仁开刀。

蒋介石将广东省政府主席李济深诱至南京,软禁在南京汤山,切断桂系与广东的同盟;重金收买桂军师长李明瑞、杨腾辉。

李宗仁完败。

冯玉祥又打出反蒋旗帜,失败下野!

日子没法过了,冯玉祥、阎锡山、桂系抱团取暖,联手反对蒋介石。1930年5月,中原大战爆发,双方投入兵力达100多万,在数千里的战线上展开了长达7个月的角逐。

9月,东北张学良率兵入关助蒋,蒋介石大胜。

冯玉祥的几十万部队几乎全部被歼,冯玉祥含泪退隐山西,再无颜见江东父老。而同样战败的阎锡山,则被迫取消陆、海、空军司令部,自己通电下野,然后也去山西做了缩头乌龟。李宗仁、白崇禧的桂系军队遭到重创后，只能退守广西，再无问鼎中原的实力。

大获全胜的蒋介石的军事地位空前强大，在中国境内，再没有一支军阀军队敢跳出来挑战蒋介石的领袖地位。

江湖中有黑白两道，权力的天空则有政军两界。

军界已经摆平，蒋介石把目光伸向政界。

约法之争

1930年10月3日，蒋介石向南京国民党中央提出召开国民会议、制定训政时期约法。

制定约法，明显是为蒋介石当总统铺路，也意味着要从胡汉民手中夺走对党的控制权。胡汉民曾是中国同盟会书记部书记、《民报》编辑，孙中山最得力的助手之一。作为国民党的元老派代表，胡汉民身后还有广东财团及粤系军阀的支持。

蒋介石万一利用约法登上总统宝座，五院院长将由总统"任免而督率之"，等于五院之上还有一位手握绝对权力的大总统。

胡汉民立刻作出反应：我反对！

胡汉民一向主张"自古武人只能马上得天下，没有文人就不能马下治天下"，蒋介石欲趁势从军事介入政治领域，必定会出现"以军代政"、"以军代党"局面。

反对无效，蒋介石继续我行我素。

1930年11月12日，国民党三届四中全会在南京召开，蒋介石提出两项施政基本主张：第一是"剿共"，第二便是召开国民会议。

胡汉民一听蒋介石立法之心不改，立即站出来大唱反调，大肆渲染蒋介石的独裁图谋。

蒋介石见胡汉民当众攻击自己，大为光火，但对这位国民党元老级人物又无可奈何，于是避开总统选举问题，准备召开国民会议。

胡汉民看得很清楚，蒋介石立法初衷未改。

1931年1月5日，胡汉民针对蒋介石以国民会议制定约法及选举总统的企图，进行公开的理论批判。

2月24日，胡汉民在蒋介石面前，严词驳斥蒋之幕僚张群提出的"立宪救国论"。

蒋介石见"总统梦"难圆，决定搬开胡汉民，单独完成立法程序。

吴稚晖自告奋勇，前去劝胡汉民"休养"，遭到胡汉民的痛斥。戴季陶提出关押胡汉民，打击胡派分子。

2月28日晚，蒋介石邀请胡汉民吃饭。

胡汉民到了黄埔路中央军校蒋介石的官邸，走进客厅。

客厅无人，根本不像请客的样子。胡汉民正在纳闷，南京市警察厅厅长吴思豫走了进来，递给胡汉民一封信。胡汉民打开信一看，信中历数了自己的十大罪状，其中两条是：

一、胡汉民勾结许崇智，运动粤军，反对国民政府；

二、胡汉民作为立法院院长，带头反对训政时期约法，挑起约法争端。

胡汉民气急败坏，这纯粹是污蔑，嚷着要找蒋介石理论。

蒋介石没有进来，立法院副院长邵元冲却走了进来："院长，您身体不好，不如休息一段时间。"

休息一些时间，就是让自己别妨碍蒋介石做事。胡汉民又气又怒："好！别说休息一段，就是从此退休都可以，让他出来，我要和他说话。"

蒋介石出来，胡汉民劈头就是一顿痛骂，压根不提退休的事。蒋介石一言未发，命人把胡汉民送到汤山俱乐部监禁，10天后，又押解到胡在南京的私宅中软禁起来。

立法院长胡汉民被软禁，消息一传出去，立时掀起一番风波。

古应芬拿着陈济棠提供的巨额经费四处活动，联系各路人马，扯起反蒋旗帜。

李宗仁、白崇禧、李品仙等人随即先后赶往广州，商议两广统一、建立新的中央等事宜。

西山会议派许崇智等人聚集广州，共同商讨、筹组新政府。5月27日，广州"国民党中央执监委员会非常会议"正式召开。

4月30日，中央监察委员邓泽如、林森、古应芬等联名通电弹劾蒋介石，指出他有三大罪名：一，起用政学系杨永泰之流；二，坑害老上级许崇智；三，扣押胡汉民。

汪精卫得知胡汉民被扣，立即发表了一篇《为胡汉民被囚重要宣言》，指责蒋介石："一面摆酒请客，一面拔枪捉人，以国民政府主席而干出强盗绑票之行径，较之青霜剑中之狗官，有过之而无不及。"并表示与胡汉民尽弃前嫌，合作反蒋。

5月3日，陈济棠以第八路总指挥的名义，率领所部陆海空各军将领联名通电，要求蒋介石"引退"。

11日，桂系李宗仁、白崇禧率张发奎等全体将领通电，声援陈济棠等，声称"本军业经下令动员"，愿与各方袍泽"趁时奋起，会师长江，底定金陵"。

5月28日，反蒋势力宣布成立广州国民政府，汪精卫任主席，与南京对峙。

6月12日，广州国民革命军誓师北伐，蒋介石亦准备出兵两广。

两军对垒，战鼓即将擂响，一个事件打破大战前的沉寂。

柳条湖

柳条湖不是一个出名的地方，如果不是因为这一天。

这一天是1931年9月18日。

日本关东军炸毁柳条湖铁路，接着进攻北大营东北军，同时包围了沈阳城。东北军参谋长荣臻，命令北大营官兵不得抵抗，刀枪入库，杀身成仁，为国捐躯。于是，8000名东北军将士，面对冲进北大营的500多名日军,除了少数官兵违背命令,夺取了一些枪支进行抵抗外,大队士兵撤退,其他原地待命的士兵,均惨遭日军杀害……

仅仅几个小时,沈阳沦陷。

日本人早就有侵华之心,也在等待合适的机会。宁粤对峙,蒋介石还在江西进行第三次对红军的"围剿",没有比这更好的时机了。

在此之前,蒋介石已经进行过两次对红军的"围剿"。在蒋介石看来,共产党不灭,自己的江山不稳。

1930年末,蒋介石调集约十万大军,以国民党第9路军总指挥鲁涤平为总司令官、第18师师长张辉瓒为前线总指挥,向江西中央革命根据地发动进攻,结果张辉瓒被红军活捉。

几个月后,蒋介石改派军政部长何应钦率20万人的大军分兵四路、步步为营,再次逼向中央苏区,想吞掉根据地,结果大败而归。

蒋介石亲自出马,率领30万大军,进行第三次"围剿"。此时的红军和根据地已经有了很大的发展,赣南、闽西两块根据地连成一片,面积有5万平方公里,人口差不多有250万。

日本人?还是共产党?

蒋介石心中也在踌躇:同时出兵不可能,也没那个实力。两害相权取其轻,共产党对自己的危害应该更大,攘外必先安内。至于日本人,不抵抗肯定会遭到天下的唾骂,但已管不了那么多。

蒋介石把处理日本人的希望寄托在国联的身上。

19日,南京国民政府驻国际联盟代表施肇基在日内瓦向国联理事会报告了"九·一八"事变的过程,要求国联敦促日本立即撤军。

日本代表则轻描淡写地说:这只是一般冲突,这样的"地方事件"国联无须在意。

国联提出对事件进行调查,日本代表蛮横地拒绝。

24个国家的代表对日本侵略中国东北的行径表示谴责,但日本人根本不予理睬。

外交手段解决"九·一八"事变宣告失败。

攘外必先安内,我不怕天下人挡,只怕自己投降。

1933年9月,蒋介石调集100万兵力对红军发动了第五次"围剿"。这次"围剿"历时一年之久,最终红军主力遭受重创,被迫战略大转移。

红军战略转移到陕北,蒋介石继续对红军进行围剿,并亲自赶到陕北督战。蒋介石亲临前线不是第一次,但这一次,蒋介石遇到了他人生的转折点。

华清池

华清池。

华清池戒严!

蒋介石进了临潼的华清池。

蒋介石到西安,准备部署第六次"围剿"红军的方案。

红军转移到陕北以后,蒋介石就把东北军调到陕西,在西安设立西北"剿匪"总司令部,自任总司令,张学良为副总司令,令张学良和西安绥靖公署主任杨虎城,全力"剿共"。

张学良是蒋介石的把兄弟,"九·一八"事变后替蒋介石背过黑锅,帮蒋介石"围剿"过陕北的红军。

随着日本侵华的深入,张学良对蒋介石攘外必先安内的政策开始不满。张学良、杨虎城与共产党往来密切,各自所率东北军、西北军与红军形成拥护"民族统一战线"的"铁三角"。

张学良与杨虎城极力主张停止内战,一致抗日。蒋介石50大寿,张学良到洛阳拜寿的时候,曾经与阎锡山一起劝蒋介石停止内战、一致抗日。

蒋介石到了西安,张学良与杨虎城再次到华清池进谏,请求蒋介石抗日。

蒋介石当时就火气上升:到底我是领袖,还是你们是领袖?攘外必先安内是国家的基本方针,决不能轻易动摇。

蒋介石与宋美龄

12月11日晚,蒋介石在临潼举行告别宴会,并在宴会上宣布了新的"剿共"方案。

这一晚,杨虎城没有到会,张学良始终陪伴在蒋介石身边,但席间神色怪异,让蒋介石心生警觉,当夜即加强行辕警戒。

12月12日凌晨5时半,蒋介石已从睡梦中醒来,在床上稍做运动之后,正待披衣下床,忽闻行辕外枪声大作,联想到昨晚张学良的异样、杨虎城的缺席,马上意识到肘腋生变,出大事了!

蒋介石只带了便衣卫士及卫兵20人,行辕大门外由张学良的卫队营负责防守。区区20人自然不是张、杨部队的对手。

在两名侍卫和随从蒋孝镇的护卫下,蒋介石登后山直奔东侧后门,准备从后门逃跑。门锁打不开,蒋介石踩着蒋孝镇的肩膀就上了墙。墙高丈余,蒋介石已经50岁,往下跳的时候,一脚跌入深沟,摔伤后背。

卫兵扶着蒋介石向山上逃跑,看着蒋介石实在走不动,卫兵把蒋介石藏进一个岩洞,自己转身出了洞。

张学良的卫队看到卫兵慌慌张张往外跑,一把扯住,问蒋介石的下落。

张学良的卫队走到洞口,嚷着要开枪。蒋介石只穿了睡衣,瑟瑟发抖地从山洞中走了出来。因为后背受伤,直不起腰,不便行走,只能由士兵背下山。

西安事变的消息一传出去,南京政府就炸了锅。军政部长何应钦力主武力解决,对西安实行轰炸,大兵围攻;国府行政院院长孔祥熙坚决"主和",妹夫有难,不救的话,小姨子不指着鼻子骂才怪。宋美龄直接和"主战派"的何应钦干了起来,说他忘恩负义,不记得蒋介石如何提拔他的。

挨骂归挨骂,何应钦武力解决的决心不打丝毫折扣。

16日,何应钦正式宣布对西安进行军事讨伐。17日,何应钦就任"讨逆"军总司令,7个师兵力已集结潼关前线,所有飞机集中于洛阳,只待一声令下,旋即向西安展开全面进攻。

而在此间,中央军在华县与杨虎城部的对峙中,前方已开始冲突。

张学良着急,他想过兵谏,但没有想过与中央对抗。一旦何应钦轰炸西安,西北军要对蒋介石有所动作,局势就不是他能控制的。

张学良找蒋介石谈话,请他命令何应钦给三天的缓冲期,大家坐下来谈谈。

在张学良的要求和斡旋下,17日,蒋介石终于答应亲写手令给何应钦,令其暂停轰炸三日,到20日为限,并于当日由蒋鼎文携手令飞往洛阳。

宋子文抵达西安,与张学良寻求和平解决方案。

宋子文突然出现在面前,蒋介石一时激动,终于见到亲人了。看到宋子文带来的宋美龄的信,更是泫然泪下。信中谓:"如子文三日内不回京,则必来与君共生死!"

宋子文对蒋介石说了张学良国共一致对外抗战的要求和条件,蒋介石一口否决:要么放我走,要么我死。联共抗日,休想。

蒋介石递给宋子文两封"遗嘱"。一封是给宋美龄的，称：

"余决心殉国，经国、纬国吾子即汝子，望善视之。"

一封是写给蒋经国、蒋纬国的，云：

"余只承认宋美龄为余唯一之妻，务望汝等以生母待之。"

显然，蒋介石已作好死的准备。

宋子文不多说，他知道：要改变蒋介石的意志，达成国共一致对外抗战，全天下只有一个人能做到。

12月22日，宋美龄抵达西安。

在宋美龄的劝说下，蒋介石的固执态度开始改变，决定接受张、杨提出的和谈条件，但他不愿直接参加谈判，要宋美龄、宋子文作为代表出席，并表示不在协议上签字，只以"领袖人格"做担保。

随后，宋氏兄妹代表蒋介石，与张、杨及中共代表周恩来等人进行谈判。谈判结果，蒋方基本接受了张、杨及中共方面提出的六项要求。

对于蒋介石不在协议上签字，张学良和杨虎城有了激烈的争执。张学良表示，只要蒋介石答应抗日，不管签不签文件，都应该释放他。

杨虎城却坚持要求蒋介石在协议上签字，领袖人格，领袖肯定是，人格则未必。

25日下午，在张学良的陪同下，蒋介石夫妇及宋子文一行登上飞往洛阳的专机，离开西安，经洛阳抵达南京。

至此，西安事变终于得到和平解决。

阻日

协议没有签字，诺言开始履行。

蒋介石回到南京以后，停止"剿共"，逐步走上联共抗日的道路。

1937年7月7日，卢沟桥事变爆发。蒋介石命令平津卫戍司令宋哲元

蒋介石与宋美龄的婚纱照

坚决抵抗,固守宛平,并立即调军增援。

面对日军的强大火力攻击,宋哲元的29军全体官兵进行了顽强抵抗。日军采取缓兵之计,一面谈判,一面紧急调兵,到27日,增调华北的日军已达16万人18个空军中队,总量已达30万人。7月末,平津相继陷落。

8月12日,蒋介石出任陆海空军大元帅,即扩充军委会,将全国划为8个战区,红军被编为国民革命军第8路军和陆军新编第4军,由军委会统筹全盘战局。

8月13日,日军对上海发动大规模进攻,蒋介石令负责上海防务的张治中,率87师、88师、36师和其他临时划归他指挥的几个师奋起抗击,并令空军对日军进行轰炸,令海军封锁江阴。

8月14日,日军18架飞机对杭州笕桥航空学校进行轰炸。中国空军首次迎战,一举击落6架敌机。

中国空军初战告捷,蒋介石欣喜万分,下令这一天定为"航空节"。此后,中国空军再接再厉,到20日短短一周之内,击落敌军重轰炸机40架、轻轰炸机 27 架、水上飞机 13 架、驱逐飞机 18 架,并炸毁日舰 11 艘,而中国空军自己的损失只有 7 架。

为扩大沪战,牵制日军对华北的进攻,蒋介石任命陈诚为第 15 集团军总司令,于 8 月 20 日率部进军上海。中国军队的顽强抵抗,致使日军陷入困境,不得不大举增兵。

在蒋介石的亲自指挥下,淞沪抗战一直持续到 11 月 12 日,日军在淞沪战场上的伤亡数量已达华北战场之两倍。

这场会战历时有 3 个月,日军投入 30 余万人,死伤 7 万余人;中国军队投入 60 余万人,伤亡达 15 余万人。尽管上海最后还是沦陷了,却彻底粉碎了日本"三个月灭亡中国"的狂妄计划,同时为中国沿海工业内迁赢得了时间。

日本占领上海后,往西进攻南京,南京岌岌可危。

国民党军队刚刚在上海遭受重创,急待整休,无力在南京作坚强抵抗,李宗仁、白崇禧、何应钦等国民党将领大多主张不守南京或只作象征性防守。

蒋介石的想法却恰恰相反,提出南京不仅要守,而且要死守。

蒋介石认为,南京的守与不守,关系到国家形象和全国民心、士气,如果不守,将会失了民心、挫了士气,对以后的抗战极为不利。

德国大使当时正以中立国代表身份和日本谈判,希望促成两国和解。蒋介石不满日本提出的和平条件,但也不愿意失去这个机会。如果死守南京成功,势必增加本国谈判的砝码。

蒋介石问谁愿意负责防守南京,在场的将领都低头不语。蒋介石心中不快,怒道:"你们不守,我自己守!"

在这种情况下,军事委员会执行部主任唐生智挺身而出:"委员长应统筹全局,不能偏于一隅。若没有别人负责南京防守工作,我愿勉为其难。"

自己守,蒋介石也是不得已。如果南京真是由一国领袖防守,整个中国军人都将在天下人面前抬不起头来。

蒋介石对唐生智深表嘉许，随后任命他为南京卫戍司令长官，指挥15万国军死守南京。

蒋介石一心死守南京，然而令他失望和愤怒的是，他离开南京仅仅5天，南京城就失陷。五万日军入城，对三十多万战俘和平民，开始了连续八个多月震惊世界的南京大屠杀。

南京轻易沦陷，日本代表态度越来越强硬，要价越来越高，中日谈判最终破裂。

攻占上海、南京后，日军又将矛头对准蚌埠，企图与华北日军会师徐州。

蒋介石先后调集70个师约100万人，将主力集中在徐州以北地区，抵抗北线日军南犯；将一部兵力部署于津浦铁路南段，阻止南线日军北进，以确保徐州。

台儿庄一役，李宗仁、白崇禧在蒋介石的支持下，采取积极防御的作战方法，以一部担任内线防御，另一部置于外线作战，攻防结合，灵活机动，取得了国军抗战中的首次重大胜利。

虽然徐州会战后期中国军队陷入被动，但这场历时5个月的战斗，成功钳制和消耗了日军的有生力量，阻滞了日军进攻速度，为接下来武汉会战的部署赢得了时间。

国民政府宣告迁都重庆后，政府机关大部和军事统帅部暂时迁往武汉，武汉成为实际上的军事、政治、经济中心，战略地位十分重要。

日本政府为了尽快结束战争，缓和国内经济、政治危机，于1938年6月中旬开始，先后集结海陆空35万兵力，出动舰艇120余艘、飞机500多架，大举进攻武汉，企图迅速占领中国的心脏武汉，一举消灭中国主力部队，迫使中国政府投降。

蒋介石先后调集14个集团军120多个师100万人，出动舰艇40余艘、各型飞机200余架，投入到武汉会战之中。

武汉会战于6月12日打响，到10月25日中国军队撤离武汉，历时4个半月，是整个抗日战争中时间最长、规模最庞大和最出名的战役，最后以中国军队主动撤出武汉而宣告结束。

就战役而言，日军占领了武汉三镇，并控制了中国的腹地，取得了胜利。但就战略而言，占领了武汉的日本并未能实现其战略企图。

武汉会战大大消耗了日军的有生力量，使其进攻锐气受挫，战略进攻势头大减，粉碎了日寇企图使中国屈服、快速结束战争的梦想，抗日战争从此进入战略相持阶段。

无助

抗战是艰苦的，也是无助的。

卢沟桥事变爆发以后，蒋介石就期待英美等强国出面干预，制止日本侵华。

按蒋介石的推理，日本侵华直接损害了英美等国的在华利益，英美应该挺身而出维护本国的利益。

西方等强国确实要维护本国在中国的利益，他们打着"中立主义"的旗号，要求国民政府尽快与日本"和平解决"，以利国际通商。美国则抓住中日两国开战的机会，不遗余力地向日本出售战略物资、军火。

德国与蒋介石一直关系不错，派军事专家帮助国民党训练军队、兴建国防工事，甚至还允许向德国余购军火物资和军工设备，然后用农矿产品偿还。

但出乎意料的是，卢沟桥事变爆发后，德国也放弃了中国，选择了日本。

苏联人倒是伸出援助之手，卢沟桥事变爆发以后，给中国运来了战斗机72架、轰炸机54架，还有大量大炮与弹药。

苏联人的援助有，但仅限于此，他们不愿将自己绑在中国的战车上，因此，只是和中国签订了一个《中苏互不侵犯条约》。即使中国和日本打得满天飞，只要不打到苏联头上，他们很有兴趣在一旁观摩。

偌大的世界，中国孤立无援。

蒋介石无助，日本人也觉得累，人力跟不上，资源可以买，可那得要美元啊！

日本请盟友德国出面"调停"，并大肆加强进攻，在军事上给蒋介石施加压力，企图对国民政府进行劝降与逼降，缓过神再说。

日本要求国民政府默认满洲国，并允许日本在内蒙古建立一个与外蒙古类似的自治政府。

蒋介石一口回绝："假如日本不愿意恢复战前状态，中国将不会接受日本的任何要求！"并愤然宣称："与其屈服而亡，不如战败而亡。"

日本的逼降坚定了蒋介石抗战的决心，汪精卫则对中国抗日前景极度不看好，大肆散布"再战必亡"的消极论调。

国民政府二号人物都放弃抗日，对中国的抗日信心给了沉重的打击。蒋介石抗日的信心开始低落：仅靠中国的力量，很难与日本抗衡。

蒋介石再一次把抗日的希望放在盟友的身上。

蒋介石与蒋经国

1939年9月,欧洲战争爆发。敌人的敌人就是朋友,这个道理英美应该懂,蒋介石立即向英美两国提出建立同盟的合作方案。

蒋介石没有等到英美回复的好消息,却等来了一个噩耗:1941年,日本和苏联签订《日苏中立条约》。"苏联誓当尊重'满洲国'之领土完整与神圣不可侵犯性;日本誓当尊重'蒙古人民共和国'之领土完整与神圣不可侵犯性。"在这场狼狈为奸的交易中,蒙古和东北竟成了相互馈赠的供品。

蒋介石又惊又怒:苏联这招太狠,为了自身安全,竟然想把祸水往中国身上引。

苏联中立,没有什么后顾之忧,日本甩开膀子干。《日苏中立条约》签订的第二天,日军便大举进攻中国的山西和中南沿海,在历时一个多月的中条山战役中,中国军队伤亡4.2万余人,被俘3.5万余人。蒋介石称此役为"抗战史上最大之耻辱"。

1941年6月22日,反法西斯战争迎来了一个重要的转折点。6月22日,希特勒撕毁苏德互不侵犯条约,以事先拟订好的一份代号叫"巴巴罗沙"的计划,出动190个师、3700辆坦克、4900架飞机、47000门大炮和190艘战舰,军分三路以闪电战的方式突袭苏联。苏德战争爆发,世界性反法西斯战争就此开始。

媒介目光开始关注中国的抗日,美国《时代》这样报道中国:世界上还没有一支军队的军官比蒋委员长部队的军官还要年轻,尽管如此,他们从未丧失过信心。

媒介关注中国,国际反法西斯阵营中的英、美、苏以及荷兰不仅没有把中国当做真正的盟友,反而把中国当成自己和日军谈判的筹码。

11月22日,蒋介石接到中国驻美大使胡适的来电,称美国为阻止日军南进,有意暂时放弃对日本的经济封锁!

蒋介石焦急万分,24日回电胡适,要求他转告美国政府:"美国对日经济封锁有一点放松,则中国抗战必见崩溃……"

同时,蒋介石致电美国驻华大使,严词称:"如果美国再卖给日本一滴石油,则中国将士们就会流出一加仑鲜血!"

25日，蒋介石打破外交惯例，直接给从未谋面的英国首相丘吉尔致电，他言辞恳切："如果美国人对日妥协，中国军民的抵抗也将因为失望而崩溃……将大大增加英美共同的危机。"

蒋介石的话显然打动了丘吉尔。当晚，丘吉尔便致电美国总统罗斯福：中国崩溃，美国的日子也不会好过，说不定日本人的下一个目标就是美国。

谈话没有效果，美国继续和日本人谈判。生命是宝贵的，但美元更可爱，何况流的不是我美利坚合众国子民的血。

事情已没有任何转机，除非有奇迹！蒋介石失望之极，中国只能等着流更多的血。

血流成河！

蒋介石狂喜。

1941年12月7日清晨，日本偷袭珍珠港，太平洋战争爆发了！

日本以183架飞机对毫无戒备的珍珠港进行轰炸。美国在太平洋上最大的军事基地顿时变成一片火海，美军伤亡4500人，损失舰艇40余艘、飞机188架，其太平洋舰队几乎全军覆没！

奇迹果然是奇迹，就在你绝望的时候悄然而至。

美国对日宣战，虽然有点晚，但，中国从此不再无助！

太平洋战争爆发后，美国对中国态度骤变。

1942年元旦，由美、苏、英、中领衔的26国共同在华盛顿发表《联合国家宣言》，约定"加盟诸国应各尽其兵力资源以打击共同之敌人，且不得与任何敌人单独媾和"。宋子文代表中国正式签字后，罗斯福特意向他表示：欢迎中国成为"四强"之一。

1月3日，中国战区盟军统帅部成立，辖区为中国、泰国、越南和缅甸北部地区，在罗斯福的提议下，蒋介石被推举为中国战区最高统帅。

孤注

中国不再无助。

1944年的日本却已陷入困境：本国与南洋的海上交通线被切断，在中国的长江补给线也处在中美空军的重击之下。生命线都被切断，战略物资有出无进，想再打下去，根本不可能。

日军不甘心生命线被切断就此落败，孤注一掷，投入50万兵力，打通一条由中国东北至越南的大陆交通线，以维持日本本土与南洋各地的联系，同时摧毁美国在华的空军基地。

其实早在1943年冬，日军便开始了在河南境内黄河北岸的作战准备。对于日军修复黄河铁桥，第一战区不仅没有采取有力措施予以制止，而且对黄河南岸的防务也没有保持警惕。第一战区副司令长官汤恩伯侦知日军南移，不明日军的战略意图，所以并未采取应变措施。

1944年4月18日，日军突破中牟地区守军防线，渡过黄河，攻占中牟，然后兵分三路向郑州、密县、尉氏与鄢陵等地大举进犯。

直到此时，汤恩伯仍然没有给予高度重视，而是照老方子抓药，根据豫南会战、郑州会战的经验备战。

对于日军在河南的进攻，蒋介石认为不过是日本人的最后挣扎，纯属回光返照。

美国驻重庆武官则认为："日军在河南的攻势不过是春季演习，很快就会退回原防地。"

史迪威更是断言："日军没有具备在华大举进攻的能力。"

熊市不言底，底是走出来。日军的攻势如何，是打出来的。蒋介石根本就没有想到，中日开战以来规模最大的豫湘桂战役就此拉开战幕。

4月22日，日军占领连接平汉、陇海两线的战略要地郑州；

4月24日，日军攻克密县，黄河防线被突破，日军掌握了河南战场的主动权；

5月1日，河南中部重镇许昌被日军占领；

5月25日，洛阳失陷。至此，日军打通平汉铁路。

仅仅近40天，日军便以五六万之兵力，在有三四十万守军的河南境内攻城掠地，连占包括郑州、洛阳、许昌等中原重镇在内的城市38座，不仅打通平汉线，而且控制了河南境内陇汉线大部。

5月25日，日军又以20余万兵力，配备1个骑兵联队、4个独立炮兵联队、1个野战炮兵联队、3个独立工兵联队、两个铁道兵联队、战车第3师团一部，以及汽车3000余辆、飞机6000余架，向第九战区大举进攻，长衡会战爆发。

6月17日，长沙陷落。但在此后的衡阳之战中，衡阳守军顽强抵抗，以17000余人的兵力，与5个师团的日军进行了18天拼死搏杀，在弹尽粮乏的情况下，苦战48天，致使日军惨遭重创，死伤19000余人。

9月初，日军又发动了广西战役，先后占领桂林、柳州。11月28日，日军南方军第21师一部从越南突入中国，向广西绥渌（今属扶绥）进攻。至此，从中国东北直至越南河内的大陆交通线，终于被日本侵略者打通。国民党军溃退入贵州。日军以3000余人的兵力沿黔桂公路追击，如入无人之境。沿黔桂铁路进攻的日军至12月2日攻至贵州独山，逼近四川，震动重庆。至此，大陆交通线全部打通。

大反攻

重庆震动。

日军从河南打到广西，国军除了少有的几个亮点，却是节节败退。

败退的不只是中国军队，还有蒋介石的个人威望。

国内一片怀疑不说，美国总统更是直接出面过问中国的事务。

早在1944年7月7日，罗斯福主动给蒋介石发电报，强烈要求由史迪威"统帅中美一切军队，授以全责和全权"。

看过电报，蒋介石怒火万丈：美国就是天下第一，中国的事情也轮不到你管。不就是拿了你点援助,你就这样指手画脚!

吃人家的嘴软,拿人家的手短,看在后继援助的份上,蒋介石忍了。他对罗斯福采取"拖"的策略,回复称:可以交权,但因中国国情复杂,要慢慢交。

1944年9月18日,罗斯福向蒋介石发出最后通牒,要求他立即交出指挥权,否则休想从美国得到一分钱援助。

打个篮球、踢个足球,请几个外援,娱民一下,不伤国体,不损国威。国家军事大权交给外国人,中国以后还有什么脸面在世人面前混。蒋介石给罗斯福回电:中美绝交,史迪威由美国召回;日本人,中国自己打!

罗斯福当时就傻眼了:蒋介石居然如此强悍,一旦翻脸,美国在华将得不到任何好处。进不可能,那只有退,罗斯福不仅不再要求蒋介石交权,而且召回了史迪威。

中美争锋,蒋介石占了上风。抗战方面也是利好频出:大批重型军械、军火源源不断地通过新建成的中印公路运到中国,国民党军的装备现在是

蒋介石在开罗会议

鸟枪换炮；美国第12、第14航空队没日没夜对台湾、琉球、冲绳及日本本土进行轰炸。

反击是时候了，蒋介石对手下的将领说。

中国反击，日军采取先发制人的战略。

1945年4月9日，日军兵分三路向湘西芷江发动进攻，企图摧毁芷江机场，进而进逼四川，威胁重庆。

面对日军的反击，蒋介石将大战的指挥权交给陆军总司令何应钦，汤恩伯任第三方面军司令，负责桂穗路防务。

自从与日军签订《塘沽协定》《何梅协定》，何应钦就有着亲日的恶名，很多中国人甚至将他和汉奸相提并论。

豫湘桂一战，汤恩伯的数十万大军不战而退，国内恶评如潮，"杀汤以谢国人"不绝于耳。

死战，以表清白；死战，以谢天下。

何应钦亲赴战地勘察，部署作战方案。

汤恩伯死守在天柱山前线指挥所，不退、不离。

湘西战役，国民党军队以9000多人的伤亡，毙伤日军约36000人。

8月6日、9日，美国在日本广岛、长崎投掷两颗原子弹。

1945年8月15日，日本宣布无条件投降，中日战争结束了。

日本投降，全民上下一片欢呼。

蒋介石看着墙上的军事地图，战争仍在继续。

重庆会

战？还是和？

日军败退，共产党成了蒋介石必须面对的一个问题。

共产党却不管那么多，战与和只能是以后的事，现在最重要的是强身健体，多吃有营养的东西。

8月10日，八路军延安总部朱德总司令发布战略大反攻第一号命令，要求各部队夺取并解除所有日伪武装。

8月11日，延安总部发出特别命令，要求华北游击队向北推进，进入东北，与北面出兵的苏军会合；黄河流域军队，促使长城以南日军立即投降。

听说共产党在做接收日军的投降，蒋介石当即发出命令：所有日伪军将领原地待命，不准向中共受降；在接受国军接收前，日军总司令冈村宁次务必作好有效防御。

随后，蒋介石迅速要求美军动用海空力量，将后方军队火速运往各战略要点。

和中共的一战势在必行，百姓要求和平，民心不可违。蒋介石公开致电，邀请毛泽东到重庆商讨"国际国内各种重要问题"。不来，那叫不为百姓着想，破坏国家统一，直接揍你没商量；来了，逼得你翻脸，还是照揍不误。

8月28日，毛泽东抵达重庆，住在国民党谈判首席代表张治中的公馆桂园。

第二天，蒋介石明确提出三个谈判原则："一、不得以现在政府法统之外来谈改组政府问题，即其所谓召开党派会议讨论国是，组织联合政府也；二、不得分期或局部解决，必须现时整个解决一切问题；三、归结于政令军令之统一，一切问题必须以此为中心也。"

这天晚上，根据蒋介石的指示，国民党代表与中共代表进行了初步接洽，双方商定，最初三四日为非正式交换意见，9月4日开始转为正式会谈。

9月2日下午，蒋介石突然想到一个解决中共问题的好办法：中共可以编组12个师，依法参加中央政府。

毛泽东对此不置可否。蒋介石以为自己的慷慨让步打动了毛泽东。

不料，翌日，毛泽东提出一系列国民党不可能接受的条件，并明确提出：

"中共军队须改编为48个师，并在北平成立行营和政治委员会，由中共将领主持，负责指挥鲁、苏、冀、察、热、绥等地方之军队。"

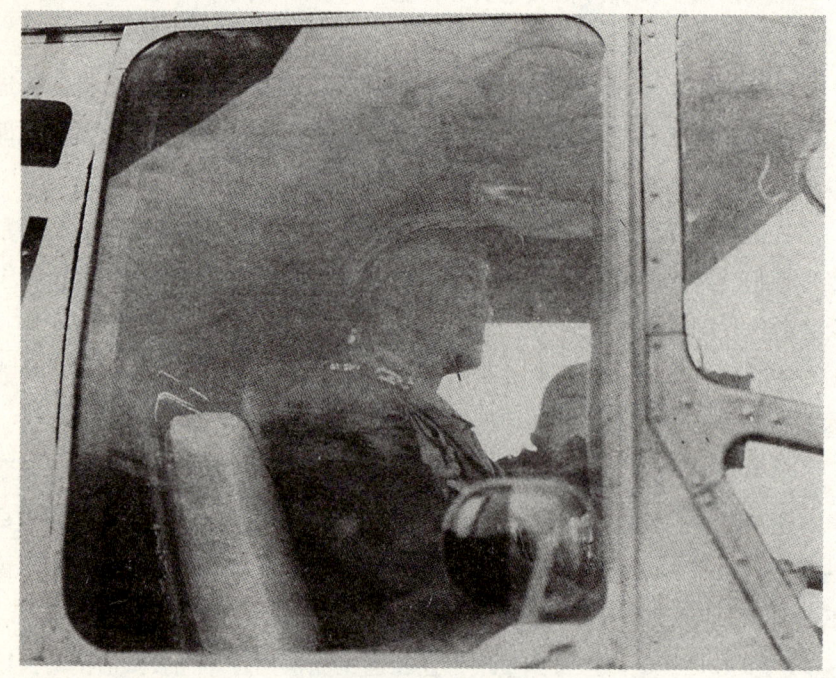

蒋介石视察国军

下午,周恩来等中共代表,根据毛泽东的条件,提出具体11条书面谈判方案。

蒋介石得知后怒不可遏,大发雷霆,他对国民党代表说:

"12个师是最高限度,驻地可以商量,省级行政人员亦可延请中共人士参加,但不能要求政权,形成割据状态。"

事实上,双方分歧的焦点,仍然是军队数目与划归中共管辖区的区域问题。一直到21日,蒋介石见谈判仍无结果,将中共军额提高到20师,并称,"如其要求华北各省主席则不能再谈"。

但此时,双方对谈判都已不抱希望,只是借谈判获取实际利益。

中共军委明令各军:"重庆谈判,蒋介石毫无诚意。""为着促进谈判,推迟蒋军深入华北、东北,争取全部占领察、热,争取东北优势,我必须布置几个有力战役,打退顽军气势。"并于9月上旬,在山西发起了上党战役。

国民党同样在借谈判之机,加紧调动军队、完成部署,军事进攻一直没有停止。

双方边谈边打，在华北地区展开激烈争夺。

但对蒋介石来说，东北地区比华北更加危急。有情报显示，张家口、山海关、秦皇岛已被苏军让给中共。这个消息让蒋介石惊讶不已，他没想到苏联出尔反尔，"破坏盟约，决心掩护共匪侵扰中国"。

一场中国近代史上最大规模的内战即将开始。

溃败

1945年10月10日，国共在断断续续进行了11场正式会谈后，眼见无法再谈下去，协商签订了《政府与中共代表会谈纪要》，作为谈判阶段性成果公开发表。

1946年1月10日，国民党召开政治协商会议，国共双方签署了《停战协议》，并于13日午夜正式生效。

借着停战之机，蒋介石加紧向东北调运军队，于2月上旬，将国民党五大主力之一的新6军运抵秦皇岛，随即经北宁路开抵锦州。

此时，中共已在苏军帮助下，占据四平以北的大半个东北地区，使得国民党无法按原计划接收东北。于是，武力冲突不可避免地发生了。

2月上旬，国共两军在秀水河子、勿欢池、沙岭子几乎同时进行了三场战斗，结果一胜一负一平，不分高下。

3月中旬，运抵东北的国民党军队已有近6个军约24万人，其大部主力在沈阳完成集结，于19日开始从南、东、北三路展开扇形攻势，准备攻取辽阳、鞍山、营口、抚顺、铁岭、开原、昌图、四平街。

国民党军一路势如破竹，4月7日，开始向四平外围进攻。

四平地处吉林省西南部、松辽平原中部，位于沈阳与长春之间，辽、吉、蒙交界处，中长、平（四平）齐（齐齐哈尔）、四（四平）梅（梅河口）

三条铁路在此交汇，是连接东西南北的重要交通枢纽，以其优越的地理位置，成为兵家必争之地。

4月15日，四平外围的战斗打响。

4月18日，四平城区争夺战打响。

战役一开始，国民党军锐气旺盛，尤其素有"天下第一军"之称的国民党新1军，在印缅战场上战功赫赫，军长孙立人享有"东方隆美尔"之誉，战斗一开始便摆出一副锐不可当之势，借助猛烈的炮火掩护，向四平近郊中共军队发起猛烈进攻。

到26日，双方激战9天，均伤亡惨重。

因对四平久攻不下，国民党军只得转攻为守，双方陷入对峙、僵持局面。

此时，蒋介石派到东北的最高军事长官——东北保安司令长官杜聿明，经过近10天侦察，发现共产党在四平与本溪两个战场部署兵力10万，而四平的兵力远远优于本溪。这一发现，让杜聿明兴奋不已。本溪乃沈阳的门户，先拿下本溪，给共产党沉重一击，然后集中兵力攻打四平，必然事半功倍。

5月3日，本溪战斗打响。由于本溪守军兵力薄弱，杜聿明轻取本溪。

5月15日，杜聿明将所有军队分为3个兵团，向四平展开全面进攻。三天后，中共军队悄悄撤离四平，历时32天的四平战役悄然结束。

此后，共产党放弃本欲立为首都的长春，率20万部队越过松花江，撤至江北。

但这并不代表蒋介石能够控制东北，由于国民党北进兵力不足，加上共产党在南满作战的牵制，蒋介石眼睁睁看着共产党在北满建立牢固的根据地，却无力过江。

1946年7月，全面内战爆发。

蒋介石首先派出30万大军，对中原解放区发动全面进攻。在进攻的过程中，1946年11月，蒋介石在南京召开"国民大会"，制定了一部"宪法"，宣称要"实施宪政……还政于民……改组政府"。这些都只是嘴上说说，实际上仍是以他为首的国民党统治集团独裁专政。

面对蒋介石的全面进攻，中国共产党制订的是以自卫战争粉碎国民党进攻的战略，在各战场上给蒋介石军队以痛击。

在屡遭失败后，到1947年2月，经过8个月的作战，蒋介石的军队被歼已达71万余人，丧失了全面进攻的能力。

从1947年2月起，蒋介石被迫修改了全面进攻战略，从而转为重点进攻，把军队主要集中在陕甘宁和山东解放区。

"在陕甘宁，主要是打击中共中央的首脑机关；在山东，主要是打击华东野战军。只有这样，才是重点打击。"

蒋介石对将军们阐述了他对重点进攻的看法，然后严肃地命令胡宗南，率20余万大军，进攻延安。

3月19日，胡宗南的20余万大军进入延安，在蒋介石为他庆功时，毛泽东也在为自己把敌人的20余万大军牵制在陕北战场而高兴。随着人民解放军的节节胜利，蒋介石对陕甘宁边区的重点进攻也被粉碎。

1947年4月，蒋介石命令顾祝同，指挥45万军队，向山东解放区发动猛攻。

结果，到5月16日，蒋介石的王牌74师，在孟良崮战役中被华东野战军歼灭。蒋介石大为震惊，思之再三，7月11日被迫放弃对山东解放区的重点进攻。

从1947年3月到6月，蒋介石的正规军由430余万人下降到373万人，正规野战军从200万人下降到150万人，机动兵力下降到40个旅。这样的损失之后，他的国民党军队不再具备组织大规模进攻作战的能力。

在这样的情况下，蒋介石被迫由战略进攻转为战略防御；最后蒋介石又被迫下令收缩防线，实行重点防御。而此刻的毛泽东，已经在作最积极的大反攻准备。

1947年6月30日，刘伯承、邓小平遵照毛泽东的指示，率晋冀鲁豫野战军主力强渡黄河，挺进大别山。蒋介石了解情况后，立马判定刘邓大军南下是流窜逃命，下令追击堵塞，结果没有成功。8月，陈赓、谢富治的太岳兵团，在豫陕地区战略展开。9月，陈毅、粟裕大军直扑豫皖苏平原，也完成战略展开。

这三路大军,在中原大地上呈"品"字形拉开。一时间,把一直都在解放区打来打去的内战第一次引向国统区。

与此同时,彭德怀率部在陕北、许世友率部在山东,同时向敌人发动猛攻,由此形成三军配合、两翼牵制的战略格局。蒋介石集团顿时陷入了被动挨打的境地。

形势所迫,蒋介石只能进行分区防御。这样支持没多久,蒋介石的重点防御也被打破。

而此时,共产党已在积极准备战略大反攻。

从1948年9月至1949年1月,共产党发起三大战役,同国民党展开战略大决战。

1948年11月2日,辽沈战役在历时52天后,以国民党失败而告终。这次战役中,国民党损失兵力达47.2万人。

1949年1月10日,国民党在淮海战役中落败,损失兵力55.5万人。

1949年1月31日,国民党在平津战役中战败,损失兵力52万人。

历经了这三大战役,国民党赖以维持统治的主要军事力量基本被消灭。

危机

国民党军队迅速崩盘!

蒋介石想都没有想过,小米加步枪干掉美国装备。

想与不想都已不重要,事实就是事实,重要的是蒋介石如何面对战后的个人危机。

早在1947年夏,同国民党关系甚好的美国将军魏德迈就曾公开发表声明:中国国内形势好转的重要条件之一是"须有有感召力的领导",言外之意就是蒋介石已失去领导中国的威望。

美国国务卿马歇尔,则直截了当地说:"蒋主席在政二十年,思想陈旧,性复固执,且极易受人之包围,不能发挥有效之力量。故中国政局不能改善之最大责任,实应由蒋主席负之。"并提出:要想解决中国的问题,蒋最好"退让贤路"。

美国驻华大使司徒雷登这时设想,应支持地方实力派成立分裂的政府,以抵制共产党的胜利。

舆论毕竟是舆论,口水淹不死人。蒋介石听在耳里,倒也并不放在心里。

1948年春,蒋介石决定召开国民会议,选举总统。新桂系首领李宗仁决定参加副总统竞选。为了抵制李宗仁参加竞选,蒋介石提议正副总统候选人由党提名,遭到李宗仁的严词反对。

蒋介石单独召见李宗仁,要求他以党内团结为重,放弃竞选,并称没有我的支持,你李宗仁不会当选。

李宗仁当时肺差点气炸,前一句还中听,后一句就太伤人。他针锋相对地回敬道:"我李宗仁别的不多,朋友倒是挺多;既使委员长不支持我,我还是有希望当选的。"

李宗仁与于右任、程潜订立"攻守同盟",声称如副总统候选人由党提名,则一致脱党。新桂系也表示,若副总统候选人由党提名,广西、安徽两省国大代表将退出选举。蒋介石被逼无奈,只好宣布"自由竞选"副总统,并扶植孙中山之子孙科参加副总统竞选。

1948年3月29日,第一届国民大会在南京召开,在4月19日、24日的前两轮副总统竞选投票中,李宗仁票数均位居第一。

蒋介石见李宗仁胜利在即,就命令陈立夫散播消息,称李宗仁"当选副总统就要逼宫,或三个月后就要逼迫领袖出国",同时攻击李宗仁夫人在北平贪污。

形势不利,李宗仁的亲友团纷纷劝说他以退为进,宣布退出竞选。

李宗仁退出竞选,参加竞选的程潜执行"攻守同盟"的约定,也退出选举。孙科不可能和自己竞争,竞选工作就此停止,国民大会也开不下去了。

国民大会陷入停顿，桂系的军队在南京郊区动作不断，演习、操练，喊杀声震天。

4月26日，蒋介石召见为李宗仁助选的白崇禧，对白崇禧说："副总统竞选绝对是自由竞选，叫德邻（李宗仁）重新参加竞选吧，我会全力支持他。"

竞选重新开始，一些原本支持孙科的国大代表对陈立夫阻碍自由竞选产生反感，站到了李宗仁一边。

4月29日，蒋介石当选总统之后，李宗仁如愿以偿当选副总统。

李宗仁竞选成功后，白崇禧就任"华中剿总司令"。在李宗仁的授意下，白崇禧拒不执行蒋介石的军令，在情报和运输上设置障碍，阻挠蒋介石调兵，加速了蒋介石在军事上的惨败。

11、12月间，美驻华大使司徒雷登明确提议蒋介石交出军政大权，成立陆海军总司令部，以国防部长何应钦为总司令，负责军事；李宗仁代理总统，负责政治。

为了尽快逼蒋介石下野，由李宗仁出掌中枢，白崇禧先后两次给蒋介石发"亥敬电"、"亥全电"，建议蒋介石与共产党停战议和，并联络湘、鄂、赣、豫、川、桂等省，先后给蒋介石发表通电，要求其"对个人进退问题作一明快决定，免误和平谈判"。

与此同时，李宗仁按耐不住地提出五项"和平主张"，其中第一条便是请蒋介石下野。

美国方面也声称："美方在蒋先生执政时期，绝不考虑援华。"

蒋介石使用拖字决，不肯下野。

白崇禧不和他拖，拉拉扯扯成何体统，在武汉散播言论：

"蒋氏如再坚持不下野，白崇禧的部队将退出武汉，让开长江一线给中共。"

"如以政治方法不能成功，即以军事行动达其目的。"

1949年1月21日，蒋介石被迫宣布第三次下野。

台湾

蒋介石下野后,李宗仁出任代总统。但国民党军政大权仍掌握在蒋介石手中,李宗仁根本指挥不动蒋介石一手提拔的军政要员,且缺乏掌控全局的能力。

1949年3月,白崇禧派代表北上与中共接洽和谈,提出与共产党"划江而治"的要求。共产党的答复是:无论战和,都要渡江。

4月20日,蒋介石拒绝在《国内和平协定》上签字,人民解放军开始渡江,向全国进军。4月23日,人民解放军占领南京。至此,蒋介石统治中国大陆22年的历史宣告结束。

蒋介石与宋美龄

蒋介石早就料到败局已定，1949年1月就任命陈诚为台湾省主席，为自己找好退路。

12月7日，由南京辗转广州、重庆、成都的国民政府，由成都迁移台湾。

12月10日下午2时，在成都凤凰山机场，蒋介石登上中美号专机。进入机舱前，他在寒风中回首，默默与大陆道别，发誓将来一定要返回大陆。

很快，飞机起飞，飞离大陆，飞向东南一隅，但蒋介石再也没能踏上这片国土。

1950年3月1日，蒋介石在台湾"复正大位"。

此时，蒋介石手中只剩60万军队，追随他多年的党国要员，包括宋子文、孔祥熙、孙科等人，都弃他而去。前任行政院长孙科逃往香港，临行前不忘带齐了妻子儿女，就是忘了告诉他这个党国主席。同样也做过行政院长的翁文灏，借赴欧洲考察的机会，去了法国后就再也不肯归来。蒋介石的连襟孔祥熙，干脆连招呼也不打一个就去了美国。就连他的大舅子宋子文，去了美国也同样再无音讯。

而人民解放军正往福建沿海一带集结，准备横渡台湾海峡，消灭偏居一隅的国民党政权。

"反攻大陆、光复国土！"这是蒋介石退到台湾后至死不渝的愿望。但此时，蒋介石的首要任务是保住台湾。

为鼓舞士气，蒋介石制订了"反攻大陆计划"，并将计划分为四步：第一、集中一切兵力；第二、巩固台湾及其卫星岛屿；第三、反攻大陆、拯救同胞；第四、复兴中华民国、建设三民主义独立自由的新中国。

蒋介石将分散在台湾、海南、金门、大陈、舟山诸海岛的60万大军集中起来，保卫台湾。

但蒋介石心中清楚，国民党军队根本无法与强大的解放军相抗衡。尤其是美国已由"扶蒋"转为"弃蒋"，失去了美国的支持，蒋介石每日活在被共产党消灭的恐慌之中。

天无绝人之路，就在蒋介石为国民党在台湾前途深深担忧之时，转机出现了！

1950年6月25日，朝鲜战争爆发了。

在蒋介石看来，朝鲜战争对自己是利好：台湾面临的中共威胁得以解除；美国的对台政策也将因朝鲜战争的爆发而出现改变。

蒋介石预料不错。美国总统杜鲁门断定朝鲜战争是苏联人酝酿的，决定援助南朝鲜，给苏联迎头痛击，并决定派出第七舰队阻止中共进攻台湾。

美国再度"扶蒋"，台湾被共产党消灭的危机解除，蒋介石大大松了一口气，开始一心一意投入到国民党改造和台湾建设之中，准备"反攻复国"。

蒋介石对台湾的金融进行整顿，他依靠从大陆运到台湾的80万两黄金作为币制改革基金，命令陈诚进行了币制改革，使台湾的通货膨胀得到缓解。

币制改革结束后，蒋介石在台湾岛上推行土地改革运动。他实行三七五减租的方法，减轻了佃农的地租负担，缓和了租佃矛盾，但也照顾了地主利益。然后又进行公地放领，使许多无地农民获得了土地，生产积极性大为提高。最后再落实耕者有其田的措施，使台湾绝大多数农民都有偿地得到了土地并成了自耕农。

建设可以，但反攻复国始终只是个梦。

此时，美国虽然重新支持蒋介石，但也对他的行动作了种种规定：不许台湾当局对大陆进行军事进攻，不许蒋介石派兵参加南朝鲜作战，还提出"台、澎地位未定论"。

蒋介石对这些限制十分不满，尤其是对美国蓄意制造"台湾地位未定论"予以公开反驳。他说：

"台湾无论在历史上、民族上、地域上，尤其在法律上，都是中国领土的一部分……如果是对台湾地位还有问题的忧虑，那就是杞人忧天，太无常识了。因为台湾是我们抗战胜利后从日本手里收回的，是光复故土。"

在这个涉及中国领土主权的问题上，蒋介石异常坚定，寸步不让。

初到台湾时，台湾人心浮动，美国要求台湾独立，蒋介石说："谁要台

蒋介石

独，我要谁脑袋！"

1975年4月5日，蒋介石病逝，"行政院"发布了蒋介石的遗嘱。

在遗嘱中，蒋介石说：

"余自束发以来，即追随总理革命，无时不以耶稣基督与总理信徒自居，……实践三民主义，光复大陆国土，光复民族文化，坚守民主阵容，为余毕生之志事，实亦即海内外军民同胞一致的革命职责与战斗决心。惟愿愈益坚此百忍，奋勉自强，非达成国民革命之责任，绝不终止，矢勤矢勇，毋怠勿忽。"

下午 1 时 10 分，安灵礼在慈湖宾馆完成。蒋介石的灵柩被停放在正厅中央的灵堂上，其遗体已经过防腐处理。

这是宋美龄、蒋经国按照蒋介石生前遗愿所安排，将其灵柩暂厝于此，"待来日光复大陆，再奉安于南京紫金山"。

民国主席档案

林 森
菩萨也做狮子吼

一个人,一口箱子。一个平凡的老人,提着一口陈旧的箱子,在满天夕阳下,走在洛阳古城。

洛阳的牡丹花开花谢,白马市的香客来了又去,去了又来,依旧的是这个平凡的老人。

贵如主席,凡如平民。平民有平民的喜悦,也有平民的愤怒,超然如菩萨的林森是否也有愤怒?

小 档 案

姓名字号：林天波，字子超，号长仁，自号青芝老人，别署百洞山人、虎洞老樵、啸余庐主人

籍　　贯：福建闽侯县尚干镇

生卒年月：1868年1月18日—1943年8月1日

毕业院校：台湾中西学堂电科

最高职务：民国主席

家　　世：

父亲——林道炳。

兄弟姐妹——为臻（长义）、为桢（长礼）、为维（长智）、国栋（长信）。

妻子儿女：

妻郑氏，无子。

嗣子：林京。

简 历

1868年——1月18日出生。

1877年——入学读书。

1881年——进鹤龄英华书院。

1883年——考入台湾中西学堂电科。

1884年——在台北电信局工作。

1891年——与邻村郑氏女结婚。

1893年——郑氏病故，誓不再娶（无子嗣）。

1895年——参加台湾抗日军，失败后回闽侯入母校英华书院任教。

1898年——再度赴台湾，加入兴中会。考取台南地区法院嘉义支部通译，进行反清抗日活动。

1899年——因日本侦捕返回闽侯。

1902年——去上海海关供职，组织旅沪福建学生会。

1905年——加入中国同盟会，创办福州阅报社。

1907年——先后入美国密歇根大学、耶鲁大学文科研究院学习。

1909年——由上海调往江西省九江海关工作，设立当阳书报社，创办商团，举办军事训练班，联络新军，为武装反清作准备。

1911年——10月武昌起义后，任九江军政府民政长。

1912年——1月，任南京国民临时政府参议院议长。

1913年——被选为第一届国会参议院议长，"二次革命"失败后赴日本。

1914年——在东京加入中华革命党。任国民政府临时参议院院长。1914年离日本赴美洲，开展筹饷和党务活动，在此期间策划谋杀民国三大名记者之一的黄远生（后证明是误杀）。

1916年——任广州孙中山大元帅府外交部部长。

1918年——被选举为参议院院长兼宪法会议议长。

1921年——任非常国会议长。

1922年——出任福建省省长。

1923年——任大本营建设部部长兼治河督办，负责国民党改组事宜。

1924年——1月，被选为国民党中央执行委员，为国民党海外部部长。

1925年——广州国民政府常委成立，任西山会议派中央常委兼海外部部长。

1926年——元旦，国民党"二中"全会召开，通过《弹劾西山会议决议案》，受警告处分，主持中山陵建设。

1927年——被推为南京国民政府常务委员。

1928年——任国民党中央政治会议委员、国民政府立法院副院长。

1929年——任国民政府委员会委员长、国民党中央监察委员。

1931年——赴菲、澳、美、英、德、法诸国慰问侨胞并视察党务，国民党中央常委会选其为立法院院长，12月被推为国民政府代理主席。

1932年——主持召开国难会议，强烈抗议日本承认"伪满洲国"。

1935年——被推选为常务监察委员。

1936年——代理国民党中央政治委员会主席。

1937年——以主席名义号召"全民奋起，全力抵抗"。10月国民政府西迁重庆，随后只身入蜀。

1938年——3月主持国民党临时全国代表大会，通过《抗战救国纲领》。7月召开国民参政会致辞，手书"抗战必胜"来激励全国军民，以国民党中央监察常委身份力主开除汪精卫党籍，并明令通缉。

1941年——12月9日以国家主席名义向德、意、日三国宣战。此后致力于废除美、英等不平等条约。

1943年——因车祸在重庆逝世。

一口箱子

一个人，一口箱子。一个平凡的老人，提着一口陈旧平凡的箱子，在满天夕阳下，走在洛阳古城。

长袍马褂，鹤发童颜，银须飘垂；一根手杖，一副眼镜，还有那口平凡的箱子。

箱子是用来装东西的，但从来没人见他打开过，只见他每天都带在身边。

洛阳的牡丹花开花谢，白马市的香客来了又去，去了又来，依旧的是这个平凡的老人。

食我者，父母也。对于父母，路口摆摊的鞋匠老李头一向很热情，何况是老主顾。老主顾很客气，每次都会说："又辛苦您了，过一会儿来取。"所以老李头很心，好语一句暖三春。春意暖的不仅是人心，还有好奇心，箱子里到底有什么？钞票？黄金？珠宝？古玩？盛世古玩，乱世黄金，身边有钱，随时走人。老李头却从来没有见他打开过。

至少不是古玩！淘宝斋的周老爷子敢打赌。老人经常到店里面赏玩，与其他的古玩收藏家不同，别人仅仅钟情于真正的稀世珍品，而老人则真假通吃，甚至更喜欢收藏赝品。

说到收藏，老人还有自己的一套："赝品是赝品，多多少少会留下历史的痕迹。即使现在不是古物，再过几百年，假的也变成真的。"

周老爷子一身汗，读万卷书不如行万里路，行万里路不如阅人无数，自己也算是阅人无数，可就是看不透这老人是哪路人物、何处神仙？

平凡的人，破旧的箱子，不平凡的是箱不离手、从未打开，即使是买真古玩的时候。

箱子是用来装东西的，如果连古玩都不屑放进去，那里面装的又是什么？自然是珍贵的东西，珍贵得足以占据一个人的心，要不然怎么会从不离身呢？

在寻食的母鸡眼中，珍贵不过是找到一粒麦粒时的喜悦。

在梁山伯与祝英台的眼里，珍贵是生同窗、死同穴，比翼双飞。

在淘宝斋周老爷子眼中，珍贵是绝世的鼎，稀世的币。

在林森的眼里，珍贵是一堵危墙。

危墙

危墙！

君子不立危墙！

林森不知道自己在别人的眼里算不算君子，他只知道危墙会伤人，伤了根、断了筋，危墙会吓坏小朋友，也会砸坏花花草草。

危墙在成为危墙之前，通常不是危墙，而是坚实漂亮。台湾也是。

巡抚刘铭传在台湾做得风风火火，修铁路、开煤矿、设电报、开办新式学堂，什么事情有利于台湾的发展，就做什么，一心想把台湾建设成为全国的经典、浓缩的精华。

1887年，在鹤龄英华书院吃过散伙饭以后，林森开始想应该在人生的路如何踩上自己的脚印。从教会学校英华书院毕业的师兄一般有三条路可走：一，跟着上帝走，做主的神职人员，当传教士；二，到海关或洋行工作，八年英文不是白学的，取之于民，用之于民，做个小职员肯定是不成问题；三，参加科举考试，孝忠皇上，生是皇家的人，死是皇家的鬼。

路是师兄们的，不是自己的。踩着别人的脚印前进固然可以一日三省，省时、省力、省思考，却也是无味的很。林森的心早已飞向了海外。

冲动是魔鬼，好奇是磁铁。刘铭传想以"一岛基国之富强"，那又是怎样的"一岛基国"。

当1887年台湾西学堂开办时，他就欣然前往求学。西学堂的开办是近代科技教育的一个创举，既有西方教师教授科学技术，同时又有中国老师讲授中国经史文字。经过三年的学习,林森是上知天文,下知地理,贯中西、通文理。

受"科技救国"思想的影响,1890年林森又考进了新设立的台湾电报学堂,1891年毕业,林森进入台北电报局工作。

林森很开心:态度决定一切,上司的赞赏,同事的肯定;妻子郑氏虽然不是大宝天天见,隔几天漂洋过海去看她也是一种浪漫,小别胜新婚,神仙也不争。

日本政府也很开心,甲午一战,打出的不仅仅是士气,还有银子、台湾。日本地盘太小,现在有了台湾,实在是想瞌睡有人送枕头、练武功有人送葵花宝典。

对于小日本,天朝上国保持了高风亮节:得饶人处且饶人,该放手时

林森

得放手，台湾不就是从指缝间漏出去的一颗芝麻粒。1895年5月清政府驻台机构开始撤往福建，林森任职的台北电报局也在撤退之列。

天塌了，地陷了，房子倒塌、墙裂了，林森没有随着同事们撤退到福建，而是留了下来。林森投奔的是刘永福的"黑旗军"，黑旗军驻守台南，与台湾抗日义勇军合作，在新竹、苗栗、彰化、嘉义等地，重创日军。清朝廷怕惹事生非，断绝对台湾的支援，黑旗军大部分人战死。

台湾抗日失败以后，林森回到福建，辗转于上海、广东和日本各地，联络革命志士，积极从事反清抗日的革命活动。在此期间，林森结识了孙中山先生。由于林森主张抗日反清，清政府对林森很是看不过眼，就四处发榜文通缉林森。

1897年秋，因为精通英语、又会讲闽南话，还熟悉台湾情况，林森又一次来到第二故乡台湾，继续从事秘密革命活动。为了方便工作，林森到台南法院嘉义分部当了通译，他以职业为掩护，从事革命活动、保护抗日志士。

每当有抗日志士在法院受日本人的审讯，作为翻译的林森就大事化小、小事化无，把志士说成刁民，把刁民夸成良民；每当有台湾同胞吃官司，林森也全力为他们开脱。由此林森赢得了同胞们的信赖，他们也乐意帮助林森。

有一次，林森奉孙中山之命要回福建从事革命活动，但手上没有路费。正在发愁，有个台胞知道这件事情以后，立即拿出50块钱资助他，林森只要了30块。为了林森的安全，这位台胞特意把林森送到码头。

在台湾的日子是短暂的，1899年，林森就因为身体有病回到福州。而这一待，就是三年。1902年，林森因为生活的压力，不得不出来做事。

世事难料，1887年林森不愿意走师兄们的老路，而踏上了去往台湾的轮船，这一年，林森进入了上海江海海关做事。

老路有老路的好处，走的人多了，自然就不会引人注目，就如一粒大米混进一仓库的大米中。

潜伏

大米潜伏到粮仓中,当然是为了和别的大米相聚。林森潜伏下来,难道也是为了和大米们相聚?

革命无论是革谁的命,总之是要有激情的,砍别人头的人固然有砍头的渴望,伸长脖子给人砍更需要豪迈,砍头轮流砍,今年到我家,伸头挨一刀,不过碗大疤。

激情不是每个人都有的,孙中山的革命就缺少革命的人。梁启超虽然是自己的大对头,孙中山还是觉得这家伙有时候说的话也挺对:少年弱则中国弱,少年强则中国强。革命是需要激情,而激情是需要发掘的。

林森到了上海,除了上下班,就是结交三山五岳的同心同德的老乡,喝喝茶,时不时地说些台湾人在日本人统治下的悲愤、介绍一下孙中山的革命思想。在他的有意无意的指引下,一批老乡发起成立了"旅沪福建学生会",林森对学生会关怀备至,不仅把江海海关作为学生会的通讯联络点,而且把自己的全部工资捐出做活动经费。

林森的付出有了回报,各革命团体纷纷合作,成立了同盟会福建分会,对外则称"福建丙辰俱乐部"。

1909年,林森到了江西九江海关担任文书,在这里他有了新的起点:发展武装力量。

革命是为了破坏后的重建,破坏是种手段,也是一种力量。要想自己变得更强,当然得尽量接近强大的人,学习和模仿他们,或者说直接将他们变成自己的一份子。

林森利用在海关工作的有利条件,建议商界组织维持商界秩序的人手,并由新军第53标的军官负责训练。

商界自然同意,有钱有枪,什么事情都好办,再说借这个机会和海关拉上关系,货物进出海关自然有人照应。

军事训练班这一办就是六个月,麻烦人家给你训练,当然得投之以桃,报之以李，林森乘着新军有空闲的时间，就跑到新军营中和官兵们联络感情、喝酒谈心。

感情是喝出来的，交情是打出来，交情有了，做事也就痛快了，虽然只有六个月的时间，军事培训班的效果不错，军事素质还真不低。好东西不能浪费，好机会不要错过，军事培训班课程一结束，林森就以"维护商界秩序、确保商界稳定"为名，建立商团保卫团，有了一支军队性质的武装。

军事培训结束以后，林森并没有人走茶凉、人过桥拆，反而和军队走得更近了。因为清朝海军最早就设在沿海一带，最初的海军学堂就设在福建马尾，所以福建人在海军占了很大一部分。

酒逢知己千杯少，话不投机半句多，老乡见老乡，说起家乡的习俗，聊起小时的糗事，认同感就有了。自己人说话当然会随便，也不会有什么顾虑，什以么革命啦、民主啦一不小心就从林森的嘴里冒了出来。大批的官兵心里开始有了革命的倩影、共和的美景。

倩影再美，如果只是在心中，也只是雾里看花、水中望月。潜伏得再久，如果是一潜到底，没有一击致命的爆发，也只是潜伏而已。

林森是将潜伏坚持到底，还是破茧而出呢？破茧而出是要有机遇的，林森是不是会有机遇？他的机遇又会在哪里？

破枪

打蛇要打七寸，而蛇攻击时威力虽然最猛，七寸的安全系数也最低。

武昌起义成功以后，清政府作出镇压革命党的计划，调集各路人马赶往武昌。江西和湖北离得近，自然是调兵救火的好选择。

江西的兵马一旦赶到湖北参战，武昌的起义军即使能顶住，肩膀的担子也是不轻。枪已出手，弹未出膛，要想阻止，唯有破枪。

皇恩浩荡，救人如救火，江西巡抚冯汝骙带领部下急匆匆地赶到九江，

林森

只是这该死的船员怎么还不来。

枪杆子里面出政权,杀机之下出屠夫。杀人是要有杀气,杀气消失,也就没有杀心。对于出手的枪,林森没有以暴制暴、以杀制杀,而他也没有以暴制暴的能力。面对危机,他只是做了一件事:带领浔阳阅书报社的社员在九江城里到处张贴报纸,一些登有革命党在武昌起义消息的报纸。

贴报很容易,反应不简单。士兵们本来对革命就有一定的认识,知道武昌革命党的起义真相以后,对革命党的同情和好感又是加了几分,所以都拒绝替清政府卖命,船也不上了,纷纷地往回走,一边走一边不停地嚷嚷:"走喽,中国人不打中国人,哥几个喝酒去。"冯汝骙见人心散了、队伍不好带了,所以也不敢逼着士兵上船去武昌,只好下令撤回南昌去。

苦海无边,回头是岸,只是回头也不是想回就能回的,至少不是那么简单。冯汝骙刚回到南昌,南昌新军就起事响应武昌,宣布南昌独立,并推举冯汝骙为都督。冯汝骙又气又怒,剿匪不成,反被匪剿,于是坚决拒绝。新军见他宁死不从，也不为难，就把他遣送出了南昌。冯汝骙走到九江，伤心人又到伤心地，觉得有愧于朝廷，食人之禄，事人以忠，就服毒自杀，成为汉人官僚中为清朝殉节的第一人。

警报解除，但武汉方面的压力依然很大。枪杆子纵然松手，毕竟不如拿在自己手里放心，釜底抽薪抽得一回是一回，稍不留神就会烧了手、烫了脚。要想灭火，只能把薪也控制在自己手里，这样清政府无兵可派、无柴可加。

10月16日，林森与吴铁城召开秘密会议。在听取武昌和上海方面的情况汇报以后，林森认为时机已经成熟，于是派人分头到当地的军警、炮台里去做革命起义的策动工作。

驻扎九江的清军第五十三标是林森的老熟人，林森的商界保卫团就是五十三标的官兵训练出来的，林森和标中的官兵平时也是吃喝不断、交往不止，五十三标的标统马毓宝同吴铁城父子也很有些交情。更妙的是，马毓宝这个人好打抱不平，哪里有不平哪里就有他，该出手时就出手，小时候就是岳飞、文天祥、郑成功等人的铁杆粉丝、忠实拥趸，大了书法虽然不怎么样，却写了岳飞的"还我山河"挂在书桌前。林森请马毓宝出山做都督，说服九江的新军起义。

10月23日，九江岳师门外金鸡坡炮台首先发难，大炮乱响。城内的道署卫兵立即举火响应，五十三标各营同时向道台、知府两衙门发动进攻。九江道台尹恒和、九江知府尹璞良听到炮声，知道革命党起事，保命要紧，收拾细软，带着家眷逃出九江城。

起义军兵不血刃占领九江城，随后在道台衙门成立九江军政府，清新军五十三标改编为国民革命军。经林森提议，九江政府任命马毓宝为九江军政府都督，马毓宝当场剪掉马尾辫，表示要从头开始革命。

江西的革命进展很顺利，不久，南昌光复，江西宣布独立，清政府成为浮云。马毓宝人气飙升，当选为江西省都督。

江西独立，林森功不可没，所以被马毓宝任命为九江军政府民政长。政府刚刚成立，民生方面的大事很多，但林森已无暇担任民政长了。

凉意起，江心寒，武汉已是冬天。

融钟

凉的不仅是凉意，寒的不止是江心，寒的还有人心：武汉三镇，只剩孤城武昌没有沦陷。

武昌、九江相继起义成功以后，清政府震惊异常，一边派总统官荫昌率北洋大军南下，一边请袁世凯出山，统领段祺瑞、冯国璋等部队进攻武汉。水军方面，令海军提督萨镇冰率领海军和长江水师迅速开往武汉江面。

革命军政府都督黎元洪与萨镇冰有师生之谊，见情况危急，急忙写信给萨镇冰和各舰的管带，要求他们反水相助，信中说："汉族存亡，只在众位诸老大一念之间。拔刀相助，汉族兴；提刀就砍，汉族亡。大家都是炎黄子孙，怎么肯甘心做满族人的奴才，为他们残害同胞？"萨镇冰无动于衷。

10月31日，清军攻下汉口，主要归功于放火烧城。大火把汉口人成功地逼出汉口，却也逼起了全国民众的强烈愤慨。广大海军官兵本来就不满意清政府的统治，不愿意替清朝政府攻打革命军。当冯国璋下令舰队炮击武昌，海军炮声震天，弄得江堤边和稻田里面都是炮弹碎片。英国当时驻汉口领事朱尔典在给英国外交部的电文中就明白写道："水师提督萨镇冰所统之舰队自始至今对于清军行为殊淡漠。"

萨镇冰看到各省纷纷独立、手下开炮也没个准心，既不愿为清廷殉葬，也不愿加入革命军，于是借口有病，病遁到了英商太古公司的轮船上，搭顺风船到了上海。

萨镇冰一走，代理海军司令的黄钟瑛也无心作战，率领"海筹"、"海容"、"海琛"三艘军舰起锚从刘家庙撤离，向九江方向驶去。林森这时候正在九江准备求援武昌，听说有三艘军舰向九江开来，连忙吩咐部队准备应战。

黄钟瑛的舰队停在九江江面，既不开炮，也不离去。林森见敌意不明，就命令九江金鸡坡炮台朝着江中心试着发了几颗炮弹，在江面上激起高高的水柱。军舰也不还击，仍然停在那儿不动。

林森觉得奇怪，就决定和黄钟瑛谈谈，希望能够说服他反水。即使不成功，事情应该也不会太糟糕。黄钟瑛是福州老乡，不看僧面看佛面，小命应该不会有很大危险。如果策反成功，九江这一战不但打不起，还能帮助武昌缓解压力。

都督马毓宝担心其中有诈，不愿意林森到军舰上谈判。林森就安慰他："两军对峙，要么开战，要么讲和。如果能够说服他们起义，对于江西、对于整个国家都是好事。即使谈不拢，问题应该也不会很大。我和福建籍海军将领交往多年，和萨镇冰提督又是故交，海军中也有不少福建籍的士兵。应该不会为难我。"

相见恨晚，相见甚欢，林森受到黄钟瑛好酒好茶的款待。黄钟瑛很爽快，一口就答应率领军舰起义。酒喝得正高兴，一名军官急急忙忙走了进来，贴在黄钟瑛的耳朵上轻轻地说了几句话。黄钟瑛红脸一下子变成了青脸，马上命令手下准备战斗。他娘的，这也太黑了，一边抱着叫哥哥，一边背后捅刀子。

林森见了一把扯住他，说问个清楚再说。一问，才知道是李烈钧的主意。李烈钧刚到九江，因为不知道林森在谈判，所以悄悄地让湖口炮台司令戈克安想办法把各军舰的炮栓卸了下来。

林森当即向海军这边道歉，说这纯粹是一场误会，外来的和尚念歪了经。经是念歪了，但不影响咱们老乡之间的感情，这里还是我当团长我的团，只要弟兄们起义，军饷全部由九江商会解决。为表诚意，今天先请诸位老大到九江商会联欢。黄钟瑛见老乡说得有情有理，自己本身就不想再打下去，于是宣布海军易帜。

九江光复和清朝海军起义，林森功劳最大。为了感谢他，九江市商会特地做了雕刻有"功在民国"的匾额送给他。

1912年元旦，中华民国政府成立。林森以绝对多数票当选为中华民国的第一任参议院议长。

参议院的工作之一就是立法，法就是手里的那条鞭子，想抽谁就抽谁，只不过抽不抽得到，那又是另外一回事。

有人信法，自然有人不信法。

愤世

林森愤世！

林森其实对这个社会还是挺满意，清帝退位了，民国成立了，《中华民国临时约法》也在自己一手的领导下完成。但林森依然愤世，世是袁世凯的世。

南北议和，袁世凯当了临时大总统。不说袁世凯背后的用意，省却很多战事，对于老百姓实在是件好事。不过，林森总觉得袁老奸巨滑，野心不小，对他印象不是一般的坏。

参议从南京动身到北京的时候，林森就私下和议员们说："北方旧势力还在，危机潜伏，前途很难乐观。"

袁世凯倒也不负林森的厚望，宣誓代理临时大总统的那天，袁世凯穿着军服，腰佩军刀，志得意满走进参议院。林森很不高兴，你当这参议院是杀猪场，还带刀过来，就迎上前说："参议院是代表人民的最神圣的地方，不能携带任何武器，菜刀、杀猪刀也不行。请阁下解除佩刀，表示对人民的尊重。"

袁世凯心中有气，让我解下佩刀也就罢了，还说什么菜刀、杀猪刀，当老子是大厨啊。心中有气，却也不得不认栽，帽子有点大，也有点沉，无福享受帽子恩啊。

林森给了袁世凯一个下马威，但袁世凯从小就是吓大的，对于恐吓都已经是老年痴呆了。对于绊马索，老袁更是熟得不行，不仅会躲，还是使绊马索的高手。

绊马索是用来绊马、绊人的，袁世凯觉得自己要在未来的路上做得更远、更开心，有些人最好在路上消失。

临时参议院解散以后，袁世凯决定依照欧美参议院两院制的形式重组参众两院，并举行国会的第一次"选举"。

参加国会的要求很简单：男女不限，众议员身份，年龄在三十五以下

（此条只限招聘，此处不作要求）。

　　林森参选，落选，当年的参议院议长竞选众议员失败。制度很合理，程序也规范，不简单的是参选背后的手。袁世凯的绊马索很少有人能拒绝，权力绳、金钱索，该选谁，不该选谁，自己心里有数。

　　值得庆幸的是，林森不是一个人在战斗，同盟会众多的会员不服输，四处活动。最后，由福建省出面，才把林森推选为参议员。

　　袁世凯的绊马索在众议员的选举中无往不利，见神绊神，见鬼绊鬼，可是在参议员的选举中就没有那么好使了：张继当选为议长，王正廷当选为副议长，林森当了全院委员会委员长。要命的是，这三个人都是同盟会中使鹰爪功的好手，更要命的是自己还正想向别人借钱。

　　老大难，老大难，当老大果然很难；遣散南方的军队要钱，偿还积欠的外债和赔款要钱，履行对退位后的清皇室的优待条件也要钱，自己手中的枪、下面的人更加要花钱。有钱什么问题都没有，问题是国库没钱，空

中央银行林森主席头像纸币

的。孙中山已经向外国借了二百万的白银了。

借钱，没门。虽然你是大总统，对外借钱必须我们签字。袁世凯大怒，有人做初一，我就不能做十五，爱签字不签字，当我不会写字啊，我签。

袁世凯大笔一挥，在善后大借款上签了字。林森压制不住心中的愤怒，和马君武发出《通电》，揭露袁世凯违法大借款的阴谋。只是愤怒毕竟只是生气的比较级，而不是最高级。眼泪杀不死人，愤怒也是。

袁世凯坐上了正式大总统的位子，国会中国民党的位子却坐不稳了。袁世凯一当上大总统，立即下令解散国民党，撤销国民党议员的资格。

大势已去，林森南下，只是袁世凯一手遮天，他又会去哪里呢？

绝杀

东京早就熟悉，逃亡对于孙中山来说不算什么，翻开回忆，可能每一天都有失败来敲门，只是二次革命让老孙窝了一肚子火：想革命，国民党内死气沉沉，对于革命支持不给力，打到关键时刻，有的军事领袖竟然不辞而别。

革命要革，国民党要党，没有铁血纪律、忠诚的党员是不成的。孙中山着手改组国民党，组织成立中华革命党，要求党员宣誓效忠自己，并加盖手印。

改组可以，但效忠不行，刚推倒一个皇帝，又立起一个皇帝，那还要革命做什么？胡汉民等人不乐意，迟迟不肯加入中华革命党。

不过令老孙高兴的是，林森从福建来到了东京，而且很痛快地写誓约书、摁手印。危难之间见真情，老孙对林森很是欣赏，好同志就得到党需要的地方去。

党需要的地方在美洲，那儿有很多的华人华侨。钱很多的地方是银行，但银行不支持反袁。华侨虽然远离故土，却有可能革命。

1914年1月,林森到了美国旧金山。这年的7月8日,中华革命党美洲总支部在旧金山正式成立,并在当地注册为合法团体,以便展开募捐工作,由冯自由、林森分别担任正、副支部长。

募捐是需要很多因素配合的,名气、情感、方式、募捐听众的经济能力。林森举行了两次比较有名的募捐会,一次是"癸丑二次革命"纪念会,另一次则是"全美各埠国民党恳亲大会"。

中国人一般会有英雄情结,凭着林森命令袁世凯在参议院解剑的名头,"癸丑二次革命"纪念会取得空前成功,"全美各埠国民党恳亲大会"也是意义深远,"大会之扣,党务发展一日千里,尤于募饷讨袁之进行,大增其力"。

林森的不辞辛苦,换来了硕果累累,革命影响力扩大不用说,还募集了大批资金,光给东京总部的汇款就达120万日元。1916年,林森从美国到日本,又亲手交给孙中山18万日元。

林森在美洲做得有声有色,有一个人在美洲却迎来了他人生中的最后一次呼吸。

每一个人都有他的最后一次呼吸,黄远庸也不例外,只是没有想到这次呼吸来得这么快,快得让他来不及欣赏一下旧金山的风景。

黄远庸是个能折腾的人。明明是末代进士,不好好念"关关雎鸠,在河之洲。窈窕淑女,君子好逑",反而跑到日本吃寿司、念法律;法律学得有模有样,安安稳稳当律师也不错,才干不久又炒了自己的鱿鱼,一门心思做新闻。

做新闻做得好也不错,好吃好喝不说,递红包也不少,可黄远庸不好这口,他好得罪人,袁世凯称帝他批,孙中山暴力革命他损。有人说他是天老大、黄远庸老二,他说胆大、诚实是新闻的不二法门。

天是老大,可是中国人一向相信人定胜天,更何况是区区老二。袁世凯散布谣言说黄远庸已经承诺做他《亚细亚日报》的御笔,国民党有人要黄远庸和他的反暴力论见不到明天的太阳。

黄远庸逃,一逃就逃到了旧金山。逃是很累人的,不过这一次他永远不用再逃亡了,一杆枪已经等他多时了。

枪是国民党人的枪，林森当时正是中华革命党美洲支部的负责人。

多年以后，研究新闻史的人非正式地授予黄远庸"民国第一记者"的称号。但是黄远庸已经不做记者很多年了。

对于胆大的人，国民党有的有办法，比如黄远庸，也不用拉，直接点杀；有的则没有办法，比如袁世凯。

是妖就会老，是人就会死，袁世凯不是妖，所以只好死。1916年6月，袁世凯去见他的御笔，好久不见十分想念。

黎元洪当了大总统，重开国会，孙中山决定让林森回国。国会如战场，而战场需要有经验的战士。

护法

护法舍他有谁？

那资历，那声望，国内有几人可及、几人可比？孙中山满腔热情、满腹自信。1916年8月，林森也如期而至，以参议院的普通议员的身份参加了新国会的开幕式。

一切顺利，林森果然有魅力。林森和张继、居正等人组织成立的"宪政商榷会"在国会中有400个席位，一下子成了国会中的一大政团。

商榷是个好办法，民主，又不伤和气，只可惜宪政商榷会的商榷可能会让有的人受不了，拳打镇关西，事情一旦谈不拢，国民党内部就会既文斗，又武斗，直到心服口服身体服。

国民党内部斗得开心，总统黎元洪和总理段祺瑞看得开心，有机可乘，乱世之中出英雄。两人各自拉了一票人替自己争权出力。

大权落在了段祺瑞的手中，旧国会被抛弃，《临时约法》被废除。孙中山大怒，我们国民党人一把汗一把泪逼死袁世凯，却让你占了便宜，大旗往广州的地上一插："走过路过，不要错过，我老孙要拥护约法，恢复国会，有钱的出个钱场,没钱的出个人场。"

林森很给力,不仅自己到场,还带着50多个国会议员到广东支持孙中山护法。8月25日,林森等在广东的130名国会会员举行国会非常会议,决定成立中华民国政府,随后又任命孙中山为中华民国政府陆海军大元帅,唐继尧、陆荣廷为元帅,并出兵北伐,开始护法。

百年修得同船渡,千年修得共枕眠。同船渡的缘分虽然不浅,却未必快活,甚至可能翻了船了。同船的是敌人自不必说,同船异梦虽然未必丢了性命,却也是祸害不轻。

同船异梦的人那么多,唐继尧、陆荣廷就是其中的两个。这两个大佬参加护法,只不过想找个平台,让自己的声音传得更远、更具有威慑力。等到战争打得差不多了,谈和的资本有了,就宣布要和北京政府议和。

孙中山平白无故被人摆了一道,心中着实不爽,南北如一丘之貉,发表《辞职通电》,走人。

老孙走人,林森没有走,他仍然留在国会,坚持护法,并在10月当选为广州正式国会参议会议长。

北京政府的徐世昌大总统也是10月就职,看到唐继尧、陆荣廷等人要求议和,也宣布停战,希望和平统一。

林森也愿意谈和,只不过有条件:徐大总统先得退位,北京非法国会得解散。才上车就被人逼着下车,换弥勒佛估计才能笑得出来。

徐世昌不是弥勒佛,所以拒绝。广东护法失败,林森带着一批人到了云南,成立新国会,继续护法。

林森前脚刚出广州,孙中山后脚就回了广州。孙中山能回广州,和陈炯明的大力支持分不开。1920年11月,陈炯明率领粤军平定两广,并欢迎孙中山回广州。

林森见老孙回了广东,也在1921年的1月回到广州,并召开非常国会参众两院联席会议,宣布成立中华民国政府,选举孙中山为中华民国非常大总统,开始新的护法。

护法还是失败,陈炯明公开叛乱,尘归于尘,土归于土,护法归于失败。林森被迫离开广州,不久,又到海外处理侨务。

海外的日子是漫长无趣的，幸好他收到了孙中山的信。信中没说别的，只是想要他去当福建省的省长。

楚霸王项羽攻占咸阳以后，有人就劝他定都咸阳，项羽不理他说："富贵不归故乡，就好像穿着精美的衣服在夜里行走，又有谁知道呢？"

项羽东归，只是因为众人的注目。林森回乡，又会受到如何的对待呢？

一个人的战斗

福建省是林森的故乡。

但孙中山让林森回福建当省长并不是想让他锦衣还乡、荣归故里，而是为了对付一个人。

要对付的人在广东，此人军权在握，总揽两广，大名陈炯明。对于陈炯明，孙中山就如对自己的初恋情人一样念念不忘，二次护法就是因为他才失败。

福建紧靠广东，一有机会，就可以从福建南下，直扑广东。林森又是福建坐地虎，筹个什么款、募个什么捐都有先天优势。

1922年11月8日，林森根据孙中山军政府的任命，宣誓就任福建省省长。发表过就职感言以后，林森拿出了他的施政方针：一，筹备自治机关；二，财政透明化；三，减轻百姓负担，免除苛捐杂税；四，整顿金融机构，提高服务质量；五，注重下一代的培养，改善教育条件。

一粒种子再好，如果没有春天，只会烂在泥土里；一个计划完美无缺，就是有缺陷，林森计划的缺陷就是没有时间、没有地方、没有谁供他开始他的计划。

林森到福建当省长其实当得有些尴尬，早在林森到福建之前，北京政府就已经任命萨镇冰为福建省的省长，只是因为当时福建控制在北伐军的手里,所以萨镇冰没有到任。

老萨这人,不简单,出身于福建著名的福州色目人萨氏家族,中日战争中在渤海湾炮轰过日本人,当过清朝的筹备海军大臣和海军提督,平常喜欢扶贫济困,所以人称"活菩萨"。

抢了人家的位子、夺了人家的食,林森心里有压力,所以上任以后老黄牛一样地干活,恨不得吃进去的是草,吐出来的是奶。可惜黄牛不是奶牛,何况也无草可吃,福建穷得响叮当,想做饭没有柴火,要割肉没有刀子,吐奶绝无可能。

林森不成功就已经很着急,找碴的人又开始上门了。福建的地方实力派黄展云、王永泉、陈群等人指责林森当了雷神不打雷、做了雨师不下雨,组织"公民团"欣起"倒林拥萨"的运动,还派兵把省长官署围了好几天。

林森虽然是省长,手里要兵没兵,最忠实的是路灯下的影子,孙中山倒是有道义上的支持。不过林森一点也不犯怵,态度很硬朗:"兄弟奉上峰之命而来,生死进退已不由己,不敢违命而退。"

林森不敢违命而退,公民团却是步步紧逼,1923年2月在福州举行公民大会,推举萨镇冰当了福建省长。

影子帮不了忙,道义也不顶事,孙中山实在不忍心林森继续他一个人的战斗,下令林森:革命虽未成功,生命还得继续。

林森这次伤得不轻,报国无门,造福故地无路。好在上帝关上一扇门的同时,也推开了一扇窗。

窗是青芝山。青芝山群峦峻峭,岩洞千姿百态,可以说一石一胜,一泉一景,风景宜人。更有老友林石篯在那儿居住,醒则饮酒,醉则谈心。

林森这一隐居就是半年,在那里,林森特意为自己设计了一幢别墅,取名"啸余庐",意思是说虎啸之后,退隐山林,还自称"青芝老人",赏花养鱼,吟诗作画。

青芝山,啸余庐是个好去处,尤其是啸之后的好去处,只是什么时候才能人不出山,虎不啸呢?

林森不知道,孙中山也不知道,但是他知道民贼不死,革命不止。

革命不止,人会不会出山,虎会不会狂啸?

七十二烈士

青芝山的花儿开了又谢,谢了又开;啸余庐前的燕儿来了又去,去了又来。花儿开了几次,谢了几次,燕儿来了几次,去了几次,青芝山不在意,啸余庐没留意。

人生不也如此,起了又落,落了又起。有的人落了无人在意,有的人

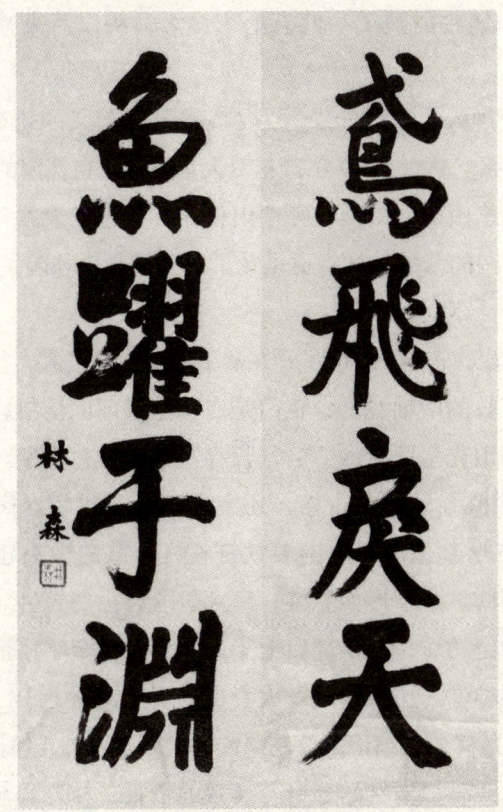

林森书法作品

走了无人伤心。

黄花岗众烈士一走已是十二年，民国建立也是十二年，很多人知道民国，却已经有人不记得黄花岗的那些人、那热血。

在黄花岗起义之前，革命党人已失败了十次。当火焰变成火星，当希望变成失望，革命已经走在失败的边缘，火星可以变成火种，失望可以变成绝望。只有干柴可以让火星变成烈火，只有拯救可以让失望变成希望。

黄花岗是木材，也是拯救。只是大多数的中国人向来有个优点，只看到大火烈烈，不知道木材燃身；只识得希望的硕大，却忘了拯救的牺牲。

林森不是大多数的人，大多数的人不记得，他记得，大多数的人不在意，他在意。

黄花岗起义失败以后，烈士的遗骨只是被草草地葬在那里，根据当时的统计数字，牺牲的烈士一共有七十二名，所以后来被称为"黄花岗七十二烈士"。

1918年，爱国人士和海外华侨为了纪念这次起义的死难烈士，捐资修建黄花岗烈士陵园。林森1919年曾花费大量的时间在墓园的修建上。

这一次从青芝山回到广州，孙中山任命林森担任大本营建设部长。对于黄花岗烈士陵园的修缮，林森更是花了一番苦心，墓园主体也在1924年初步竣工。

墓园坐北朝南，占地约16万平方米，建筑规模宏大，气魄雄伟，主要建筑群汇集在较长的中轴线上，正门是有三个拱门的仿凯旋门式建筑，门额上镌刻有孙中山先生题写的"浩气长存"四个金色大字。宽阔的墓道两旁碑石林立，并植有翠柏和古榕，还有莲池及石拱桥。岗顶为陵墓，以花岗岩石砌成方形墓基，四周围着铁链栏杆，墓的中央建一亭，亭内立七十二烈士之墓碑。亭顶形如悬钟，寓意争取自由的警钟。碑亭后面是一座用花岗石砌的纪功坊，上半部以七十二块石砌成金字塔形，顶上矗立一高举火炬的自由神像。坊额镌刻章太炎书"缔造民国七十二烈士纪功坊"。坊后还立有一块巨碑，详细记载黄花岗起义的经过及烈士墓园修建的情况。

为了不让后人忘记木材的燃身、拯救的牺牲，林森和胡汉民、邹鲁等人共同出版了《黄花岗烈士事略》和《黄花岗碧血集》等书籍。林森专门为烈士林觉民的《诀别书》撰写了一篇感人的跋,并定写了副赞扬黄花岗起义的对联:"拼一死,救众生,遗恨在黄泉,碧草当香犹怒发;创共和,摧专制,丰功镌华表,黄花无恙许长开。"

在一些人的眼里,修陵园不是什么大不了的事,而林森却认为修建黄花岗烈士墓园是最重要的事,也是最得意的一件事。

人生得意须尽欢,莫使金樽空对月,只为朝如青丝暮成雪。

朝如青丝暮如雪,青发如此,人世又何尝不是如此?林森刚才还在得意处,转眼已到绝望地。

朝如青丝暮如雪

人生何其脆弱,世事又何其难料!

曹锟做大总统做得正 high,一睁眼成了冯玉祥的阶下囚。

孙中山的北伐斗得正紧,一纸电文约他北上议和。

议和刚有了些许起色,先生已做了他乡游魂。

远去的已经远去,不能远去的依旧在那儿停留。比如国民党内部关于和共产党合作的争论。

争论从国民党改组就已经存在,左派主张联共,右派提倡分共。孙中山在世的时候,因为威信太高,争论虽然有,却也没有人敢捅什么乱子。林森也是核心级的人物,对这争论是不闻不问。

国民党右派一向反对孙中山联俄、联共、扶助农工三大政策,认为将来和国民党一争天下的是共产党。孙中山一倒,队伍乱了,人心散了,原本被强力压制的争论就冒出了头。这一次林森也和他们站到一起,和戴季陶、谢持、邹鲁等人一起探讨如何反对共产党。

1925 年 11 月 16 日,林森、邹鲁、戴季陶、谢持等人在北京集会,联名写信给国民党中央及国民党上海执行部,要求"清党"。

"清党"的要求遭到国民党中央的拒绝，国民党中央执行委员会还急电李大钊等人，宣布取消国民政府外交代表团邹鲁的代表职权，并将他交国民党北京执行部查办。

查办没有任何作用，11月23日，林森、谢持、邹鲁等人在北京西山碧云寺孙中山的灵前，召开国民党一届四中全会西山会议，林森、邹鲁分别担任会议主席，考虑国民党的去向问题和解决国民党内的共产党问题。

会议宣布取消共产党员的国民党党籍，分别开除共产党人谭平山、李大钊、毛泽东等的中央执行委员会委员和候补中央执行委员职务，会议通过了《取消共产党员的国民党党籍宣言》、《开除国民党中央执行委员共产党人李大钊等通电》、《取消政治委员案》等决议，最后向国民党员发出红色警报：如果不在国民党内实行清党，恐怕"再过一年，青天白日之旗就变为红色的旗了"。

西山会议结束后，林森在上海另组中央，一边和广州国民党中央抗衡，一边进行反共活动。

广州国民党中央和国民政府对西山会议派的抗衡极为恼火，一怒之下，对林森等人实行全面封杀，开除党籍的开除党籍，警告的警告。

北国风光，千里冰封，万里雪飘。雪有融化的时候，冰封有解冻的时候，西山会议派的解冻是在国民党出现宁、汉、沪三个中央的时候，国民党中央执行委员会和中常会联席会议先后通过决议，宣布恢复林森等人的党籍。

在很长的时间里，林森一直被排除在权力核心之外。林森于是跑到青芝山中隐居，不问政事。

青芝山群峦峻峭，林森经常借着手杖行走在山涧谷底之间。涧可行，谷可出，林森能不能走出他自己的谷底？

没有人知道，也许抬腿就在山谷外，也许就此终老一身。行走山涧谷底需要手杖，走出人生的谷底则需要契机。

契机

契机如果每天都有，也就不叫契机，而可以改叫三鹿，三聚氰胺包包都有，今天你补了没有？

蒋介石胡汉民二虎相争，愤怒间再演鸿门。反蒋派怒打不平，广州府另立堂口；日本人贪婪成性，一咬牙占领东三省。

林森的契机来得实在容易：蒋介石胡汉民如果不恶斗，当然就没有鸿门事件，另立堂口也绝无可能；既使是堂口相争，如果日本人不插上一脚，顶多就是人民内部矛盾。

当人民内部矛盾转化为外部矛盾，全国的舆论要求一致对外，礼尚往来，朋友来了有好酒豺狼来了有猎枪。迫于舆论的压力，广东和南京双方不得不停止武斗，改为文斗。

1931年10月，广东和南京的文斗在上海如期举行。广东一方就向南京这边提条件，其中第五点是："国民政府主席，拟仿德国、法国总统制，以年高德劭者任之，现役军人不宜当选。"对此，南京方面基本没什么异议。蒋介石也很认可：和尚摸得，我也摸得；现在大家都不能摸，扯平也可以。年高德劭说得好是品德好，说得不好是缺心眼、不会整事。对于缺心眼，哄哄就开心了。

为了防止主席独裁，会议通过专门的条款：国民政府主席为国家元首，不负实际政治责任，等于内阁国家之总统，任期两年，可连任一次；国民政府主席不得兼任其他公职；行政院负实际行政责任，等于责任内阁。蒋介石有了安全帽，于是辞去国民政府主席一职。

国民政府主席这位子既然空着，当然得有人去坐。蒋介石最中意于右任，汪精卫看好蔡元培，有的人则是支持孙科。听到蒋介石提议自己做政府主席的候选人，于右任很是兴奋，老蒋出马，一个顶俩，这次主席是我当定了。

民国主席是林森，主席候选人毕竟还是候选人。主席候选人本来是可以成为主席的,只是中间出了小变动,一个人的出现打破了原有的定局。

据当事人陈铭枢回忆:蒋先生下野的时候,曾经约我到他的书斋密谈,中间曾谈到"将以国府主席一职畀于右任"。我当时也没有注意到他已经是心有所属、罗敷有夫,以为只是随便说说,于是就说:"于先生固然不错,林森林先生应该更合适。林森向来有清望,又不是军权在身,完全符合粤方所提出的主席标准——年高德劭。"听了我的话,蒋先生开始考虑让林先生出任民国政府主席的事情。

年高德劭是广东方面选举民国政府主席的要求,不是蒋介石的标准,他心中有他的小九九:林森是个有不少人惦记的人,这很重要。蒋介石笼络不断有人惦记的林森,还能拉拢一批人。

惦记

有人惦记说明人气旺,但人气旺不一定是好事。

贫居闹市无人问,富在深山有远亲。林森清闲不是一两天了,平常家里静得可以听到自己的心跳,今年惦记的人特别多,弄得林森都不知道什么时候自己就成了香饽饽,被人抢个不停。

蒋介石其实是第一个惦记林森的人。蒋介石因为"约法之争"和胡汉民闹翻,一气之下关了胡汉民的禁闭,立法院离了你姓胡的就不转了?立法院长不能上班,换人是很正常的事,蒋介石想到了林森。

蒋介石想请林森出山,云集广州的国民党反蒋势力想请林森添乱。蒋介石关了胡汉民的禁闭,让他在南京汤山温泉疗养所有事没事泡泡温泉。老蒋让胡汉民泡温泉本来没多大的事,只是时间有些长,一泡就是几个月,一些对胡汉民很有同情的人就不安分了。

古应芬打着治疗背上疾病的旗号四处流窜,广州的陈济棠,广西的李宗仁、白崇禧一下子就成了治病的良医,病急乱投医真是说得一点都不假。

几个人也不谦虚，你这病不是身体上的病，而是心病。心病当然得用心药来医，办法很简单：另立堂口、自组"国民政府"，策动粤桂军反蒋，与南京政府怒目相视。

1931年4月30日，一封署名邓泽如、林森、肖佛成、古应芬的通电横空出世，剑指蒋介石：蒋介石违法叛国、窃夺军权、潜植党羽、养兵自重、"剿共"不力、包庇宋子文贪污烟赌资金、操纵金融市场、卖官卖爵，等等。言辞很激烈，名头足够响，四个人都是中央监察委员。林森这个时候还在外国考察啃黄油面包，古应芬可能觉得署三个人的姓名不吉利，三心二意多不好，林森这两个字又好写，随手就添了上去。

过了不久，反蒋的势力再次通电讨蒋，要求蒋介石在48小时内自动下岗，为了怕蒋介石不自觉，反蒋派还特意请了杀手监督：当下不下，让你头大。通电由唐生智领衔，古应芬、许崇智、陈济棠、李宗仁、邓泽如、汪精卫、邹鲁等人参加演出，为了增强演员阵容深度，调动市场人气，反蒋派又一次特意邀请在国外的林森友情演出。

到了五月底，反对蒋介石的势力正式成立广州国民政府，汪精卫做了国民政府主席，开始"救党救国"、"打倒独裁"，为了不让党内同志跟不上形势、思想堕落，反蒋派又帮助林森紧追时代潮流、站上反蒋的前沿阵地。

蒋介石沉不住气，只许你人身攻击，不许我有来有往不成。六月初，南京政府下令开除邓泽如、林森、古应芬、孙科等人的党籍，并在全国通缉，死活不论，报官有赏，获者拿奖。

窦娥有冤，毕竟还有在事发现场的嫌疑，事后又有六月飞雪的补偿。林森可就是比窦娥还窦、比窦娥还娥，人在国外，案发现场都没露面，就因为被惦记、被署名，就上了通缉令，死要见尸、活要见人，这种惦记还真让人承受不起。

还好，蒋介石没有让他比窦娥还窦、比窦娥还娥，人在国外人气还这么旺，说明有威望。受了委屈不吱声，说明脾气好、素质高，党不能亏待人气高、脾气好、素质高的好同志。

蒋介石一拍板，立法院院长就是你了。1931年6月，国民党三届五中全会召开，选举林森为立法院的院长。这个时候，林森正奉命在旧金山考察。

林森接到通电以后，欣然表示同意，不过也提出了一个小小的请求，请求蒋介石将胡汉民迁往庐山。温泉虽然对人体健康有益，泡久了也会有副作用，再说"飞流直下三千尺，疑是银河落九天"也确实不是小小的温泉可以相比的。

　　蒋介石早就有放了胡汉民的意思，管吃管住还管挨骂，一年二年还行，但不能管他一辈子啊。现在林森新当了立法院院长，就此给他一个拉拢人心、树立声望的机会也不错。于是给了林森一个面子，回电称："大江南北，山明水秀，随处可由胡汉民自择。"

　　林森虽然当了立法院的院长，却没有屁颠屁颠地赶回南京赴职，他依然留在旧金山。这一待就是半年。

　　人生有三大喜：洞房花烛夜，金榜题名时，他乡遇故知。喜事临门，林森为什么无动于衷？

避祸

　　林森不是扮酷。正如再高明的鬼斧神工的佳作终究比不上浑然天成的自然，指间的宝石遮不住几十代人沉淀下来的气质。看透了起起落落的林森也已经泯灭了一争高下的心情。

　　林森不想回国，只是不想卷入国内党派之间的争斗。林森这次出国，就是为了避开政治旋涡。现在国内乱成一锅粥，林森更加不想蹚这个混水，于是借口考察不能脱身为名，迟迟不愿意回国。

　　林森这次出国的任务是视察党务、慰问侨胞、募捐，历时8个月，最后在1931年10月中旬满载而归，这个时候也是国民党各派开始和谈的时候。

　　募捐是林森的强项，美洲从来就不是陌生地，旧金山更是旧地重游。那一次也是募捐，只不过已经是物是人非。

那一年，林森也是手握巨款，但没有生活保障。替孙中山做事，孙中山既没有给他发工资，也没有给他发资金，日常生活靠友情赞助。为了维持生活，他给人当汉语老师，摆地摊卖雨花石。孙中山后来听说了这事，才一次性地发给林森3000元生活费。同样的事，同样的地，只是已经没有同样的人。

和旧金山的伤感不同，日内瓦给林森的感觉就是惬意。房子是朋友郊外租得一个只有两小间的农家房，价钱便宜，也很温馨，林森看了以后非常满意，于是和陈耀垣一起整理房子，自己烧饭做菜。菜烧好了，却找不着筷子。朋友就建议他到中国驻瑞士的使馆里借一些中国餐具，林森拒绝了他的好意，对朋友说："我这次顺道到瑞士度假完全是一种私人行动，和公务无关，就不要惊扰他们了。"后来他们吃饭就拿自己用木头削成的筷子。有时候朋友来家里拜访，林森就和陈耀垣挤在一张床上睡觉。因为惬意，林森在日内瓦一待就是三个月。

只是他乡虽好，终是他乡，再加上广东和南京方面已经谈和，林森踏上回国的轮船。轮船一路向东，迎接轮船的是那遥远的中国，迎接林森的又是什么呢？

伴军

伴君如伴虎，稍有不慎，不仅脑袋落地，满门抄斩都是呼气吸气那么平常。伴君如伴虎，那么伴军呢？

林森回国不久，广州和南京方面的文斗有了结果：1931年12月15举行了国民党中常委举行的临时会议决定由林森代理国民政府主席。会后，蒋介石发表了辞职通电，林森也发表了就职通告：林森一上任，马上发表就职通电，说："森受命彷徨，不敢自逸，黾勉受命，暂度危急，值此国难灼肤，外交束手，懔失足于冰渊，谋全国之团结，急不可待，时不我与，森惴惴自将暂勉效职，对于施政大端，一切维持现状，无所更张。"

林森的就职通告短小精悍，用心很是良苦，最后一句"森惴惴自将暂勉效职，对于施政大端，一切维持现状，无所更张。"更是有点睛明志的作用：各位老大就不要起身了，我只是随便走走，斗地主的还接着斗地主，不要因为我败了大家的兴致。

就职通告好说，伴军是个难题。国府主席是个虚职，要想坐稳这个位子，最重要是处理好与军中大佬蒋介石的关系。汉宣帝是从被大将军霍光废掉的昌邑王手中接过皇帝的宝座，霍光手中握有军权，所以汉宣帝和大将军霍光在一起总是不自在，如芒刺背的感觉时常涌上心头。胡汉民大院长牛哄哄地想和蒋介石理论，结果"理论"到小汤山泡温泉。要想安安稳稳地坐在国民政府主席这把交椅之上，最关键的是处理好与枪的关系。

林森和蒋介石早在孙中山时代就认识，只是没有什么交往。孙中山死后，林森反共在先，蒋介石反共在后，只不过是前后脚的工夫，却是一个升天一个落地；蒋介石从此大权在握，林森则是从此淡出了政治核心，虽然是风轻云淡心冷，可还是被扮演着受人惦记、人肉炸弹的光荣角色。

里子是自己挣的，面子是别人给的。蒋介石军权在手，但不是每个人都会尊敬，比如胡大立法院长就不是太有礼貌。林森当了国家元首以后，对蒋介石那是尊敬有加。每次写信给蒋介石，他开头必定是写"介石吾兄"，虽然他自己是1868年出生，而蒋介石是1887年出生；二人见面谈事，不是尊称蒋介石为"总裁"，就是尊称他"蒋委员长"。林森不仅对蒋介石本人尊敬有加，对他们家亲戚也是关心得紧，1937年底，蒋介石同父异母兄长蒋介卿出殡的时候，林森曾亲自从南京赶到奉化，以国民政府主席的尊贵身份担任治丧委员会的主祭。蒋介卿生前只做过浙江海关监督、浙江省政府委员，死前只是公裕钱庄的庄主。国家主席给一个钱庄的庄主亲自主祭，这事要么说这民国主席不值钱，要么就是这钱庄庄主太有面子。

蒋介石本来就很欣赏林森的清望，现在见他对自己非常恭敬，所以非常安心，时不时地也向老林送个笑脸。笑脸送得多了，老蒋自己也有点不好意思，笑容虽好，不如美的空调好，这东西实在太虚。

蒋介石没有美的空调送，他送了个浴室给林大主席。林大主席一向就不会照顾自己，在南京的房子简陋得有点过分，连基本的洗浴条件都不具备。身边也没个女人照顾他。蒋介石心一软，做主席能够如此低调的人还真不多，于是把自己在东郊汤山别墅中的专用温泉浴室送给了林森。林森也不推辞，秋天的菠菜我不敢收你的，这东西要是不收就是不给你面子。林大主席把洗澡布往包里一扔，泡温泉去了。

泡温泉很舒服，让人血气通畅，有说不出的兴奋和冲动。温泉中的热度一如从前，林森身上的热度却是 high 到极点，然后慢慢冷却，一如当年。当年无论在与不在，远与不远，都会在心间的某个角落。

神主

当年，不是昨天，而是不能磨灭的忘却。

当年，林森也曾 high 到极点，西山谈分共，上海组中央。

当年，民国主席也曾 high 翻天，总揽政权、军权：国府主席对内外代表国民政府；国府主席兼中华民国陆海空军总司令；国民政府、五院院长、副院长、陆海空军副司令、各部部长都由主席提名，由国民政府依法任免。

无限风景在险处，只是情到浓时情转薄，high 到极处爱翻车。林森如此，民国主席也是如此。1931 年 12 月 25 日通过的《中央政治改革案》规定：国民政府主席为国家元首，不负实际政治责任，也就是说，从此以后，警钟变成挂钟，秒表变成怀表，林森出任的是没有实际权力的国家元首。

挂钟和怀表是放在墙上供人欣赏，或者作为收藏品，林森做了民国主席，藏得不是一般的深，当时的一幅名联恰如其分地形容林森：

易君左闲话扬州，惹来扬州闲话，易君左矣；林子超国府主席，何曾主席国府，林子超然。

易君左是湖南省汉寿县人,与郭沫若、郁达夫齐名,他写的《扬州闲话》一书对扬州人极端蔑视、骂不绝口,弄得扬州人群情激昂,黑道中人准备干掉他,白道中人写文章回击,不白不黑的人直接问候易君左全家。易君左很不服气,骂你怎么着,你咬我啊?接着在南京报纸上写文章回骂,很有"一骂当关,万夫莫开"的派头。

后来,扬州三杰之一张丹斧以《闲话扬州》的事在南京报纸上公开征下联,数天后,有人续出下联。因为此联对仗工整、贴切,语意深刻巧妙,一时传为趣谈。

如果换了别的什么主席、局长,这家报纸要么就得被"整顿",要么被"停刊",但林大主席一点男人气概也没有,只是一笑了事。

堂堂的民国主席被人贬低,实在是说不过去。不过话说回来,不是媒体太嚣张,而是主席太超然。在媒体眼里,林森虽然是国府主席,却从来

林森

不关心政治,只不过是蒋介石的一件"摆设",林森正是"超然"对待蒋介石,处事谨慎,鸦雀无声,才坐稳了国府主席的宝座。

孙科辞职以后,汪精卫做了行政院的院长。有一天大家正在排队领工资,一位部长突然来了一句:"糟糕,我们都领了上个月工资,还没有正式参谒林主席哩!""阁员"们一下子乱成一锅粥,跑江湖卖艺、到衙门办事都要烧香拜山头,何况是国家政府,再说都来了一个月了,实在是说不过去。汪精卫也着了急,赶紧召集大家开会,决定全体阁员明天上午到主席府上拜访。

第二天一早,行政院全体阁员浩浩荡荡杀到林公馆,可找来找去不见林森,也不知道他去了哪儿。主人不在家,汪精卫他们只好留下名片,返身回到行政院。后来找林森的秘书一问,才知道林森那天其实在家里,只是因为不想干扰阁僚的工作,所以特意出门回避。

林森对被忽略很是超然,甚至被人"架空"也未显出丝毫沮丧。

有一次,中央准备开会讨论改组某省政府的事情,林森破天荒推荐了一个他认为很适合做教育厅长的人选取。到了开会那天,林森因为有事没有出席会议。开会的时候,该省的主席保举了另外一个人,主持会议的人也忘了林森曾经推荐那档子事。大家讨论来讨论去,最后决定任命那位省主席的候选人为教育厅厅长。行政院负责这件事的人知道事情真相以后,惊得嘴都合不拢:这下子死定了,为了一个省主席竟然得罪国府主席,行政院这地方是待不住了。林森虽然有些惋惜,却也没有追究,依然乐呵呵地摆弄他的那些假古玩。

媒体界对林森不作为极度蔑视,胡适对林森却是赞赏有加:林森先生的绝大功劳在于把"国府主席"的地位实行做到一个"虚位",而让行政院院长的地位抬高到实际行政首领的地位。两年前的主席制度之所以能变成两年来的行政制,这不能不归功于林森先生之善于做主席。三中全会改定政府组织,把行政院抬高,作为行政最高机关,这确是政治制度上的一大进步。但如果国府主席是一个不明大体而个性特别坚强的人,如果他不甘心做一个仅仅画诺的主席,那么,十几年前北京唱过的"府院之争"一幕戏还是不容易避免的。林森主席是一个知大体的人,他明白廿一年底改制的意义是要一个法国总统式的国府主席,所以他从不肯和行政院长争政权。

有一次,洛阳警备司令陈继承到林公馆拜访,林森拒绝接见他,并下了个命令:"以后武官直接去见蒋,文官去见汪,不必到我这里来啦。"

他担任国民政府主席后不久,就对文官长魏怀提出要求:不要荐人,最好也不见客。对此,胡适评价说:"这是有意的无为。若没有这种有意的无为,单有一个恬退的主席,而难保他的属吏不兴风作浪、揽权干政,造成一个府院斗争的局面。"

林森与蒋介石,在性格上一柔一刚,能够互相配合,长期共事而能安然无恙,这当然主要是因为林森的通情达理。抗日战争时期,林森曾对蒋介石说:"你尽可以专心致志于抗建大计的部署,领导全面抗战的进行";而融洽民情、鼓舞士气等内政可由他来做。林森从来不把自己当做元首,在公开场合都把领导抗战的功劳归于蒋介石,从来不妨碍蒋介石行使实际上的最高领导权,从而保证了他们之间长达十多年的合作,也使抗战期间最高领导层基本稳定团结。

国民党内部一向派系林立,而且派中有派,培植亲信成风,每个人都有自己的小圈子。林森平常不喜张扬,做事低调,奉行"不争权揽利、不作威作福、不结党营私"的"三不"原则,主张无为而治,也要求自己的文官长和秘书低调做人、无为做事。

林森当上民国主席以后,有意让办事能力很强的魏怀担任自己的文官长。魏怀是林森的福建同乡,也是林森的金兰兄弟。也正因为是"同乡加兄弟",兄弟见面,林森也不和他废话:"我想让你当文官长,先给你打个预防针,我只要你做好三件事,做得到你就干,做不到就别干。"魏怀当时就气晕了,总算见识过求人办事还这么牛哄哄的人了,不怒反笑:"老兄,是你求我做事,不说让你三顾茅庐,你总得说几句好话让我耳朵舒服舒服,还敢提条件了你。"林森根本就不理他,自顾自地说:"第一,不要发表任何讲话;第二,不得赴任何私人宴会;第三,不许写条子向机关推荐人。"魏怀受不了他,你赶紧走吧,做不做得了做了再说,你再这样我得被你逼疯。

魏怀做事确实是把好手，上下左右的关系都打理得很融洽，和他打过交道的人都觉得很舒服。军事委员会、行政院等部门的公文送到国府让林森审阅，魏怀拿起林森的印章就往公文上盖，然后直接退回去，根本就无视林森的存在。林森的主席大印及小章平常就放在魏怀的办公桌抽屉里，即便林森因公在外，国民政府的大印和林森的小章也能照常"运作"，国府上上下下对此都习以为常。

林森的秘书是个小年青，跟着林森好长时间了，只见别的部门到处串连，参加这晚会那宴会的，自己却没参加过一次，心中痒得不行。有一次实在忍不住了，就和林森开口，说想到一个重要的宴会上开开眼界，被林森当场拒绝：当好你的秘书就行了，那些人有什么好看的，都是一个鼻子两只眼！

林森在日照峰上的别墅位置极好，朝北可放眼远眺长江两岸的如画风光，极富盛名的"小天池瀑布云"可尽收眼底；朝西可尽览长冲河绿树婆娑、幢幢别墅时隐时现的绮丽美景。交通也极方便，走不了几分钟，往右就是闹市，朝左就到了蒋介石的官邸。

位置极好，可林森不喜欢，转手给了别人，而又在黄龙寺旁建了一栋新别墅，借用黄龙寺所悬的一匾：鹿野禅林，这栋别墅也就叫做"鹿野山房"。

称鹿野山房为"别墅"，应该说是比较高雅、带点恭维的称呼了。它实在是太朴素、太民居化了，说它是一栋"房舍"也许更恰当一些。

鹿野山房为石木结构，二层。一层为粗大的石块砌筑，四墙均为侧角；二层主立面和背面均为红色雨淋板。所有窗子和大门都是长方形，窗楣、窗棂、窗底都未加任何修饰。一楼大门处凹进一块，形成一个敞开式外廊，外廊的上层为雨淋板隔成的内廊。如果说这栋别墅还多少有点什么特色的话，那就是它还有些威势：所在的位置本来较高，防潮层又很高，用力地撑起整栋别墅，大门下筑等腰梯形台阶，两边都可上下，中间平台又伸出一截石阶到达大门。人在路上仰视别墅，感到它还是有些威风凛凛。林森很喜欢这栋别墅，入住后再未搬动。

蒋介石一生好与人斗，多少比他资历深、权势大、兵将广的政客、军阀——败在他的手下，而林森却在国家"最高元首"的宝座上稳稳当当地坐了12年，如果不是76岁时因车祸去世，应该还能再坐一段时间。这不能不说是林森深谙中国的为官之道，不管是有权有势的官，还是无权无势的"官"，他都做得得心应手，仅从他在庐山改换别墅，也可窥出一些端倪。堂堂的国府主席，放着权力中心的闹市不住，却偏要跑来与看破红尘、四大皆空的和尚为邻，你说怪吗？却很有一些人会露出会心的微笑。有心"晋谒"国府主席的，自然不会怕吃点辛苦；没有此心的，也可省去多少主席近在咫尺却不去晋谒的为难和尴尬，彼此都省了很多事。一些应该参加却最好不参加的会，一些应该见却最好不见的人，都可以"路途遥远不便"而堂而皇之地婉拒。蒋介石倒是每年都要来鹿野山房，恭敬地问候国家最高元首的身体和起居饮食，恳切地询问有什么困难和需求。林主席每次也都是面含微笑，感谢比他小20岁的委员长的关怀，同时叮嘱委员长注意休息，切不可过于操劳。两人每次都是愉快地见面，愉快地分别。

林森之所以要有意无为，不仅与他的修养性格有关，也和所处的环境、自身的地位分不开。

林森手中无一兵一卒，对蒋介石可以说是毫无威胁，但蒋介石仍然对他心存戒备。有一次，政府准备召开涉及蒋介石与胡汉民之间争执的会议。林森因为得了严重感冒，所以就缺席了这次会。蒋介石以为林森念旧情不想为难胡汉民，所以找借口故意缺席会议，心中很是恼怒。会议一结束，老蒋就气冲冲地往林公馆赶，我倒要看看你把狐狸尾巴往哪放。蒋介石一进林森的卧室，就看见林森满脸倦容地躺在床上，和林森一握手，手指尖都是烫的。老蒋心中松了口气，嘴里直嚷嚷："副官，赶紧把医生请过来。"林森赶紧让他暂停，只是感冒，医生已经来过了。

林森虽然无为，却也是个人精。林森病好以后，就找了个机会把自己的心事传到了蒋介石的耳朵里："国府主席的虚君地位，其意为'垂拱而治'，不该管的就不要去管。什么可以管，什么不可以管，我心里一清二楚。让有办法的人放手去做嘛！蒋公（即蒋介石）就是一个有办法的人。"

有时候熟人想找林森要个职务，林森就用钱打发他们，并说：用人要经过人事部门，不要找我。林森曾经对亲友说："你要知道，我的地位就如神龛中的神主，受人敬仰而不失其威仪，自然能保持庙堂之肃穆，与家宅之安康；若一旦神主显灵，则举室彷徨，怪异百出。其所造成阢陧不安之现象，绝非另一种灵异暂短时期所能补救。故神主千万不可显灵。"

林森正是对自己的地位保持了清醒的认识，所以能够既在庙里，却又能够尽量不显灵，以示超然处之。

神主是高高在上的，比如玉皇大帝，时不时地来点神通，引得万神敬仰、众民膜拜。林森这常年累月跌落神坛的神主在政界混得波澜不惊，在民间是不是也是无声无息呢？

平民

一个人，一口箱子。一个平凡的老人，提着一口陈旧的箱子，在满天夕阳下，走在洛阳古城。

洛阳云宝斋的周老爷子对老人谈不上喜欢，也说不上不喜欢。老人差不多每个时期会来一次，时不时的会挑些东西，贵的不买，真的很少要，倒是对赝品情有独钟，说到赝品那是一套一套的，"赝品是赝品，多多少少会留下历史的痕迹。即使现在不是古物，再过几百年，假的也变成真的。"话是有道理，只是当赝品变成真品，收藏的人早就极品——极乐世界的物品。

大众商店的阿二对老人却是很好奇，这么大年纪身边也没个人陪同，就到店里来买汽油，不过老人记性也真好，汽油的价钱和他一说一下子就记住。店里的顾客比以前更多了，和老人聊天的也很多，这也难怪，谁都喜欢和对自己有好感的人聊天，谈什么都不要紧，油盐酱醋也可以，养家糊口的也行。

河南大学的李教授却是郁闷了好几天，家里这些人怎么连招待客人都不会？只说有个长袍马褂、银须飘垂、拄着手杖的老人到家里拜访，是福建老乡。看到自己不在，老人稍微坐了一下就走。问老人姓啥名啥，说没问，问他拿了名片没有，说顺手接过不知放在什么地方了。

福建人在河南的并不多，好容易有个认识自己的人，却让这些人给错过了。李教授把手里的书往地上一扔，相信这些家伙能办事，不如相信母猪会上树。他正在生气，忽然发现地上多了一张名片，拿起来，林森，不禁笑骂道："你这小子，当了国家主席还是这德性，随性所至，随性而归。"

鞋帽店的老板刘三这段时间数钱数到手抽筋，却是一脸得意：知识就是力量，力量就是钞票。长袍马褂、银须飘垂、拄着手杖的老人一走进店里，自己就认出他是国家主席林森，自己平常买报看报的时间可不是白花的，国家大事不敢说有多精通，国家的几个头头脑脑长啥样那是一清二楚。

刘三更得意的是，自己死缠烂打地送了林主席一顶帽子，然后恰到好处地告诉来买帽子的客人：您的眼光真不错，林森林主席也很喜欢本店的东西，他刚刚还在小店买了那款黑色礼帽。

黑色礼帽是林森常年必备的出行行头之一，长袍马褂、黑色礼帽一年四季只有厚薄之分，没有时常变化，实在是简单的紧。衣服简单不关厨师老关的事，饮食简单也不关老关的事，主席喜欢清淡素食，我就给做清淡的。伙食费简单就让老关犯了愁：每天只限买两角钱的肉，刚到重庆的时候还能买个一斤二斤的。现在一和日本人打仗，两角钱的肉就只有两个指头这么大，塞牙缝都不够，叫人怎样做菜呢？问题是老爷子也不添钱，说老百姓有的连饭也吃不上，有肉吃就不错了。如果采购的人买回来的菜贵了，林森还要批评。

在住宿方面，林森也很简单，他喜欢清静、自然。据他的下属、曾居国民党内要职的张群回忆："其南京成贤街故居，十分狭窄。移驻洛阳期间，居处尤为简陋。迨抵重庆以后，初住李子灞，后住歌乐山林园，均只普通房屋。"

有一次，因为房子陈旧，林森的住宅进行翻修。按照中华民国政府的规定，凡是修建房屋，业主必须拿到所在地区主管部门的施工许可照才能施工。负责装修的工作人员忙晕了头，就忘了这回事。南京公务局的办事

公祭林森典礼

人员一看,林森这家伙没拿准生证就想生儿子、没拿施工许可证就要修房子,全不把国民政府当外人,就是内人你也得说一声,大笔一挥,邮票一贴,一份通知就到了林森家。

林公馆负责处理公文的官员一看,怒了,真是没大没小,林森是你们能叫的吗?你们家的二大爷你都不敢当面叫名字,何况是国家主席。他也不请示林森,直接打电话给公务局的领导,要他们亲自向林森主席致歉。等到打完电话,才把经过告诉林森。

南京公务局的主管局长宋希尚看到捅了娄子,顾不得骂人,诚惶诚恐跑到林公馆向林森道歉。林森听到宋希尚到了,亲自出来迎接,一边让人去端茶水,一边解释:"以前没有装修过,所以没有要办装修许可证的概念,结果违反政府规定,请公务局给一个改过的机会,自己马上让人补办。"宋希尚当时就有点晕,原来是打算挨训来了,没想到是来听自我检讨来了。

宋希尚正感到一阵温暖,林森微微一笑,提到在信封上直呼自己名字的事情。宋希尚不禁头皮一麻,正戏开演,这下得狗血喷头了,也不敢闪人，还得强打着精神听着，只听林森说道："我本身就是南京市民，直接称呼名字，是理所当然的。考虑到公务局公务太忙，建议公务局在一般性通知或者信封上预先印好'先生'或者'女士'的字样，这样不但可以表示对受件人的尊敬，也可以节省书写人的时间与精力。"

宋希尚听到林森说不在意称呼的事已经是松了一口气，听到林森对公务局的建议的时候敬意不觉油然而生：作为国家主席，林森不责备自己已是难得；替公务局着想、出主意更是可敬。

在林光星的眼里，林森则是十足的一个老玩童。林光星是福州南屿人，与林森算是同乡，林森有事没事就想找他聊天。关于他调到林森身边当警卫的事情，他曾经这样回忆：

我知道主席喜欢我，何不就调到主席身边来？于是，我趁热打铁说："主席，你是不是要我在你这里做事？我不在这里，你有事找我就不方便。"主席没有就答应，沉吟了一忽儿，点点头，看着我的脸说："好，好，你就在我这儿。"我当然很高兴，要他替我办个手续。他拿起电话，要军事委员会。我心里想，我才是一个三等宪兵，蒋介石怎么管这鸡毛蒜皮的事，便向主席建议说："不要找委员长，只要找宪兵司令就行了。"主席放下电话，笑了，对我说："你打电话给贺国光，就说是我打给他的。"

贺国光，湖北人，当时是宪兵司令兼军事委员会办公厅副主任。主席既然要我打电话，我何乐而不为？我神气得很，接过电话，要桃源总机接宪兵司令部。官邸的线路当然是最容易通的。我直呼贺国光的名字。很快就传来贺的声音："哪里的电话？"我望着主席，主席向我示意，我也就大着胆子，操起官腔说："我是国民政府主席——"大概我的福州腔官话，在外地人听起来，同主席说的话差不多。因此，我还没有说完，电话筒里就传来"咔嚓"的一声皮鞋立正的声音。

我想贺国光大概真的把我当做主席了。索性就装得像一些。我说："你是贺司令吗？"对方说："是，是。"我又说："我请你们宪兵19团2营6连的一个宪兵林光星到我这里服务。"对方恭恭敬敬地说："是，是。我马上通知林团长。"林团长就是林锡钦，海澄人，归侨，黄埔军校第四期学生，年龄同我差不多，但已经是上校团长了。

林森当时73岁,林光星23岁,这一老一少玩玩宪兵司令,也是很有趣的事。

作为一个国民党员,林森也经常参加党内活动,虽在严寒酷暑,无故绝不缺席。由于他身兼数职,有时实在出席不了,他都亲笔请假。会议散会的时候,区分部书记未退出会场以前,林森主席决不先走。

正因为如此,在林森逝世时,当时国人均对他表示赞叹:"主席贵为元首,其衣其食其住其行,又仅与平民等,抑且亦较俭于平民,布袍大褂,安步当车,素食淡饭,陋室自居,此种精神岂一般平民所能及耶?"

贵如主席,凡如平民。平民有平民的喜悦,也有平民的愤怒,超然如林森的主席是不是也有愤怒?

狮吼

我佛慈悲,也作狮吼。

慈悲为救世,狮吼为降魔。

林森刚刚出任国民政府代主席与主席,正碰上日军大举轰炸辽西。爱国学生与群众不满意国民政府对"九·一八"事件的处理,不断向政府请愿示威,声称要"打倒国民政府"。在这危机时刻,蒋介石宣布引退,汪精卫、胡汉民称病不出,国民政府的各部部长也纷纷辞职。财政部更是引发辞职潮,上到部长宋子文,下到科长王麻子,只怕辞不掉这份工作。本无实权的林森手中无兵,袋中无粮,只有依靠个人魄力去说服辞职的官员,劝他们以大局为重,回来工作。

1932年1月1日,林森正式就任国民政府主席。1月28日,日军开始进犯上海,驻守上海的19路军军长蔡廷锴、总指挥蒋光鼐率领属下3个师奋起抵抗,开始淞沪抗战。淞沪抗战坚持了1个多月,使日本侵略军遭到沉重打击,死伤万余人,多次更换司令。林森对时局充满忧虑,大声疾呼

"团结一致,共赴国难"。但蒋介石、汪精卫毫无抗战的勇气和决心,对抗战消极观望,并积极准备与日本政府协商停战。

林森一向对蒋介石尊敬有加,看到蒋介石对日本人不断妥协,很是不满,1932年2月24日在洛阳发表谈话,坚定地表示:"外交问题,政府不屈服,国人亦自身奋斗,始有出路。"

3月3日,在国联以及英国驻华公使的斡旋下,中日双方停止军事行动。4月15日,中日开始举行谈判,为了坚定谈判代表的信心、给日本人施加压力,林森在上海发表谈话:"当此强邻压境、危急存亡之秋,与其屈辱图存,毋宁坚决抵抗。纵或失败,亦有光荣。我国军火财政,虽两俱不充,但本人以为除坚决抵抗外,绝无委屈妥协之可能。本人忝主中枢,当以国家为前提,努力去做,各党派意见虽杂,但抗日御侮,必人同此心,否则同归于尽。"

1936年12月12日,张学良和杨虎城在西安扣留蒋介石,要求蒋介石停止剿共、改组政府、出兵抗日。事变发生后,明确表示"讨伐令不可下",力主和平解决,且认为"张学良的部队是爱国的"。

西安事变后,蒋介石一行乘飞机返回南京,林森带领党政军要人到机场迎接。当蒋介石从飞机中走了下来,众人一拥而上,争相上前向蒋介石致意,只有林森表情平淡地站在一边。蒋介石看到林森,走上前与之握手说:"有累主席受惊了。"林森则一愣,似乎没有明白蒋的意思。回去后,林森对魏怀说:"明明是他受了惊,怎么反倒是我受惊了。他这是做给人看的。"林森从不在背后议论人,此举可谓绝无仅有。事变和平解决后,林森主张特赦张学良,但蒋介石拒不执行。

1937年7月7日,日本帝国主义悍然发动了卢沟桥事变,中国抗日战争全面爆发。林森对此很是愤怒,8月2日发表讲话:"我们的领土主权若是受到侵害,甚至危害到我们整个国家的独立生存时,那么我为维护国家的独立生存起见,便只有起来抗战……不抵抗,便只有灭亡,还说得到和平吗?"

8月16日,林森为了激发全国人民抗战的热情和信心,特意作了《保卫国土是全国军民应尽的天职》的演讲,演讲指出:"全国国民也应该深深认识目前我们国家所遭遇的危难,把保卫国土看做每个人自己应尽的天职,协助政府,奋斗到底,以达到我们最低限度生存的目的。"

1937年11月16日下午,国民党中常会召开紧急会议议决,由于战争的需要,国防最高会议代行国家最高决策机关国民党中央政治委员会的职权。当晚9时,国防最高会议委员长蒋介石在中山北路的铁道部大楼主持召开国防最高会议,正式决定:"国民政府及中央党部迁重庆,其他各机关或迁重庆,或设长沙……"1937年11月17日,国防最高会议决议中央政府迁往重庆。

关于迁都,近来有资料是这样记录的:"林森一行赶到会场……双手抱拳,向大家作揖道:'我已是古稀老人,今世再回南京,不作此想了……'说到此处,林森已是老泪纵横……冷场了好一会后,蒋介石才开了口:'林主席,走就走吧,这也是没有办法的事啊,不要太难过了。'"

抗战全面爆发以后,在国民党内出现了"速胜论"和"亡国论"等论调。在共产党内,也有一些人寄望于国民党正规军的抗战,轻视游击战争。但是,抗战10个月的实践证明"亡国论"、"速胜论"是完全错误的。抗日战争的发展前途究竟如何?一时成了人们关注的问题。在这种情况下,林森对全面抗战和持久战作了一些论述。在1938年的元旦讲话中,林森分析比较了中日两国的国力,明确提出了坚持长期抗战、必将取得最后胜利的观点。林森不仅从军事上,而且从政治、经济、道义、国土资源、国际力量的支持等方面对中日双方的国力进行比较分析,指出日本只能得逞于一时,最终必然失败;中国在军事上虽然一时失利,但只要坚持长期抗战,最后必将取得胜利。这一年的5月,1938年5月,毛泽东写的《论持久战》初步总结了全国抗战的经验,系统阐明了中国共产党的抗日持久战方针。林森在抗战之初,就能够提出持久战的观点,并且还注意到"民众运动"也是"长期抗战的条件",是很难能可贵的。

汪精卫投敌叛国以后,1939年1月1日召开的国民党中央委员会决定开除汪精卫的党籍,林森在发表元旦讲话时指出:"偷生怕死,卖国求荣就是汉奸。这种人虽然暂时保了性命,得了小小利益,但是遗臭万年,上辱没了祖先,下贻害到子孙。一到敌人用不着汉奸的时候,仍旧免不了送命,或者精神受到了惩罚，天天在苦痛之中，永远做不得人。明末的吴三桂，就是一个例子。"

林森对汪精卫投敌叛国的行为嗤之以鼻，对不愿意当日本人走狗的徐世昌却是欣赏有加，专门为他发褒奖令。

徐世昌下台以后，在天津英租界过起了与世隔绝的寓公生活。1937年"七七"事变以后，很久没有往来的曹汝霖突然来拜访他，并和他说："南京政府是英美派当权，压制日本在华势力，使日本在中国的权利受到损失，日本被迫无奈才出兵与中国打仗。总统（指徐）此时如能出山，与日本订立亲善条约，日本即可撤兵。"徐世昌是大江大浪混过多年的人，一听这话，就明白曹汝霖是在为日本人当说客，要自己出来当汉奸。他怒火满腔，断然拒绝道："老朽年过八十，体弱多病，早就不问政事，对此没有兴趣，你们另请高明吧！"曹汝霖碰了个硬钉子，灰溜溜地离去。

曹汝霖碰了钉子，日本人却仍然不死心，觉得徐世昌资历深、威望高，这样的人要是不为己用实在是资源浪费，因此，想尽办法要徐世昌出山。

1938年，日本板垣师团长和大特务头子土肥原贤二大佐分别约请徐世昌见面，但徐世昌每次都借口有病不肯见面。板垣眼珠子一转，又派徐世昌的门生金梁到徐世昌家里游说。

徐世昌一向对溥仪很尊重，溥仪退位以后，他对清朝王室一直悉心照料，所以他在清朝遗老中素有"眷念故主"名声。金梁知道徐世昌对清皇室有忠心，就拿这事诱惑徐世昌："这可是个迎圣上重登宝座的好机会。只要老师先把军权拿到手，然后振臂一挥，天下还有谁能阻止老师您呢？"

徐世昌很动心，但一想到这是关系到国家民族利害和个人名节的大是大非问题，他就严正地拒绝："事关重大，无力撑门面，决不再作出山之想！"1939年6月5日，徐世昌病故以后，林森特意为徐世昌下褒奖令，以表彰他的爱国忠心。

1940年3月30日，汪精卫在南京成立伪政府，并致电林森，恳请他到南京就任"国民政府主席"，遭到林森的严词拒绝。不仅如此，林森还专门发表广播讲话《痛斥汪逆伪组织》，"希望全国军队和人民，无论南北东西，都要各尽各的本能，各守各的岗位，齐心协力，团结精神，坚持抗战立场，肃清汉奸。"

抗战,已不是一个人的战斗。只是当全民抗战浪潮掀起,潮头已黯然退去。

1943年5月12日上午,林森从宫邸前往国民政府,出席加拿大新任驻华公使欧德伦递交国书的仪式。半路在一个路口转弯,因车速过快,避让前面一辆卡车,撞在路旁一棵大树上,坐在后排的林森从座位上震了下来,当时并无大碍。

这辆车是黑色的别克,是美国总统罗斯福送的,车的玻璃和钢板有较强的防弹功能,所以仍然能发动。林森怕误了时间,叮嘱司机继续开车。车子开到国府门前,林森下车的时候突然昏厥,侍从急忙把他抬到国民政府大厦一间客厅。不多久,中央医院的医生十万火急赶到,诊断为脑溢血。自此,林森就口齿不清、半身不遂,等到病情稍微稳定,就回到林公馆休养。

林森的病情一直不太稳定,7月底,病情开始恶化,8月1日晚,林森病逝于林公馆,终年76岁。

林森逝后,国民政府成立专门的治丧委员会,为他办理后事。

凄美

治丧委员会清点林森的财产,发现值钱的东西所剩无几,最终确定将三样东西作为随葬品。第一样东西是一根手杖。手杖的顶端有一圆球,球上刻有"曾伴我游五大洲"七个字,林森平常喜欢拄着拐杖在山间行走,第二样东西是一卷佛经。林森对青芝山独有情钟,自号"青芝老人"。佛经就是从青芝寺请回。第三样东西则是林森从不离身的箱子,箱子里有一个头骨。

清点财物的人中间有很懂医学的人,他一眼便看出这是一个年轻女人的头骨。主席箱子里有人头的消息一经传出,听到的人都很惊诧。重庆的百姓对这位主席一直很好奇：民国虽然不赞成三妻四妾，但闪婚、闪离却是喝水吃饭一样自然，家里红旗不倒、外面彩旗飘飘更是稀松平常，这老头子倒好，老婆不讨、小三不要，出出进进提着个箱子当成宝。

天涯何处无芳草，看你会找不会找。林森身为国家主席，只要他头一点，想当国母的美女多的是，难道真的是色既是空，空既是色？美女是骷髅，骷髅是美人，主席这修佛的境界也太神了吧。

佛已升天，骷髅还在，这骷髅又是谁的呢？骷髅不是白菜，可以自产。骷髅也不是联想，鼠标一点，送货上门。

解铃还得系铃人，心病还得心药医。陆游无系铃人可解，也无"心药"可医，所以千愁万绪只在《钗头凤》：

红酥手，黄藤酒，满城春色宫墙柳。东风恶，欢情薄，一怀愁绪，几年离索。错，错，错！

春如旧，人空瘦，泪痕红浥鲛绡透。桃花落，闲池阁，山盟虽在，锦书难托。莫，莫，莫！

幸好，好事的人不是陆游，他们虽然没有系铃人，他们有酒。酒中自有千般醉，醉后自有真言出。

主席府的朱副官跟随林森多年，大病不多，心病不少，每天不喝个三五瓶，总觉得缺点什么。三五杯下肚，心病已好，朱副官很是健谈。

少年多情，少女有意，林森和表妹朝夕相处，火花四溅不是误会，纯属自然。只是相爱容易，相守难。

福建人一向有小女婿大媳妇的风俗，号称"女大三，抱金砖"。林森是福建人，14岁的林森还在美国人办的教会学校，就已经是萧郎有妻、名草有主。

妻子姓郑，以前从未识荆，只是家中长辈操办，林森无所谓喜，无所谓悲，只是相敬如宾。相敬已是可怜，如宾更是可悲，林森有苦，只是无处可说。可说之人，却已不可说、不能说。

1893年，郑氏突然病故。此时林森跟他表妹的感情更加浓烈，难分难解。正当他们热恋的时候,林森表妹的父母突然决定将女儿许配给一个华侨巨商的儿子。亲事是背着表妹进行的,等到表妹知道,一切都已成定局。

虽然表妹对这门亲事竭力反对,以死相拒,却没有任何作用。表妹又急又怒,找到林森,商量两个人将来的事情,希望林森带她远走高飞,过两个人的生活。

林森对表妹情有独钟,何况私奔也不是什么难事,双方父母并没有留意,要走很方便,孙中山这个时候也正好电邀他远赴他乡。只要不发微博,私奔一路绿灯。可是一想到革命刚刚开始,自己常年在外东奔西走,随时可能有生命危险。林森终于未答应表妹的恳求,而是应孙中山之约去了国外。

妾有情,郎无意。表妹又是伤心,又是悲愤。眼见婚期一天天逼近,表妹选择了逃避。

再回家乡,已是两年后,池阁闲,春如旧,只是红颜殁,林森追悔莫及,扒开坟墓,取出表妹的头骨,放进随身的箱子里。

一个人,一口箱子。一个落寞的人,提着一口陈旧平凡的箱子,在满天夕阳下,走近了落寞的人群。

既然是人群,当然少不了女人,有风姿绰约的燕,也有娇声醉人的莺,只是风姿绰约是燕的,娇声醉人是莺的,而我,是属于箱子的。

在去庐山牯岭的路上,有林森捐造的石凳,上面刻着"有姨太太的不许坐"八个大字。有的人看了觉得好笑,便大言不惭地说:"我如果有姨太太,偏要在那坐一坐,看谁出来查我的身份证、户口薄、IC、IQ?有人觉得林森好笑,但胡适认为这正是林森的聪明过人之处,他指出:"你有姨太太,你尽管去坐,决没有警察干涉你。不过你坐下去了,心里总有点不舒服。林先生刻石的意思,也不过要你感觉到有一点不舒服罢了。

箱子还在,提箱子的人走了;

石凳还在,捐造石凳的人已随风。

远去的是伟大,留下的悲思。

举国同哀

林森逝世以后，国民党中央和国民政府为林森举行了隆重的国葬。重庆市民闻悉林森逝世噩耗后，机关商店均下半旗志哀，全市停止娱乐宴会。各国驻华使馆也下半旗以表崇敬。

重庆《中央日报》赞颂他："其高民美德及丰功伟绩，不独为举世所景仰，抑且垂裕后昆，示范千秋。"林森不仅受到国民党及舆论的广泛赞誉，而且也得到中国共产党的高度评价。在林森病重期间，八路军驻渝办事处的周恩来、董必武、邓颖超等曾前往林园看望他。

8月4日，毛泽东代表中共中央亲自起草致林森治丧机关的唁电："重庆国民政府林主席治丧机关公鉴：国府主席林公领导抗战，功在国家，兹闻溘逝，痛悼同深。谨此致唁。"中国共产党主办的《新华日报》指出："主席一生持躬最正，持身最俭，国之元首，官民表率。其处公处私之处，影响社会风气，间及国运者，实至深且大……而其持身约，俭德之盛，尤为一生推崇。"

举国同哀，虽于事无补，却也是热闹非凡，其中更有了一场闹剧。

林森娶了凤山郑氏以后，虽然两人相敬如宾，如直到郑氏病逝，都没有儿子，林森后来就认养三弟林为桢（即长礼）的独子林京为嗣子。并注明"兼祧"（即林京有子应分别为林森和林为桢孙）。

林森对林京严格要求，不使其成为纨绔子弟。林京从燕京大学毕业后去美国哥伦比亚大学深造。在美国，林京没有了约束，已婚的他与某百货公司的女售货员谈起了恋爱。林森得知此事后，极为震怒，即电嘱驻美大使王正廷强令林京回国。林京从美国归来后不久，就上了抗日前线，在傅作义将军手下当英文秘书。后不幸殉难。

林京有一个姐姐叫林湘，因为林京已死，林湘就当了"孝男"，送林森遗体入殓。

谁知，葬礼还未举行，忽然又冒出一个人要当林森的孝子。这个人是浙江省寿昌县的县长，叫林希岳，自称是林森主席的侄儿，这次特地请了

林森墓

假,由浙江赶到重庆奔丧。

当时林森已死,也没有人更没有闲工夫来考证他的家谱,再说多一个人多一分热闹,所以国民党政府特地派专机到浙江去接。哪知林希岳到了重庆,林森的侄女却说不认识这位哥哥,还拿出家谱证明,林森家族中没有林希岳这个人。这一下闹僵了,林希岳后来改口说他是林森的义子,义子也应该当孝子。林森已死,谁能证明他不是林森的义子?

治丧委员会起初是事不关己高高挂起,再说自己去说,也说不出什么一二三四来,这种事情谁知道是谁对谁错,后来看到双方争执不下,于是出来打圆场:"林主席是一国之元首,对于他的死,全国人都应该感到悲痛,全国人、任何人都可以来当孝子的"。

林希岳本来是想借这个机会来重庆活动一下,没准能搞上个什么关系,以后能升官发财。哪知道虽然当了三个月的"孝子",却什么关系也没拉上,临走了,也没飞机乘坐,领了回程路费,自己坐木炭汽车回去了。

1943年11月17日,国民政府以国葬之礼将林森葬于重庆双河街山洞的林园。叶楚伧先生为他撰写的墓铭云:"公生平宁静淡泊,勤整廉贞。举措抑扬,不私奸憝。造次颠沛,不离规矩。居常和易,童稺可亲。临大难,持大节,则峥峥岳岳,凛乎如神。"